Diocese de Joinville - SC

CONFIRMADOS NA FÉ

Iniciação cristã de
inspiração catecumenal – Crisma

CATEQUISTA

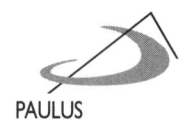

PAULUS

Diocese de Joinville
Bispo diocesano: Dom Irineu Roque Scherer
Texto: Equipe Diocesana de Coordenação da Diocese de Joinville
Coordenação: Ir. Terezinha Maria Mocellin e Ir. Celestina Zardo

Direção editorial: Pe. Claudiano Avelino dos Santos, ssp
Coordenação editorial: Pe. Jakson Ferreira de Alencar, ssp
Colaboração: Pe. Luiz Eduardo Baronto
Revisão: Cícera Gabriela Souza Martins
Ilustrações: Pe. Otávio Ferreira Antunes
Diagramação: Fernando Tangi
Impressão e acabamento: PAULUS

Dados Internacionais de Catalogação na Publicação (CIP)
(Câmara Brasileira do Livro, SP, Brasil)

Confirmados na Fé: iniciação cristã de inspiração catecumenal: crisma: catequista / Diocese de Joinville – São Paulo: Paulus, 2013. – Coleção Iniciação Cristã Catecumenal.

　　Bibliografia.
　　ISBN 978-85-349-3641-5

　　1. Catequese – Igreja Católica 2. Catequistas 3. Crisma – Estudo e ensino I. Diocese de Joinville.

13-04603　　　　　　　　　　　　　　　　　　　　　　　CDD-234.162

Índice para catálogo sistemático:
1. Catequese crismal: Teologia dogmática cristã   234.162

Seja um leitor preferencial **PAULUS**.
Cadastre-se e receba informações sobre nossos lançamentos e nossas promoções: **paulus.com.br/cadastro**
Televendas: (11) 3789-4000 / 0800 016 40 11

1ª edição, 2013
13ª reimpressão, 2025

© PAULUS – 2013
Rua Francisco Cruz, 229 • 04117-091 – São Paulo (Brasil)
Tel.: (11) 5087-3700
paulus.com.br • editorial@paulus.com.br

ISBN: 978-85-349-3641-5

SUMÁRIO

PRÉ-CATECUMENATO

1º Encontro – Deus confia em nosso grupo	24
Celebração da acolhida, entrega da Bíblia e apresentação dos catequizandos	28
2º Encontro – A aventura de crescer	31
3º Encontro – Jesus crescia em idade e sabedoria	35
4º Encontro – Deus sabe cuidar de nós	39
5º Encontro – Deus, companheiro fiel de todas as horas	43
Celebração: Adesão ao catecumenato e entrega da cruz	46

CATECUMENATO **49**

6º Encontro – De mãos dadas para construir a vida	50
7º Encontro – A revelação da ternura de Deus na criação	54
8º Encontro – O amor de Deus em nós: uma aliança eterna	58
9º Encontro – Por amor, o Pai envia seu filho Jesus	61
10º Encontro – Jesus diz: "Eu sou o Bom Pastor"	64
11º Encontro – Jesus é o Caminho, a Verdade e a Vida	68
12º Encontro – Chamados, como Maria, a seguir Jesus	72
Celebração da entrega do terço – símbolo do Plano da Salvação	76
13º Encontro – O projeto de Jesus: o Reino de Deus	79
14º Encontro – Jesus: a revelação do rosto de Deus Pai para nós	82
15º Encontro – Jesus mostra o Reino de Deus por meio de parábolas	85
16º Encontro – Jesus, fundamento da vida cristã	88
17º Encontro – Os mandamentos, caminho para seguir Jesus	91
18º Encontro – As bem-aventuranças	95
Celebração da Palavra com entrega das bem-aventuranças	99
19º Encontro – Jesus chama colaboradores	104
20º Encontro – Jesus promete o Espírito Santo	107
21º Encontro – Jesus amou até o fim	110
22º Encontro – Jesus me convida a ressuscitar com ele	113
23º Encontro – A presença do Espírito Santo na vida da Igreja	117
24º Encontro – O Espírito Santo nos ensina a fazer da nossa vida um dom	122
25º Encontro – Credo, profissão de fé	124
Celebração da entrega do Símbolo apostólico: o Credo	130
26º Encontro – Os sacramentos, sinais do amor de Deus	133
27º Encontro – O batismo, fonte de vida e missão	136
Celebração da renovação das promessas do batismo	140

28º Encontro – Domingo, dia do Senhor 145
29º Encontro – Eucaristia, memória e ação de graças 149
Celebração – Ritos e gestos na Liturgia Eucarística 152

PURIFICAÇÃO E ILUMINAÇÃO **159**

30º Encontro – Comunidade de fé: lugar de vida e de perdão 160
31º Encontro – Jesus veio para perdoar e salvar 163
32º Encontro – O perdão nos dá vida nova 167
Celebração do sacramento da reconciliação 171
33º Encontro – Crisma, o sacramento da maturidade cristã 175
34º Encontro – Descerá sobre vós o Espírito Santo e sereis minhas testemunhas . 180
35º Encontro – O Espírito de Deus nos unge e nos envia 183

Celebração da crisma 187

MISTAGOGIA **191**

36º O "Selo do Espírito" – somos consagrados 192
Celebração: Espírito Santo, Dom de Deus 196
37º Encontro – Autenticidade cristã na era da tecnologia 200
38º Encontro – Identidade, vocação e projeto de vida 204
39º Encontro – Etapas no desenvolvimento humano 209
40º Encontro – Família: fundamento da vida e vocação 214
41º Encontro – Sexualidade e responsabilidde 219
42º Encontro – Ser santo 224
Sugestões para retiro com os catequizandos 229
Orações 237

PREFÁCIO

A Diocese de Joinville, impulsionada pela ação do Espírito Santo e pelo Ano da Fé e animada pelas constantes solicitações da Igreja em reavaliar a prática evangelizadora, sentiu-se desafiada e assumiu, com decisão, coragem, criatividade e alegria, a catequese de Iniciação à Vida Cristã.

Este livro, intitulado *Confirmados na fé*, tem a preocupação e o cuidado com a "linguagem" para a cultura atual, especialmente para os adolescentes e jovens em preparação ao sacramento da crisma ou confirmação (DA 100d), para que absorvam e vivenciem uma verdadeira experiência de encontro com Cristo e com os ensinamentos da Igreja, realizem bem as celebrações dos sacramentos, capacitando-se a ajudar na transformação do mundo. Essa catequese é chamada de "mistagógica" (DA 290). Além da formação doutrinal, a catequese deve ser uma escola de formação integral, educando as pessoas por inteiro, cultivando o relacionamento com Jesus na oração, na celebração litúrgica, na vivência comunitária e no serviço aos irmãos. Além disso, a catequese não pode restringir-se somente à preparação dos sacramentos, mas deve constituir-se num processo permanente, orgânico e progressivo que se estenda por toda a vida (DA 299).

Nesse processo, a catequese não realiza apenas mudanças metodológicas, mas reveste-se de um verdadeiro "novo paradigma", um novo jeito de fazer catequese.

Os resultados da evangelização realizada até aqui se confrontam com realidades que impressionam e nos impulsionam a um novo agir: maneira de apresentar o conteúdo, mudança de método marcado por etapas e celebrações, caminho que conduz o catequizando e a comunidade ao núcleo da fé.

Para buscar esse "novo paradigma", este manual de catequese visa formar verdadeiros discípulos missionários capazes de celebrar e vivenciar a sua fé. A participação na vida da comunidade cristã é imprescindível, pois ela é o lugar da convivência e da educação na fé, onde se formam os vocacionados à vida familiar, à vida de consagração a Deus, tanto leigos, diáconos, sacerdotes, quanto religiosos ou religiosas.

O caminho à vida cristã aqui proposto inspira-se na sabedoria da Igreja, acumulada ao longo dos séculos. Foi elaborado seguindo as etapas do catecumenato. Contém o roteiro para os encontros adaptados e elencados segundo as necessidades e condições da faixa etária dos catequizandos. Os encontros seguem o método da Leitura Orante da Palavra de Deus, dentro de um caráter processual, dinâmico e progressivo, com ligação entre as etapas da iniciação, do conhecimento doutrinal, da experiência da fé, para conhecer e saborear o caminho de Jesus Cristo e do seu Evangelho. Cada encontro é realizado em clima de oração.

É uma alegria poder apresentar este manual de catequese da crisma ou confirmação, elaborado com a partilha de saberes de catequistas com formação em Teologia Catequética, Liturgia, Ciências da Religião, Pedagogia, Bíblia, Psicologia, História, Belas Artes e Língua Portuguesa.

Agradeço a Deus, que nos tem impulsionado e inspirado ao longo da elaboração desse manual catequético, e rogo ao Senhor para que continue impulsionando e inspirando todos os seus colaboradores, todos os catequistas e catequizandos e envie o maior número de operários para a sua messe.

Dom Irineu Roque Scherer
bispo Diocesano de Joinville – SC
Joinville, 15 de fevereiro de 2013

APRESENTAÇÃO

Glória seja dada àquele que tem o poder de vos confirmar na fidelidade ao Evangelho e à pregação de Jesus Cristo (cf. Rm 16,25).

Tornar a catequese um processo educativo da fé, transmitir a experiência do Deus libertador, que caminha conosco e favorecer um encontro pessoal, profundo e decisivo com o Senhor são sempre um desafio para o catequista. Pode-se dizer que a catequese é uma arte, uma reflexão madura da fé, que se constitui luz para o caminho da vida, força para testemunhar Jesus Cristo; é dom de Deus.

Assumir a catequese como processo que conduz ao centro do Evangelho, à opção por Jesus Cristo, que nos revela o Pai no Espírito Santo e o seu seguimento requer emergir em um processo permanente da fé, com caráter processual, dinâmico e progressivo, envolvendo toda a comunidade, com a ligação entre as etapas da iniciação.

Para fazer a catequese ecoar e repercutir a Palavra de Deus na atualidade, nesse contexto de mudanças rápidas, o catequista é chamado não só a evangelizar, mas também a ser evangelizado. Torna-se imprescindível, cada vez mais, caminhar com os catequizandos e conduzi-los à experiência de Jesus.

É importante perceber que, na atualidade, os grupos juvenis se expressam e se organizam de forma muito distinta das gerações passadas. Vemos crescer a organização dos grupos juvenis no mundo midiático, principalmente pelas redes sociais, que acabam se tornando verdadeiros ambientes de convivência, mantêm experiência de vida, fazem contatos e realizam as mais diversas atividades.

Esse avanço tecnológico não impede uma atitude de fé; os integrantes da geração da internet mostram o interesse pelo sagrado e acreditam em Deus. Gostam das atividades religiosas que valorizam o efetivo e o simbólico.

Convidar os catequizandos a unirem-se com criatividade consciente e responsável na rede de relações que a era digital tornou possível, em especial fazer uso do areópago cultural que a Igreja Católica nos apresenta, é imprescindível. É necessária uma atitude educativo-interativa com os catequizandos, em processo dinâmico de diálogo com eles. No perfil do mundo atual muitos jovens fazem escolhas de vida e de fé, sentem-se atraídos pelos valores testemunhados, fazem suas opções vocacionais e empenham-se pelos estudos.

É importante perceber sempre de novo que, no itinerário da Catequese de Iniciação à Vida Cristã, a preparação para receber o sacramento da confirmação ou crisma tem uma proposta clara: conduzir o catequizando ao encontro com Jesus Cristo e à decisão de segui-lo como discípulo missionário.

Irmãs Teresinha Maria Mocellin e Celestina Zardo (CF),
coordenadoras de catequese da diocese de Joinville.

INTRODUÇÃO

O caminho da iniciação cristã no dom do Espírito Santo

Motivada pela luz da Palavra de Deus, a Diocese de Joinville quer mergulhar nas fontes que sustentam a caminhada na maturidade cristã, para anunciar e aprofundar a fé na mensagem de Jesus Cristo e da Igreja. Avaliar a prática evangelizadora é um desafio urgente para a Igreja e os cristãos, a fim de que o anúncio do Evangelho se insira no atual quadro cultural, apareça como fator de identidade cristã, possibilite ensaios marcantes, determine e ilumine a vivência cotidiana, fortifique na crise e desperte esperança. Isso requer um tempo destinado para que amadureça a vontade sincera de conhecer e seguir Jesus, os mistérios do seu Reino, os compromissos de seu caminho e a comunhão na comunidade eclesial. É um itinerário cristocêntrico e gradual, impregnado do Mistério Pascal e que adota o método da Leitura Orante. A pessoa é inserida na vida de Cristo e da Igreja.

O modelo de Iniciação à Vida Cristã apresentado pela Igreja e adotado pela Diocese é o de inspiração catecumenal, isto é, o processo de transmissão da fé dos primeiros cristãos. Segue um itinerário catecumenal conforme o RICA (*Ritual de Iniciação Cristã de Adultos*), cujo ponto de partida no processo é o encontro pessoal com Jesus Cristo; o de chegada, a inserção, como discípulo e missionário, no Mistério Pascal de Cristo, liturgicamente celebrado na comunidade cristã.

A iniciação cristã não se resume na mera recepção dos sacramentos. Aqueles que os recebem precisam assumi-los, para efetivamente se tornarem "sal da terra e luz do mundo" (Mt 5,13).

Os sacramentos do batismo, da confirmação e da eucaristia são os fundamentos de toda a vida cristã. "Os fiéis, de fato, renascidos no batismo, são fortalecidos pelo sacramento da confirmação e, depois, nutridos com o alimento da vida eterna na eucaristia. Assim, por efeito destes sacramentos da iniciação cristã, estão em condições de saborear cada vez mais os tesouros da vida divina e de progredir até alcançar a perfeição da caridade" (CIC, n.1212).

Para esse novo processo catequético é necessário investir na formação de catequistas que sejam verdadeiros discípulos de Jesus Cristo, conhecedores de sua Palavra, missionários do Reino, capazes de celebrar a sua fé. Nesse processo, a presença da comunidade cristã, como fonte e meta da educação na fé, é o fator privilegiado dessa iniciação cristã.

Dificuldades nessa realidade

• A catequese ainda é assumida e vista como escola. Muitos a entendem unicamente como espaço de transmissão de conteúdos mentais relativos à fé e não como iniciação à vida cristã. Essa dificuldade nos é revelada pela não continuidade das relações dos catequizandos com a Igreja depois da primeira eucaristia, como se tivessem apenas buscando um diploma.

- Temos uma massa de cristãos que participam das nossas comunidades sem a consciência clara da vida cristã. Celebram os sacramentos com preparação insuficiente ou superficial.
- A catequese ainda é vista como tarefa exclusiva do catequista. Não fomos suficientemente despertados para a corresponsabilidade da comunidade de fé. Falta o apoio da família, da comunidade local e dos padres para o exercício comum da catequese e o seu devido acompanhamento como serviço essencial da comunidade.
- O catequista precisa estar em contínua formação humana e cristã. Por isso, não bastam os cursinhos de início de ano. Esses são muito mais momentos de sensibilização para o trabalho catequético e não indicadores de que, ao participar desses encontros, o catequista esteja em condições de realizar bem a tarefa pastoral.
- Falta clareza metodológica em nossa catequese. Os conteúdos transmitidos nos encontros pouco atingem a experiência da fé. Precisamos rimar e aproximar o saber do sabor, fazendo da vivência contínua e aprofundada da fé riqueza indispensável no conhecimento da vida.
- Continuam separadas a liturgia e a catequese. A participação na liturgia supõe uma boa iniciação na catequese, assim como remete a ela. Quem participa das celebrações deseja se aprofundar na compreensão dos ritos e símbolos. Encontros pouco celebrativos e muito orientados para "passar conteúdo" não ajudam a iniciação aos sacramentos. O distanciamento das celebrações litúrgicas da comunidade também dificulta o processo catequético como iniciador da fé.
- A globalização como fenômeno atual se, por um lado, nos conecta com o mundo e as culturas, por outro, nos rouba a possibilidade de aprofundar valores como a religião, a ética, a solidariedade, o respeito ao próximo e à natureza e a orientação para Deus.
- Os catequistas precisam de melhor formação. Em alguns casos, até mesmo ser catequizados! Falta formação continuada no âmbito do conhecimento das Sagradas Escrituras, da Liturgia, dos novos métodos pedagógicos e dos instrumentos científicos que a psicologia, a antropologia, a sociologia e as demais ciências humanas oferecem. Existe a carência de novas tecnologias, falta o acesso a boas bibliografias, estudos e cursos específicos.
- Quanto ao cultivo da arte como meio de exprimir a fé da comunidade, ainda sabemos pouco sobre como utilizar esses meios: música, dança, artes plásticas e outras expressões podem colaborar na transmissão do Evangelho e na vivência da fé. Falta também espaço físico adequado, material didático e participação no processo evangelizador por parte da comunidade.
- Nossas comunidades paroquiais não acompanham a evolução tecnológica e metodológica com a qual os catequizandos estão em contato no cotidiano, pela internet ou pela TV. A formação dos nossos catequistas está em defasagem com a evolução da cultura e tecnologia atual.

• Existe uma ruptura entre os sacramentos e o testemunho cristão. A preocupação maior prende-se à celebração dos sacramentos, sem incluir esforço para a vivência autêntica da fé. É responsabilidade dos pais e padrinhos oferecerem aos filhos e afilhados uma experiência de fé no seio da família e no contato com a comunidade. As crianças são sensíveis ao que dizem e fazem seus pais. São os adultos que lhes oferecem um modelo de vivência e testemunho do Evangelho. Pais e mães, padrinhos e madrinhas muitas vezes não estão atentos a esse testemunho no seio da família, ou no convívio com a criança.

• Há sinais concretos de que a preocupação da família quanto à vida de fé que oferece aos seus filhos é pouco consistente, incipiente e não processual. Levar os catequizandos aos encontros, estar presente no dia da Primeira Comunhão ou dar presentes não basta.

• Permanece a distância ou mesmo a ruptura entre os sacramentos da iniciação cristã. O batismo é celebrado em total desconexão com a eucaristia, a crisma e vice-versa. A iniciação cristã ainda está fragmentada em momentos isolados e pouco relacionados entre si. A catequese de preparação para os sacramentos da iniciação não cumpre essa ligação e não confere unidade aos sacramentos. A celebração é vista apenas como conclusão e término de um processo, o qual deveria ser continuado, mas isso não acontece. O método usado em nossas catequeses não leva a participar frutuosamente das celebrações. Talvez porque, no decorrer dos encontros, o elemento celebrativo tenha sido excluído, ou a excessiva preocupação racional não eduque para a expressão simbólica e ritual, a capacidade celebrativa, a contemplação, a oração, a gratuidade na relação com Deus.

Catecumenato – uma resposta para o nosso tempo

O que é o catecumenato? Como funciona? Por que o catecumenato se apresenta como um caminho de superação das dificuldades constatadas? Por que a Igreja nos propõe esse caminho para a catequese?

Catecumenato é o nome que se dá ao processo de iniciação cristã. É um modelo de catequese que perdurou até o século V. Incluía uma longa preparação para os sacramentos, promovendo a adesão a Jesus Cristo e à Igreja. Tinha a vantagem de ser um processo contínuo, progressivo e dinâmico, marcado por etapas. O catecumenato incluía ritos e celebrações que conduziam à experiência do mistério de Deus. Envolvia toda a comunidade. Tinha caráter educativo e doutrinal e promovia a experiência e o compromisso. O catecumenato, depois de muito tempo em desuso, foi restaurado pela Igreja em 1972 pela promulgação do *Ritual de Iniciação Cristã de Adultos* (RICA). Hoje é fonte de inspiração e itinerário para toda a catequese.

Sendo inspiração para toda a catequese, o catecumenato nos apresenta um método marcado por etapas e celebrações. As etapas são como um itinerário, um caminho que conduz os catequizandos, a comunidade, as famílias e os ministros ao núcleo da fé. Esse caminho pode ser descrito graficamente:

Itinerário da Iniciação Cristã
Etapas ou "passos" - Celebrações - Ritos

- **Pré-Catecumenato** — Tempo de evangelização e conversação
- **Celebração da Entrada** (Ritos)
- **Catecumenato**
- **Celebração da Eleição** (Ritos)
- **Purificação e Iluminação** — Tempo de Quaresma
- **Celebração dos Sacramentos de Iniciação Cristã**
- **Mistagogia** — Tempo de vivência do mistério cristão

• **Pré-catecumenato:** é o momento do primeiro anúncio, em vista da conversão, quando se explicita o carisma (primeira evangelização) e se estabelecem os primeiros contatos com a comunidade cristã (cf. RICA 9-13);

• **Catecumenato propriamente dito:** é destinado à catequese integral, à entrega dos Evangelhos, à prática da vida cristã, às celebrações e ao testemunho da fé (cf. RICA 14-20);

• **Tempo da purificação e iluminação:** é dedicado a preparar mais intensamente o espírito e o coração do catecúmeno, intensificando a conversão e a vida interior (cf. RICA 21-26); nessa fase os catecúmenos recebem o Pai-nosso e o Credo[1]; no final recebem os sacramentos da iniciação: batismo, confirmação e eucaristia (cf. RICA 27-36);

• **Tempo da mistagogia:** a mistagogia tem a ver com a vivência, a iniciação e a compreensão dos mistérios. Trata-se de um termo que, entre outras coisas, contém uma grande riqueza, tanto pastoral quanto pedagógica. A mistagogia pode ser um importante impulso e conceito para desenvolver uma "pedagogia do ensino 'confirmatório'". Aponta ao progresso no conhecimento do Mistério Pascal por meio de novas explanações, sobretudo da experiência dos sacramentos recebidos, e ao começo da participação integral na comunidade (cf. RICA, 37-40).

Catequese inspirada pelo processo catecumenal

Conforme nos ensina o RICA (295-305) e o Diretório Nacional de Catequese (45-50), as etapas do processo catecumenal se aplicam a qualquer tipo de

---

[1] As entregas podem ser feitas na etapa anterior, o catecumenato propriamente dito.

catequese pós-batismal, levando-se em conta que a catequese se refere aos já batizados e o catecumenato aos não batizados (catecúmenos). A "inspiração catecumenal" vai ajudar a transformar nossa catequese em processo mais dinâmico, integral, envolvendo toda a comunidade e colaborando para que toda ela possa crescer nesse caminho.

A Igreja nos indica esse caminho catecumenal porque nosso processo de crescimento na fé é permanente; os sacramentos alimentam esse processo e têm consequências na vida. Diante da importância de assumir uma catequese de feição catecumenal, é necessário rever, profundamente, não apenas a preparação para o batismo, a crisma, o matrimônio e outras semelhantes, mas todo o processo de catequese em nossa Igreja, para que se pautem pelo modelo do catecumenato.

Vejamos, a seguir, as vantagens desse modelo:

- **A ligação entre liturgia e catequese:** todo o processo catequético será marcado por celebrações que conduzem os participantes ao Mistério de Cristo e revelam a integração entre catequese e liturgia. Conta também com a missão da catequese de introduzir o catequizando no universo dos símbolos e ritos da liturgia e possui uma dimensão catequética.
- **O envolvimento de toda a comunidade no processo catequético:** todos são chamados a participar: pais, padrinhos, padres, bispos, catequistas, equipes de liturgia, catequizandos e comunidade. Cada um tem seu papel no processo e todos juntos colaboram com orações, participação nas celebrações e acompanhamento dos catequizandos. Onde há uma verdadeira comunidade cristã, esta se torna uma fonte viva da catequese, pois a fé não é uma teoria, mas uma realidade vivida pelos membros da comunidade.
- **O caráter processual, dinâmico e progressivo:** a catequese assume um rosto diferente. Deixa de ser um curso para se tornar um caminho, um itinerário marcado por etapas que conduzem a Jesus Cristo e ao Reino de Deus. Pouco a pouco se promovem e se verificam um crescimento e um amadurecimento na fé. A catequese não prepara simplesmente para este ou aquele sacramento. O sacramento é uma consequência da adesão à proposta do Reino vivida na Igreja.
- **A ligação entre as etapas da iniciação:** Batismo, Crisma e Eucaristia são celebrações de um processo único. Eles se complementam, se incluem e se exigem. O batismo nos incorpora a Cristo, fazendo-nos participantes de sua morte e ressurreição. A Crisma, pela ação do Espírito Santo, nos configura ao Senhor, conduzindo a Igreja à vida plena. A eucaristia realiza a unidade da Igreja, abre acesso à vida divina e leva-nos a participar da oferenda de Cristo. De tal modo se complementam os três sacramentos da iniciação cristã, que proporcionam aos fiéis atingirem a plenitude de sua estatura no exercício de sua missão de povo cristão no mundo e na Igreja.

- **O conhecimento doutrinal ligado à experiência da fé:** a estrutura do processo catecumenal promove uma conversão para atitudes e comportamentos cristãos. Envolve o ensino da doutrina aliado à dimensão celebrativo-litúrgica da fé. O catequizando e todos os envolvidos no processo se defrontam com uma formação integral, que leva em conta o saber e o experimentar. Assim, podem, pelo conhecimento e pela experiência, fazer sua adesão a Jesus Cristo e ao Reino.
- **A exigência do testemunho:** para a comunidade e todos os seus envolvidos, é exigido um processo de conversão diante do novo processo catequético de inspiração catecumenal. O itinerário proposto necessita de catequistas que participam da vida da comunidade, padres envolvidos no processo catequético, pais presentes, padrinhos interessados e comunidades atuantes. Todos estão envolvidos! De fato, tal iniciação cristã deve ser obra não apenas dos catequistas e dos presbíteros, mas também da comunidade de fiéis e, sobretudo, dos padrinhos (cf. Ad Gentes, n.14). A instituição catecumenal incrementa assim, na Igreja, a consciência da sua maternidade espiritual.
- **O envolvimento da pessoa inteira:** o processo catecumenal, por seu caráter dinâmico, envolve a pessoa inteira, em todas as suas dimensões (afetiva, corporal, racional e espiritual). As celebrações, por seu caráter ritual e simbólico, atingem áreas profundas do ser. O ensinamento doutrinal encontra correspondência nos momentos de oração e celebração. Assim, envolvidos por inteiro e apoiados pelo saber e pela experiência, os catequizandos são mais facilmente conduzidos a uma escolha, a uma opção de vida. Em virtude de sua própria dinâmica interna, a fé precisa ser conhecida, celebrada, vivida e cultivada na oração. E como ela deve ser vivida em comunidade e anunciada na missão, precisa ser compartilhada, testemunhada e anunciada.
- **Um processo contínuo:** a catequese inspirada pelo catecumenato nos leva a assumi-la como processo que não se interrompe com a celebração de cada sacramento da iniciação, mas que continua como exigência da vida cristã. Essa inspiração nos desafia a encarar a catequese como processo contínuo da vida cristã, que se nutre e amadurece na caminhada de fé e na liturgia celebrada. A recepção dos sacramentos, correspondendo à adesão que se faz a Jesus Cristo e ao Reino, não é resultado apenas da quantidade de encontros frequentados, mas do processo de amadurecimento na fé.

Mãos à obra – em busca de uma catequese nova

Depois de tomar conhecimento básico a respeito do processo catecumenal e da sua inspiração para a nossa catequese, precisamos saber como vamos fazer isso acontecer. Já sabemos que essa proposta é uma grande resposta a muitas dificuldades que encontramos no ministério catequético. Mas não basta saber. Precisamos dar passos concretos para realizar esse caminho e para buscar um crescimento comum e ordenado para a catequese em nossas comunidades.

O manual

O novo manual que trazemos em mãos contém os roteiros para os encontros, a explicação do método de trabalho, propostas de formação e conteúdo para o bom desempenho dos encontros e de todo o processo catequético de inspiração catecumenal. Mas o manual por si não resolve muita coisa. Precisa ser assumido por todos, ser conhecido, lido, divulgado e estudado por catequistas, padres, pais, introdutores, catequizandos e por toda a comunidade. O manual também necessita de correções e melhorias, de olhos atentos para indicar lacunas, falhas, acréscimos e supressões.

Para que seja um manual útil ao processo catequético é preciso que se diga o que está bom, o que se precisa aprimorar, o que não está claro, o que precisa continuar ou até mesmo ser aprofundado. O manual precisa de mãos, olhares e corações alertas. O manual precisa de você!

O planejamento

Planejar é fazer planos. É estabelecer metas, objetivos. É saber o que se busca e aonde se quer chegar. É medir o tempo e calcular os prazos. É controlar as falhas e, se possível, prevê-las. É vibrar com os acertos e comemorar os ganhos. Planejar é o melhor caminho de fazer algo dar certo. Sem o planejamento o trabalho fica entregue aos sabores da sorte, do improviso, das surpresas... Isso não é bom para a catequese. Por ser uma área vital da pastoral da Igreja, a catequese precisa de planejamento. Sobretudo quando se operam grandes mudanças, o planejamento se torna fundamental, imprescindível. Para realizar o planejamento, sugerimos algumas ações concretas:

• Leitura do manual: o conhecimento pessoal e a intimidade com o texto são importantes para o sucesso da proposta;

• Confecção de um calendário: o calendário supõe o conhecimento do número de encontros, a necessária coincidência de algumas etapas com o ano litúrgico, a previsão de feriados e férias, a ocorrência de celebrações ao longo do ano;

• Encontros de formação: a formação é outro ingrediente que não pode faltar. Ela vai possibilitar o conhecimento e aprofundamento da catequese de inspiração catecumenal. Padres, catequistas, equipes de liturgia, pais, padrinhos e introdutores devem, cada um a seu tempo e a seu modo, buscar a formação para o processo catecumenal. É importante que se conheça o *Ritual de iniciação cristã de adultos* (RICA), o *Diretório nacional de catequese* e o *Novo manual de catequese da diocese*. Além disso, uma boa formação litúrgica e o conhecimento de métodos como o da Leitura Orante são fundamentais para o bom funcionamento dos encontros e de todo o itinerário proposto no manual. Também a comunidade necessita ser informada e formada para acolher e aderir a esse novo modelo catequético.

• Preparação dos ministérios: os ministérios desempenham funções específicas e essenciais ao processo catequético de inspiração catecumenal. Nesse novo caminho, não só os catequistas são responsáveis pela catequese, mas também pais, padrinhos, introdutores, equipes de liturgia, padre, bispo e a comunidade.

• Preparação das celebrações: a preparação das celebrações supõe conhecimento do que se celebra, a divisão de tarefas, tempo e treinamento para que ocorram da melhor forma possível. O grupo de catequistas e o padre devem solicitar a colaboração e a participação da equipe de liturgia. O trabalho conjunto de preparação das celebrações vai resultar em momentos litúrgicos significativos para todos.

• Momentos de avaliação da caminhada: vez por outra é bom parar e olhar a caminhada: o que foi bom? O que poderia ser melhor? Onde estão as falhas e onde estão as conquistas? Atingimos os objetivos propostos? Por quê? A avaliação vai ajudar a valorizar os ganhos e a evitar os erros que já foram cometidos;

• Engajamento: a adesão e o esforço só contribuirão para fazer acontecer o que é sonho de todos. Aderir é fundamental, mesmo que não se compreenda tudo ou mesmo que não se concorde com tudo. Caminhar juntos, fazer esforços comuns e empenhar tempo vai levar-nos ao fim, com uma sensação de dever cumprido, de realização, de alegre e justa satisfação de ter feito a vontade de Deus.

• Divulgação: precisamos também de uma boa divulgação desse novo caminho. Todos precisam saber que estamos iniciando algo novo em vista do bem comum, do bem da nossa Igreja. A boa divulgação vai gerar novas adesões, atrair pessoas interessadas e envolver gente nova para construir esse sonho de um novo itinerário para a nossa catequese.

Agora valem as palavras de ordem: itinerário, método, caminho, ligação liturgia e catequese, ligação catequese e vida, encontros celebrativos, saber e sabor, processo dinâmico e progressivo, iniciação, etapas integradas, doutrina e experiência, planejamento, dedicação, adesão.

Todas essas palavras servem para resumir o que vislumbramos no sonho de uma catequese de inspiração catecumenal. São palavras que traduzem a VIDA escondida em nossas comunidades e no esforço pessoal e coletivo de iniciar um caminho novo.

Encontros para uma catequese de inspiração catecumenal: temas, métodos e celebrações em torno do Mistério

Os encontros são muito importantes para o processo catequético de inspiração catecumenal. Compõem grande parte desse processo e são decisivos para a opção do catequizando pelo caminho de Jesus.

Nesse novo modelo, queremos atingir o que nos propõe o RICA quando diz que a catequese ministrada pelos sacerdotes, diáconos, catequistas e outros leigos, distribuída por etapas e integralmente transmitida, relacionada com o ano litúrgico e apoiada nas celebrações da Palavra, leva os catecúmenos não só ao conhecimento dos dogmas e preceitos, como à íntima percepção do Mistério da salvação de que desejam participar (cf. RICA, n. 19,1).

"Conhecimento dos dogmas e preceitos" e "íntima percepção do mistério", objetivos de uma catequese de inspiração catecumenal, são os dois lados da mesma moeda, ou a dobradiça que faz abrir a porta para entrarmos na vida cristã. Poderíamos também dizer isso de outra forma: a catequese, do jeito catecumenal, conduz os catequizandos a conhecer e a saborear o caminho de Jesus Cristo e do seu Evangelho, do qual querem fazer parte.

O jeito catecumenal já foi explicitado anteriormente: é a catequese distribuída em etapas, integralmente transmitida, relacionada com o ano litúrgico e apoiada nas celebrações da Palavra. É o próprio método do catecumenato. Para marcar bem esse método, ele necessita ser processo dinâmico e progressivo. É algo que avança, com ritmo e força, possui inteligibilidade e lógica. Faz crescer, atingir metas e objetivos claros.

Um caminho seguro e conhecido

Como vamos fazer para tornar os encontros de catequese lugar do conhecimento e aprofundamento na fé, adesão a Jesus Cristo, caráter processual, dinâmico, progressivo; com ligação entre liturgia e catequese; ligação entre as etapas da iniciação; conhecimento doutrinal ligado à experiência da fé; o envolvimento da pessoa inteira; preparação efetiva para os sacramentos; envolvimento de toda a comunidade no processo catequético?

A sabedoria da Igreja, acumulada ao longo dos séculos, nos dá um caminho: os conteúdos do *Catecismo da Igreja Católica* aliados ao método da Leitura Orante da Bíblia. Os conteúdos do *Catecismo* foram, neste manual, adaptados e elencados segundo as necessidades e condições dos catequizandos em idade de catequese e segundo os objetivos de cada etapa do processo catecumenal. Já o método da Leitura Orante da Bíblia, aplicado aos encontros, ajudará os catequizandos a conhecer e a experimentar o Mistério de Jesus. Neste texto, vamos aprofundar o método da Leitura Orante aplicado aos encontros de catequese.

O método da Leitura Orante nasceu por iniciativa de um monge cartuxo chamado Guigo, no século XIII. Guigo sistematizou os conhecimentos e a milenar prática da Igreja de ler e interpretar a Sagrada Escritura. Utilizando a imagem de uma escada, como a de Jacó (Gn 28,10-16), faz a exposição de seu método em quatro degraus que conduzem a Deus: a Leitura, a Meditação, a Oração e a Contemplação.

Aonde queremos chegar?

Guigo pretende com isso fazer-nos ouvir a Palavra de Deus. Entretanto, muitas vezes abrimos a Bíblia com imensa vontade e interesse de tirar mensagens, buscar respostas, ou até mesmo para justificar o que pensamos, como se a Bíblia fosse um cabide onde dependuramos as nossas ideias. O método da Leitura Orante segue por outro caminho. Ele quer ajudar-nos a ouvir o que Deus tem a nos dizer, independentemente do que a gente pensa, sente ou busca. O que ele tem a dizer-nos, certamente, atende a essas necessidades e as ultrapassa. O que ele nos fala é mais importante e necessário. É melhor do que aquilo que pensamos ser bom para nós. Para isso, precisamos ouvir Deus. Na Leitura Orante, deixamos nossa vontade de lado, para outro momento, e iniciamos um caminho de abrir os ouvidos e o coração.

A palavra "método" quer dizer caminho. Quando propomos um método, estamos propondo um caminho para chegar a algum lugar. Aonde queremos chegar usando o método da Leitura Orante nos encontros de catequese? O objetivo não pode ser outro, senão aquele apontado anteriormente: "conhecer e saborear o caminho de Jesus Cristo e do seu Evangelho". Vamos fazer isso de forma orante, isto é, em clima de escuta atenta e respeitosa, de oração, de muita abertura a Deus e de busca intensa de sua vontade.

Dois elementos a mais

Dois degraus foram acrescentados ao método proposto. Um no início do método e outro no final. Tomamos essa liberdade amparados na leitura do episódio dos discípulos de Emaús (cf. Lc 24,13-35). No encontro com o Ressuscitado, os dois caminheiros são interpelados por Jesus: "O que é que vocês andam conversando pelo caminho?". É a pergunta pela vida, pelos acontecimentos. Jesus nos mostra que Deus nos fala pelas páginas da vida, antes de falar pelas páginas da Bíblia. São os dois livros onde Deus nos deixou sua Palavra. Só depois "Jesus explicava para os discípulos todas as passagens da Escritura que falavam a respeito dele": é a **leitura da Bíblia**, momento de contato com o texto dela.

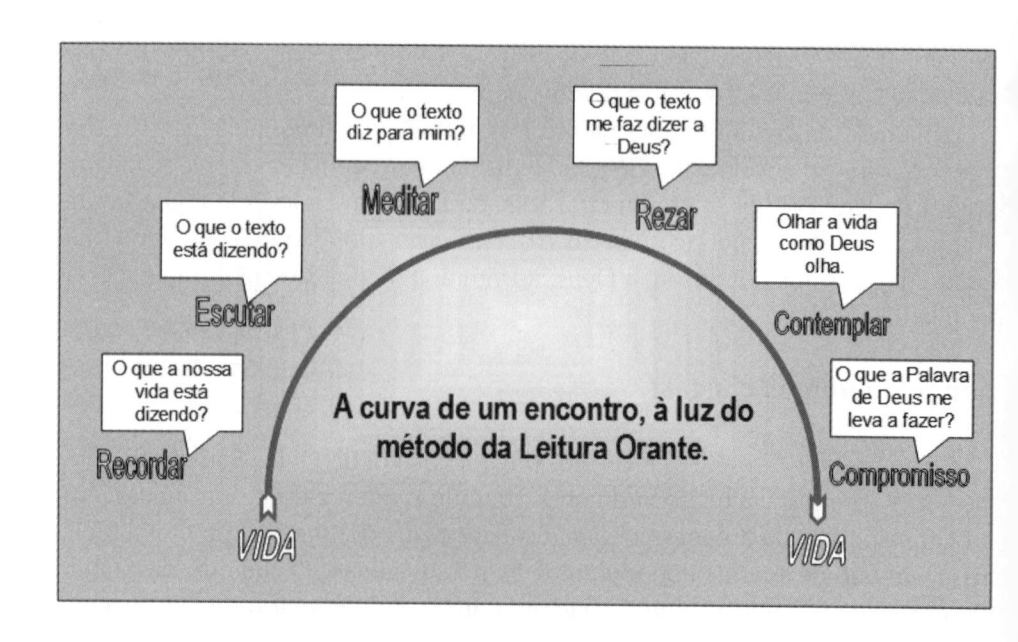

A curva de um encontro, à luz do método da Leitura Orante.

- Recordar — O que a nossa vida está dizendo? — VIDA
- Escutar — O que o texto está dizendo?
- Meditar — O que o texto diz para mim?
- Rezar — O que o texto me faz dizer a Deus?
- Contemplar — Olhar a vida como Deus olha.
- Compromisso — O que a Palavra de Deus me leva a fazer? — VIDA

Em seguida se coloca com os dois à mesa, onde "tomou o pão e abençoou, depois partiu e deu a eles": é a **oração**. Quando Jesus desapareceu, os discípulos abriram os olhos e perceberam que era ele o tempo todo. Perceberam, ainda, que tinham alguma coisa queimando no peito. No caminho eles foram conduzidos à experiência da ressurreição, à experiência da Aliança. É a **contemplação**.

Depois dessa experiência, os dois retomaram o caminho de volta a Jerusalém, onde vão testemunhar. É o momento do **compromisso**, o último passo do nosso método. Mas notem bem, no centro desse caminho estão garantidos os quatro degraus propostos por Guigo![2]

Traduzindo o método para os nossos encontros

Apliquemos essa proposta aos nossos encontros. O primeiro momento é de acolhida dos catequizandos. Essa acolhida faz parte do processo, mas ainda não é o método. Com uma boa acolhida, o catequista começa a preparar o clima interno dos catequizandos (sentimentos, percepção, bem-estar, abertura) e o clima externo do grupo (amizade, harmonia, bem-querer, sintonia). Isso é um pressuposto, faz parte da vida. Mas é igualmente educativo e lucrativo para todos. A boa acolhida pode determinar o bom desempenho do encontro.

- **Recordar: o que a nossa vida está dizendo?** É o momento de introduzir o tema do encontro a partir da vida dos catequizandos. Não é uma atividade espontânea ou desinteressada. É algo direcionado ao tema a ser tratado. Pode ser feito de várias formas: por uma boa conversa, uma dinâmica, um trabalho em grupo. A forma varia conforme o tema, mas o interesse é captar como os catequizandos experienciam determinado assunto. Ainda não é hora de falar da Bíblia. É hora, sim, de descobrir no terreno da vida as sementes da Palavra deixadas por Deus.

- **Escutar: o que o texto está dizendo?** Tendo ouvido a vida, chega o momento de ouvir a Bíblia. Seria bom começar com algum canto de acolhida da Bíblia, ou de incentivo à escuta. Pequenos gestos como acender uma vela, beijar a Bíblia e fazer silêncio podem ajudar. O texto, escolhido conforme o tema, deve ser lido, relido e lido novamente. A repetição tem uma razão: fazer escutar, educar os ouvidos. Isso pode ser feito de diversas formas: alternando os leitores, lendo-se em silêncio, em grupo, ou incluindo todos, caso tenham a mesma versão da Sagrada Escritura. Outra maneira seria fazer os catequizandos recontarem o que ouviram. Algumas perguntas podem ajudar a compreender o que o texto está dizendo: Quem está falando? Para quem está falan-

---

[2] O método pode também assumir outras formas de representação gráfica, visando diferenciar-se do processo do catecumenato, no qual já utilizamos a imagem das etapas. Aqui propomos um círculo aberto ligado pela palavra VIDA. É o elo que liga o início ao fim do processo. A linha semicircular aberta sugere dinamicidade sequencial e metodológica, com uma representação que retrata a "Curvatura de um encontro". Os momentos estão indicados por pequenos ícones. Lá estão presentes todos os elementos da Leitura Orante que aqui propomos.

do? O que está narrando o texto? Quais são as pessoas envolvidas? O que chamou a atenção no texto? Cuidado! Ainda não é hora de tirar mensagens, ou de aplicar o texto para a situação de vida dos ouvintes. É bom permanecer dentro deste limite: o que o texto está dizendo? Se for necessário, cantar mais um refrão, fazer mais um pouco de silêncio, ou reler o texto. Tudo isso ajuda a escutar.

• **Meditar: o que o texto diz para mim?** A Bíblia é como a semente. Precisa ser plantada para romper e fazer nascer o broto da Palavra de Deus. De dentro das palavras humanas, revestidas de uma cultura tão antiga, vai ser desentranhada a mensagem divina. Agora sim é hora de trazer o texto para a nossa vida. A meditação vai ajudar a ouvir o que o texto diz para mim. Algumas perguntas podem ajudar nesse momento. São questões que se referem diretamente à vida das pessoas que participam. Essas perguntas colocam o texto e a vida frente a frente. Depois, seria bom cantar novamente um refrão, ler de novo o texto e silenciar por alguns instantes.

• **Rezar: o que o texto me faz dizer a Deus?** Todo o encontro é feito em clima de oração. O método se chama Leitura Orante. Mas a oração que perpassa o encontro do início ao fim encontra, nesse momento específico, um espaço para fazer ressoar a Palavra de Deus. É a nossa resposta ao que ele nos falou. Pode ser um pedido, um louvor, um pedido de perdão, uma bendição. Não importa! Quem determina a resposta é a própria Palavra, que lateja no coração da vida. Pode ser uma prece espontânea, um salmo, um momento de silêncio, um canto de louvor, ou de penitência, desde que esteja em sintonia com a Palavra de Deus que foi meditada. Nos encontros vamos sempre privilegiar uma forma: os salmos. As demais formas não se excluem, mas elas não superam os salmos como nossa resposta mais apropriada à Palavra de Deus. Uma dica: oramos quando falamos a Deus diretamente. Quando falamos de Deus, podemos arriscar a falar para nós mesmos. O momento da oração nos leva a responder a questão: o que o texto me faz dizer a Deus?

• **Contemplar: olhar a vida como Deus olha.** É perceber as maravilhas que ele fez em nós e por nós. É reconhecer que Deus é bom e que nos conduz à vida. É um momento de pura gratuidade e abertura para que o mistério de Deus vá entrando na vida da gente. A contemplação pode ser feita de diversas formas: com os catequizandos, por motivos pedagógicos, por uma dinâmica, por uma partilha intercalada, por um refrão, ou por um relaxamento. A contemplação é o momento de degustar, saborear e perceber a Palavra de Deus agindo na vida da gente. É trazer para dentro da nossa história a experiência do templo (com + templar). É olhar pela janela do coração e ver os grandes feitos de Deus.

• **Compromisso: o que a Palavra de Deus me leva a fazer?** A Leitura Orante é uma verdadeira experiência de Deus. Ela conduz para ações concretas. Quem experimenta fazer parte desse caminho não volta para casa sem estar profundamente empenhado com o Reino. No caso dos catequizandos, pequenas tarefas ajudarão a realizar esse objetivo. Elas vão suscitar desde cedo o necessário testemunho que acompanha a vida cristã.

Algumas dicas

Não ter medo da repetição do método. A novidade está no conteúdo e na Palavra de Deus, não nas coisas que inventamos para cada encontro. Os catequizandos gostam de repetição. Eles se situam e entram no jogo do encontro.

Respeitar os momentos do método: quem o conduz vai ajudar os participantes a seguir os passos propostos. O sucesso do método depende do respeito aos momentos e às suas propostas.

Os roteiros dos encontros pretendem colaborar com a formação dos catequizandos. Não é proibido fazer alterações, mas são imprescindíveis a leitura prévia do encontro e a preparação. O sucesso do método depende de uma boa preparação. Improvisação e despreparo não ajudam, só atrapalham. O catequizando não precisa conhecer o método. Quem deve conhecê-lo é o catequista. Saber fazer é uma das tarefas desse ministério. Boa vontade, dedicação e preparação são os segredos de um encontro frutuoso.

PRÉ-CATECUMENATO

Deus confia em nosso grupo

Objetivo: Encontrar modos de responder à confiança que Deus deposita em nós.

> **Catequista,** ao se preparar para este encontro, mantenha em mente as seguintes questões:
> • Qual a importância de um grupo?
> • Como a Palavra de Deus pode ajudar-me a sentir-me parte de um grupo de modo mais efetivo?
> • O que podemos fazer para formar um grupo que nutre coragem, esperança e para que nele aprendamos a amar?

Preparar: Bíblia, velas, flores, cartaz de boas-vindas, crachá com o nome dos componentes do grupo, pétalas recortadas de uma flor (girassol, margarida...) – o suficiente para os catequizandos da turma –, painel para fixar um pequeno círculo (miolo da flor) e, posteriormente, as pétalas; tiras de papel com as palavras: entusiasmo, paz, presença, acolhida, alegria, serviço, sabedoria, fé, paciência, partilha, união, humildade, responsabilidade, fortaleza, sinceridade, verdade, pontualidade; um cajado, cadeiras dispostas em círculo, canetões, cartaz com os nomes dos componentes do grupo, do catequista (figura de Jesus) inclusive.

Ambiente: Receber o grupo com alegria, entregar o crachá, pronunciar o nome de cada pessoa e desejar boas-vindas. O catequista, com antecedência, dispõe as cadeiras em círculo. No centro, coloca junto à Bíblia velas, flores e as tiras de papel com as palavras que indicam virtudes. Dispostos os catequizandos em círculo, distribui as pétalas para cada um escrever o próprio nome e, em seguida, fixar no painel, formando uma flor ao redor do miolo. Em seguida lê os nomes do grupo que compõe a flor.

Para você, catequista: Olhando para a flor, podemos observar que sua beleza está no conjunto das pétalas. Cada um de nós tem um nome que nos identifica. É importante ter um nome, porque este fala algo de nosso jeito de ser, nosso modo de agir. Cada um de nós tem seus pensamentos, sonhos, qualidades, esperanças. Nossa vida de grupo nos anima a descobrir que somos pessoas capazes de crescer na dimensão espiritual, intelectual e física. Não estamos sozinhos, fazemos parte de um grupo no qual cada um tem sua maneira própria de andar, sorrir, falar. Somos um grupo muito especial de amigos que se preparam para ser ungidos. Esse grupo, com a colaboração e presença de cada um, vai ser fermento, capaz de despertar em outras pessoas a vontade de fazer o bem. Podemos inspirar-nos no grupo dos apóstolos, que foram sensíveis ao chamado de Jesus e dele aprenderam seu modo de viver e agir. Hoje nós também somos chamados e convidados a formar um grupo de pessoas que se querem bem, a construir amizade, bem-querer e ajuda mútua para conhecer e seguir Jesus. A vida de grupo requer que conheçamos nossos colegas pelo nome. Para guardar o nome de cada um, vamos fazer uma brincadeira: "Quem vai substituir o Pastor". Para iniciar, entregar o cajado a um catequizando. Este vai para o centro e diz: "Eu, (fala o próprio nome), sou o pastor. estou vigiando minhas ovelhas. Preciso sair e chamo (diz o nome de um componente do grupo) para ficar no meu lugar". Este o substitui, chama outro. E assim sucessivamente, até passar todo o grupo. Quem repetir um nome paga a prenda: uma tarefa indicada pelo grupo. Terminada a brincadeira, o catequista convida os catequizandos para escolher uma das palavras que estão junto à Bíblia. Em duplas, discute-se o sentido da palavra escolhida (o que ela significa? Em que situações ela é usada? Como ela pode ser vivida?). Um apresenta para o outro o sentido da palavra selecionada, procurando identificar os motivos da escolha. Em plenário, cada um conta para o grande grupo o que considerou mais importante na reflexão do seu colega e por quê. O catequista faz uma síntese conclusiva, relacionando o cultivo das virtudes contidas no diálogo com a união do grupo, na busca mútua para cada um se preparar bem para a Crisma.

Recordar – O que nossa vida está dizendo?
- Por que as pessoas gostam de associar-se em grupos?
- O que faz um grupo ter sucesso?

Escutar – O que o texto está dizendo?
Canto a escolher
Ler Mc 3,13-19
- Para onde foi Jesus e o que fez?
- Quem Jesus chamou?
- Para que os chamou?
- Você diria que aquele grupo deu certo? Por quê?

Meditar – O que o texto diz para mim?
- Qual a mensagem fundamental do texto para mim?
- O que facilitaria para que eu me colocasse nas mãos de Deus e percebesse que eu também sou uma pessoa convidada a segui-lo, a exemplo dos apóstolos?

Rezar – O que o texto me faz dizer a Deus?
Oração: Obrigado, Senhor! Eu sou a soma infinita de dons, de sonhos, de muitas pessoas que fizeram parte da minha vida. Obrigado por chamar-me a fazer parte desse grupo e iniciar a catequese de preparação à Crisma. Obrigado por me fazer à tua imagem e semelhança e chamar-me para te conhecer e seguir. Obrigado por todos aqueles

que, de algum modo, permitem que eu seja quem sou: meus pais, avós, irmãos, parentes, colegas, professores, catequista e a comunidade cristã a que pertenço. Ajuda-me, Deus, para que eu vá crescendo na fé e persevere como os teus apóstolos.

Contemplar – Olhar a vida como Deus olha
▶ Colocar uma música suave, enquanto uma imagem de Jesus, com a lista dos nomes do grupo, circula de mão em mão. O catequista diz: "Esperemos que o nosso grupo se espelhe na pessoa de Jesus... Jesus, vem fazer parte do nosso grupo!"

Perceba!
Os doze apóstolos não eram os mais preparados, os mais inteligentes, os mais ricos. Eles eram os mais disponíveis. Eram pessoas em cujo coração Jesus podia semear a semente do Reino de Deus. Aos poucos, Jesus foi preparando essas pessoas para que pudessem servir a Deus plenamente.

Compromisso – O que a Palavra de Deus me leva a fazer?
Nesta semana, poderia rezar pelo colega com o qual estive partilhando a simbologia da palavra e poderia rezar pelo sucesso do grupo.

O que eu penso agora
Depois de todas as considerações construídas neste encontro, o que penso?
- Como responder à confiança que Deus deposita em mim?
- Posso permitir-me fazer parte de um grupo inspirado por Deus?
- O que posso, pessoalmente, fazer para este grupo ter a bênção de Deus?

▶ No final, motivar para a bênção.

Bênção: Deus nos abençoe e guarde! Amém.
Deus nos mostre seu rosto brilhante e tenha piedade de nós!
Deus nos mostre seu rosto e nos conceda a paz!
Abençoe-nos, Deus misericordioso, Pai e Filho e Espírito Santo.
Amém (cf. Nm 6,22-27).

Lembrete - Recolher os crachás.

Sugestão: Vamos fazer um blogue?
Talvez seja possível, na sua comunidade, organizar um blogue. Um blogue pode ser definido como um diário digital eletrônico publicado na internet, normalmente informal, atualizado frequentemente e direcionado a determinado público. Os textos são curtos, normalmente relatos. Na maioria dos blogues podem-se inserir imagens, fotografias e sons.
Criar um blogue é muito simples. Alguns sites dedicados a isso são listados a seguir:
www.blogger.com
www.wordpress.com
blog.uol.com.br
blog.terra.com.br
blog.com.br/
Blogues como o *facebook* e o *twitter* tornaram-se muito populares nos últimos tempos e é também muito fácil abrir uma página neles.
www.facebook.com
www.twitter.com
Um blogue, particularmente no seu início, deve ser moderado, ou seja, deve haver uma pessoa responsável que leia antes e aprove o que será postado no espaço. Na maioria dos casos, essa opção aparece durante o processo de realização do blogue. No caso do grupo de catequese dispor de um blogue para si próprio, é importante que não haja censura desnecessária; tampouco deve haver algo que vá contra a boa imagem que o grupo deseja construir para si mesmo.
Procure navegar em blogues partilhados por católicos praticantes.
Veja alguns blogues constituídos por grupos de jovens católicos e que eram facilmente encontrados na internet em 2012:

http://grupodejovensanjos.wordpress.com.br
http://jovemcatolico.emdeus.com.br/ http://pagelas.blogspot.com/

Celebração da acolhida, entrega da Bíblia e apresentação dos catequizandos

Observações: A celebração que segue tem por objetivo apresentar os catequizandos à comunidade e convocá-la a comunidade à responsabilidade na caminhada de fé deles. São apresentados também os pais, os catequistas e os introdutores.
- Propusemos a celebração em um domingo ou outro dia em que a comunidade se reúne, para não sobrecarregar o calendário da catequese.
- Preparar a celebração com as pessoas envolvidas, escolher cantos conhecidos por todos, mas relacionados com os momentos litúrgicos da celebração.
- Os ritos aqui propostos são adaptação da celebração que consta no RICA, 316-321.
- São ministros da celebração: padre, diáconos, catequistas, equipe de liturgia e seus ministérios, o bispo, onde e quando for possível.
- Na véspera da celebração da acolhida, é indispensável que os catequizandos se reúnam na igreja, com seus catequistas, para um encontro de oração e preparação. Proposta: meditar, rezar e cantar, partindo do texto de Mt 13,44-46.

Ingresso na igreja
Faz-se a procissão de entrada com a cruz ladeada por velas. Quando os catequizandos, pais, introdutores, catequistas, ministros e celebrante entram na igreja, a assembleia os acolhe com calorosa salva de palmas. Pode-se, em seguida, entoar um canto de acolhida, a escolher.

Saudação e exortação
Quem preside saúda cordialmente os catequizandos. Dirigindo-se a estes e a todos os presentes, manifesta a alegria e a ação de graças da Igreja pela decisão dos catequizandos em assumir a preparação para o sacramento da crisma e lembra a importância do apoio e do testemunho de fé de toda a comunidade.

Apresentação dos catequizandos e dos catequistas
O catequista de cada turma se apresenta e convida os catequizandos para que se levantem, à medida que é pronunciado o nome de cada um. Terminada a leitura dos nomes de todas as turmas, a comunidade manifesta a acolhida com palmas ou canto.

Diálogo
Quem preside: Queridos catequizandos, vocês estão iniciando um tempo de aproximação e seguimento de Jesus Cristo, seguindo um itinerário de conhecimentos para a vivência cristã, proposto pela Igreja. A crisma é o sacramento pelo qual o batizado é fortalecido com o dom do Espírito Santo, para que, por palavras e obras, seja testemunha de Cristo, propague e defenda a fé. Vocês estão dispostos a participar assiduamente da catequese e da vida da comunidade?

Catequizandos: Sim, estamos!

Quem preside: Queridos pais, vocês estão dispostos a participar dos encontros para conhecer e seguir mais profundamente Jesus Cristo, para ajudar os filhos a crescerem na fé?

Pais: Sim, estamos!

Quem preside: Estimada comunidade, estes catequizandos desejam conhecer e se aprofundar no seguimento de Jesus Cristo. Por isso necessitam da ajuda, da oração e principalmente do testemunho de cada um de vocês que faz parte da comunidade. Vocês prometem dar testemunho cristão, apoiá-los e incentivá-los no crescimento da fé e conhecimento de Jesus Cristo?

Comunidade: Sim, prometemos!

Quem preside: Catequistas, vocês estão dispostos a assumir com generosidade e alegria o compromisso de ser amigos da família, de ajudar os catequizandos a crescer na fé, pelo conhecimento e seguimento de Jesus Cristo, assumindo fielmente o próprio compromisso do seu batismo?

Catequistas: Sim, estamos!

Liturgia da Palavra

Prossegue a celebração com o Ato Penitencial e, se for domingo, o Glória.
Ao iniciar-se a Liturgia da Palavra, o livro da Sagrada Escritura é trazido em procissão, com canto apropriado, e colocado respeitosamente na mesa da Palavra, podendo também ser incensado (os textos serão da liturgia do dia).

Pais entregam a Bíblia aos filhos

Depois da homilia, o presidente convida os catequizandos a formar um grande círculo em torno da mesa onde estão as Bíblias. Convida os pais para a entrega da Bíblia ao filho/a, livro que contém a revelação amorosa de Deus à humanidade, contém bons conselhos, indica o caminho para a verdadeira felicidade.

Os pais pronunciam o nome do/a filho/a e dizem: Receba o livro que contém a Palavra de Deus. Que ela seja luz para sua vida!

Catequizando: Amém! (Ao receber a Bíblia, beija e abraça os pais e retorna à assembleia, acompanhado pelos pais.)

Preces (RICA, p. 42).

Quem preside: Rezemos por estes catequizandos, seus introdutores, sua família, seus catequistas e sua comunidade. Agradecemos pela benevolência de Deus em conduzi-los a percorrer o caminho da catequese, para conhecer mais Jesus Cristo, seus ensinamentos e dispor-se a segui-lo.

Leitor: Senhor, que a proclamação e escuta da vossa Palavra revele a esses catequizandos Jesus Cristo, vosso Filho! Rezemos:

R: Senhor, atendei a nossa prece!
L: Inspirai, Senhor, os catequizandos para que, com generosidade e disponibilidade, acolham a vossa vontade. Rezemos:
R: Senhor, atendei a nossa prece!
L: Senhor, sustentai, com auxílio sincero e constante dos catequistas e introdutores, a caminhada destes catequizandos. Rezemos:
R: Senhor, atendei a nossa prece!
L: Fazei, Senhor, que a nossa comunidade, unida na oração e na prática da caridade, seja exemplo de vida para estes catequizandos. Rezemos:
R: Senhor, atendei a nossa prece!
L: Senhor, iluminados por vossa Palavra e amparados pela comunidade, possam esses catequizandos receber o dom do Espírito Santo pelo Sacramento da Crisma. Rezemos:
R: Senhor, atendei a nossa prece!

Quem preside: Oremos: Deus eterno e todo-poderoso, acolhei com amor estas nossas preces. Concedei que, renovados pela força da Palavra, cheguemos pela vossa graça à plena conformidade com o vosso Filho, Jesus, que vive e reina para sempre. Amém!

(Prossegue normalmente a celebração eucarística.)

Bênção solene e despedida
Depois de aludir brevemente à alegria da acolhida e entrega da Bíblia aos catequizandos, a pessoa que preside exorta à vivência de acordo com a Palavra de Deus. Convida os catequizandos a se aproximarem do altar e, de joelhos, receberem a bênção solene. Solicita aos pais, introdutores e catequistas a estenderem a mão sobre os catequizandos, enquanto pronuncia a bênção.

Canto final (de alegria e de louvor)

A aventura de crescer

Objetivo: Compreender que o ser humano cresce na relação com Deus, com os outros, consigo mesmo e com o universo que o cerca.

Preparar: Bíblia, velas, mesa com toalha branca, uma plantinha, corações recortados em cartolina ou outro material – o suficiente para todo o grupo –, aparelho de som, música e letra: *Águia pequena* (Pe. Zezinho). Disponível em: www.youtube.com.

Catequista, ao se preparar para este encontro, mantenha em mente o seguinte:
- O que contribui para um crescimento feliz?
- As pessoas têm uma grande responsabilidade para que a sua fase de crescimento seja um período da vida construtivo e feliz.
- Confiar no amor de Deus é condição essencial para que a pessoa se desenvolva com esperança de um futuro feliz. Jesus mesmo se coloca muito próximo, quando ele nos chama de amigos (cf. Jo 15,15).
- Compare essa postagem com as ideias aqui desenvolvidas. Mantenha em mente as seguintes questões:
  Eu sou uma pessoa responsável?
  Como posso ser uma pessoa mais madura na fé?
  Qual a minha participação na união e conhecimento de Jesus Cristo?

Ambiente: Receber os catequizandos com a música "Águia Pequena" (música com legenda disponível em www.vagalume.com.br Gospel/Religioso › P › Padre Zezinho). Pode ser outro canto que revele a importância de crescer. Receber cada catequizando com um abraço e, após pronunciar o nome dele, entregar o seu crachá. Sobre a mesa, em local de destaque, junto à Bíblia, colocar a plantinha e as palavras: desenvolvimento, maturidade, unidos, conhecimento, alegria, fé. Convidar os catequizandos para formar o grande círculo. Nas cadeiras estão os corações recortados. Solicitar que dividam o coração em quatro partes, com um traço horizontal e outro vertical. Na primeira parte, o catequizando registra por escrito uma alegria que já teve na vida; na segunda, um sofrimento; na terceira, o que mais gosta de fazer, o que lhe dá prazer; na quarta, um sonho, uma esperança que tem. Cada qual observa o "coração" durante alguns minutos e faz uma breve partilha, para comentar os sentimentos que surgiram durante a dinâmica.

Para você, catequista: Toda pessoa é um conjunto de sonhos e realizações, de alegrias e tristezas, de buscas, conquistas, vitórias e decepções. O importante é saber que tudo isso faz parte de nossa vida e que é preciso crescer alegre, saudável; aprender a tirar boas lições de tudo o que nos acontece; conhecer e desenvolver as qualidades; administrar as situações boas e ruins e sempre buscar dar sentido à vida, ser feliz e fazer os outros felizes. Precisamos descobrir que somos filhos(as) amados(as) por Deus, chamados(as) a crescer em todos os aspectos em direção a Jesus Cristo, numa vida nova que procede de Deus; que a vida é graça, dom de Deus. Uma pessoa nunca está pronta, porque dentro dela tem algo de divino, que a chama a crescer sempre mais. Embora sejamos pessoas amadas e queridas por Deus, desde a nossa concepção, carregamos em nós não só qualidades e dons, mas também limites. Porém, há dentro de nós um dinamismo que nos conduz a uma constante transformação. No decorrer da vida podemos crescer no amor, na amizade, na gratuidade, na solidariedade, na identidade como pessoa, na capacidade de construir, recriar, servir. Para crescer, a pessoa precisa tomar a decisão de forma livre, consciente, aceitar-se como é, com suas qualidades e melhorar o que precisa ser melhorado. Para crescer, são necessárias algumas atitudes como: conhecer-se, assumir-se, amar-se, conscientizar-se do que é capaz e planejar.

Planejar significa ter sonhos, ideais, objetivos, saber e definir o que se quer da vida. Dar uma direção à vida. Não significa ter sonhos ambiciosos, individualistas e centrados no TER, mas também sonhos do SER. Significa ser uma pessoa do bem, comprometida por essa escolha, e seguir as atitudes de Jesus.

Compreender-se e aceitar-se é sentir que o valor da pessoa não está no como você se apresenta ou no que faz, mas no fato de ser pessoa amada, querida por Deus, enviada a uma missão, por menor que seja. O importante é que essa missão seja assumida e realizada na sua totalidade e com autenticidade.

Avaliar-se é crescer na espiritualidade, buscar esse hábito com sinceridade e honestidade, sem impor-se culpas, mas de forma tranquila e madura, à procura daquilo em que precisamos melhorar. Ninguém tem total maturidade, mas é possível crescer constantemente num comportamento maduro que revela: caridade, perdão, sinceridade, obediência... Existem atitudes que revelam comportamentos de pessoas infantis. Vejamos um exemplo:

Mayara tem apenas dez anos, mas diz às colegas do jazz que já tem treze. Há quem acredite, porque Mayara é muito alta, usa sapatos de salto e está sempre maquiada. Como fica sozinha a maior parte do dia, passa muito tempo na internet e conversa com meninos e meninas maiores do que ela. Os pais de Mayara, por trabalharem muito, não conhecem os amigos da sua filha. Um dia, ela foi ao cinema para assistir a um filme proibido para menores de doze anos e não pôde entrar porque o rapaz da bilheteria descobriu sua verdadeira idade. Não podia voltar para casa, porque havia dito a seus pais que iria estudar com os colegas e só voltaria na hora marcada. Ficou circulando pelo *shopping* e foi vista pela vizinha, que se aproximou e convidou-a para tomar um sorvete e mostrou a importância de viver a beleza própria a cada idade (cf. CNBB, CF/2013, Ensino Fundamental I).

Recordar – O que nossa vida está dizendo?
- O que você pensa sobre o comportamento de Mayara?
- Você conhece alguém na comunidade que se preocupa em ajudar as pessoas a crescerem em todas as dimensões: física, espiritual, cultural e afetiva?

Escutar – O que o texto está dizendo?
Canto a escolher
Ler Ef 4,13-15
- Do que está falando o texto?
- A que "meta" ou "objetivo" nos encaminha o texto?
- Quais as consequências para os que assumem a unidade da fé e o conhecimento de Jesus Cristo?

Meditar – O que o texto diz para mim?
- O que o Senhor me revela e o que me solicita fazer?
- Converse tranquilamente com Deus sobre suas preocupações com seu desenvolvimento físico e peça-lhe inspiração e amparo também para o seu indispensável crescimento espiritual.

Rezar – O que o texto me faz dizer a Deus?
- Em silêncio, vou observar o coração no qual escrevi algo da minha vida.
Oração: Com os santos e anjos, rezemos: Senhor, Deus Trindade, queremos crescer em teu amor. Ajuda-nos a ser pessoas em construção, a serviço do teu Reino. Concede-nos a força do teu Espírito, para sermos pessoas de bem-querer, de união e de alegria. Confiamos em ti, Deus da vida. Amém!

Contemplar – Olhar a vida como Deus olha
- Em atitude de silêncio vou perceber que Jesus é o melhor amigo; ele caminha comigo no dia a dia.

> Perceba!
> A Igreja é também chamada de "Corpo Místico de Cristo", corpo que tem em Jesus sua cabeça invisível. Na terra, somos chamados a agir como parte desse corpo, unidos entre nós mesmos e com Deus. Se um dente dói, todo o corpo sofre. Do mesmo modo, com o Corpo de Cristo, a harmonia entre os diferentes membros possibilita a felicidade plena (cf. 1Cr 12,12).

Compromisso – O que a Palavra de Deus me leva a fazer?
- Mediante o que ouvi e refleti, trazer por escrito, para o próximo encontro, uma lista das qualidades que revelam meu crescimento na fé.

O que eu penso agora
Como utilizar-me das ideias deste encontro para:
- continuar crescendo como jovem responsável e caminhar seguro para a maturidade?
- confiar em Deus o dinamismo que está dentro de mim, e progredir na busca do seu conhecimento e seguimento?

Lembrete: Trazer para o próximo encontro figuras de pessoas de várias idades.

Jesus crescia em idade e sabedoria

Objetivo: Perceber a presença de Deus nas diversas fases e dimensões da vida.

Catequista, ao se preparar para este encontro, mantenha em mente as seguintes questões:
- O que significa crescer?
- Como é possível crescer em idade, sabedoria e graça?

Preparar: Bíblia, uma figura de Jesus entre os doutores, velas, tiras de papel com as palavras: crescimento – físico, afetivo, mental e espiritual –, figuras de pessoas nas diversas idades e a frase: "Desculpem-nos pelo transtorno, estamos em construção".

Ambiente: Acolher os catequizandos com alegria, entregar o crachá e pronunciar o nome de cada um. Colocar no centro da sala todo o material preparado. Zelar para que as tiras de papel fiquem dispostas de forma a convergir para a palavra crescimento.

Para você, catequista: Começando pelo catequista, o grupo apresenta as figuras de pessoas de várias idades solicitadas no encontro anterior. Quando todos apresentarem, o catequista reforça a ideia de que todos nós crescemos nas mais diversas dimensões. Nós não estamos prontos, estamos dia a dia amadurecendo, estamos em construção. Apresenta a frase "Desculpem-nos pelo transtorno, estamos em construção". Este aviso em construções públicas revela que a obra está em construção. Na verdade, somos seres em construção, em adequação, incompletos, matérias-primas do amor e da paciência de Deus.

Alguma vez você já viu crianças calçando sapatos dos pais, desejando ser da altura deles?

Há filhos que marcam, em paredes, em certa data, a sua própria altura, objetivando compará-la com a altura do pai e/ou da mãe. Com essa atitude, cria-se a possibilidade de utilizar essa marca para acompanhar o crescimento de cada criança.

Sabemos que nosso Pai celeste deseja que alcancemos nossa maturidade para que possamos ter comunhão com ele. Precisamos crescer espiritualmente para alcançarmos o propósito para o qual Deus nos criou à sua imagem e semelhança. Talvez o amadurecimento cristão possa parecer difícil de entender.

Você até pode perguntar: "Maturidade cristã se parece com o quê?" As crianças que mencionei tinham uma meta visível. Elas conheciam seu pai e sabiam a altura dele. Não era difícil para elas acompanharem o próprio crescimento em relação à estatura do seu pai. Jesus é um modelo de crescimento na vida espiritual e de fé possível de ser alcançado, quando confiamos em Deus assim como uma criança confia em seu bom pai, sem duvidar.

O ser humano cresce em várias dimensões. À semelhança de Jesus, que crescia em sabedoria, estatura e graça, também contamos com a presença de Deus em nosso crescimento sadio e harmonioso, em todas as dimensões do desenvolvimento humano e da fé.

Dimensão física: Para o nosso corpo crescer saudavelmente, é necessário alimentar-se bem, fazer exercícios regulares, evitar substâncias que atrapalhem o crescimento sadio e harmonioso.

Dimensão afetiva: Desde toda a eternidade, Deus nos ama com amor infinito e quer que nos amemos e nos respeitemos mutuamente. Isso significa respeitar e devotar afeto à natureza, a nós mesmos, aos nossos familiares, amigos e às pessoas com as quais nos deparamos no dia a dia.

Dimensão mental: A exemplo de Jesus, precisamos alimentar nossa mente, ampliar o nosso saber com estudo sério e responsável, recorrendo aos recursos a que temos acesso e, desse modo, desenvolver os dons que Deus nos dá.

Dimensão espiritual: Durante sua vida, Jesus sempre recorria a Deus Pai, que o sustentava em todos os momentos de sofrimento, angústia, dor e alegria. Jesus cresceu na fé e no amor e deu a própria vida por amor a todos nós. Morreu, mas ressuscitou para estar sempre conosco.

> **Catequista**, procure pesquisar em um site de busca da Igreja Católica: Vaticano, CNBB, Dioceses e Paróquias, um texto que fale da presença de Deus nas diversas fases da vida. Podem ser privilegiadas as seguintes palavras: crescendo, Palavra de Deus, vida, fases...

Recordar – O que nossa vida está dizendo?

▶ Você conhece pessoas que se preocupam com seu próprio crescimento físico, afetivo, mental e espiritual, à procura de um amadurecimento crescente? Explique os motivos de sua escolha.

▶ Cantar: Maria de minha infância (Pe. Zezinho, www.vagalume.com.br/padre.../maria-da-minha-infancia.html).

Eu era pequeno, nem me lembro. Só lembro que à noite, ao pé da cama,
Juntava as mãozinhas e rezava apressado, mas rezava como alguém que ama.

Nas Ave-Marias que eu rezava, eu sempre engolia umas palavras.
E muito cansado acabava dormindo, mas dormia como quem amava.

Ave Maria, Mãe de Jesus, o tempo passa, não volta mais.
Tenho saudade daquele tempo que eu te chamava de minha mãe.
Ave Maria, Mãe de Jesus, Ave Maria, Mãe de Jesus.

Depois fui crescendo, eu me lembro. E fui esquecendo nossa amizade.
Chegava lá em casa chateado e cansado. De rezar não tinha nem vontade.
Andei duvidando, eu me lembro, das coisas mais puras que me ensinaram.
Perdi o costume da criança inocente, minhas mãos quase não se ajuntavam.

O teu amor cresce com a gente. A mãe nunca esquece o filho ausente.
Eu chego lá em casa chateado e cansado, mas eu rezo como antigamente.
Nas Ave-Marias que hoje eu rezo, esqueço as palavras e adormeço.
E embora cansado, sem rezar como eu devo, eu de ti, Maria, não me esqueço.

▶ Que mensagens o canto revela?
▶ Até que ponto as palavras família, criança, inocência, amor maternal, oração e devoção a Nossa Senhora, presentes no canto, contribuem para que cresçamos na fé?
▶ Que sofrimentos os jovens enfrentam e que prejudicam seu crescimento?
Canto de aclamação
Ler Lc 2,41-52

Escutar – O que o texto está dizendo?
▶ De que trata o texto que ouvimos?
▶ Qual é a meta que o texto propõe?
▶ O que o texto apresenta para um autêntico crescimento em todos os aspectos?

Meditar – O que o texto diz para mim?
▶ Jesus desceu com seus pais para Nazaré e crescia em sabedoria, estatura e graça. Quero perguntar e responder a mim mesmo: o que pode ajudar o meu crescimento espiritual, mental, afetivo e físico?
▶ Vou deixar ressoar em meu coração o convite para crescer numa profunda fé em Deus e, à semelhança de Nossa Senhora, guardar a Palavra de Deus no coração.

Rezar – O que o texto me faz dizer a Deus?

> **Perceba!**
> O convite ao crescimento rumo à maturidade nos aproxima de Jesus, que, como pessoa, passou pelas fases do crescimento físico, intelectual, afetivo e espiritual. Quando nos propomos a crescer rumo à maturidade, identificamo-nos com Jesus. Para essa aventura de crescer, contamos com a presença constante de Deus, que está sempre conosco.

▶ Com os olhos fechados, vou agradecer e louvar a Deus, porque ele está comigo e me acompanha no crescimento físico, afetivo, mental e espiritual.

Oração: Eu te louvo e te agradeço, Deus, porque posso crescer em todas as dimensões da vida. Posso aprender a te amar e a amar os meus semelhantes, respeitar todas as criaturas que criaste. É maravilhoso poder amar, viver, sorrir, sonhar e confiar em Deus. Obrigado, Senhor! Amém!

Contemplar – Olhar a vida como Deus olha

▶ Consigo colocar-me nas mãos de Deus e perceber qual é a meta que ele tem para mim?

▶ Vou contemplar Jesus entre os doutores e, em oração, com a graça dele, procurar superar qualquer obstáculo para o meu crescimento na fé.

Compromisso – O que a Palavra de Deus me leva a fazer?

▶ Durante a semana, posso partilhar minha vivência, meus dons com meus pais e amigos.

▶ Posso alimentar o blogue e o *facebook* com alguma experiência animadora de partilha de minhas experiências de fé.

▶ Ler com os meus familiares o texto bíblico Lc 2,41-52 e aprofundá-lo com a leitura de 1Ts 3,12-13.

O que eu penso agora?
Jesus crescia e, em seu desenvolvimento, amadurecia a sua relação com Deus Pai. Sua mãe guardava em seu coração todas as coisas. No coração, guardamos os ensinamentos que contribuem para o nosso crescimento espiritual. Nossa Senhora também crescia em sabedoria e graça. O que eu posso fazer para crescer em sabedoria e graça?

Deus sabe cuidar de nós

Objetivo – Compreender a possibilidade de transformação nas mãos de Deus, como o barro nas mãos do oleiro.

Catequista, ao se preparar para este encontro, procure responder as seguintes questões:
- O que significa deixar-se modelar por Deus?
- Em que sentido Deus nos modela como o oleiro modela o barro?

Preparar: Bíblia, vela, mesa com toalha branca, aparelho de som, vaso de barro ou barro para modelar, cadeiras dispostas em círculo e a frase: "Eu estou nas mãos de Deus, como o barro nas mãos do oleiro".

Ambiente: Receber os catequizandos com canto que fale de oleiro, com mensagem de Deus, que se compara a um oleiro, por exemplo: "Vaso e oleiro". Com esta ou outra música, acolher afetuosamente os catequizandos, pronunciando o nome de cada um. No centro da sala, colocar a Bíblia, um vaso de barro ou argila para ser modelada, vela, flores e a frase: "Eu estou nas mãos de Deus, como o barro nas mãos do oleiro".

Para você, catequista: O catequista solicita a um catequizando que leia a frase: "Eu estou nas mãos de Deus, como o barro nas mãos do oleiro". Interage com o grupo, faz uma relação a respeito do vaso de barro modelado pelo oleiro. Deus, o divino Oleiro, cria o ser humano com amor e carinho e quer a felicidade e a liberdade de cada um. O ser humano depende da terra para viver. Como competente Oleiro Deus toma o barro do solo e modela o ser humano à sua imagem e semelhança (Gn 2,7). O fato de sermos criados à imagem e semelhança do divino Oleiro indica que somos obra das mãos de Deus. Nossa existência é a revelação do amor criativo de Deus, e o ser humano é resultado desse amor. A certeza de sermos contemplados pelo divino Oleiro pode fazer com que nos reconheçamos como a obra mais querida de suas mãos.

Deus pode ser comparado a um artista. O barro é a matéria-prima nas mãos do artista e nós podemos ser comparados ao barro. É o artista que transforma o barro em obra de arte, a qual, porém, permanece frágil e quebradiça. Sua fragilidade requer atenção, cuidado, delicadeza, flexibilidade no manejo; enfim, um carinho próprio do artista. Deus é o artista por excelência. Ele nos marca com sua imagem e bondade. Como o artista, o divino Oleiro purifica o barro que somos e modela nossa vida. Ele dedica a cada um de nós toda sua afeição.

O profeta Jeremias narra essa experiência, contemplando um oleiro remodelando, refazendo, reconstruindo vasos. Deus serve-se dos fatos e das realidades do cotidiano, das coisas simples para explicar e tornar compreensíveis as verdades. Deus nos quer pessoas refeitas nele, em sintonia com seu amor, justiça, paz, fraternidade, misericórdia, compaixão, perdão. Nos olhos e na memória de Jeremias, ficou impressa a imagem do vaso que se estragou. Em vez de jogar fora o vaso estragado, o oleiro o refez. Jeremias entende que, da mesma forma, Deus quer modelar-nos continuamente para uma constante conversão da vida, para configurá-la com Jesus. O barro nas mãos do oleiro lembra que o divino Oleiro quer fazer de nós um vaso novo, uma criatura nova (cf. 2Cor 5,17). Deus nos quer transformar em "vasos de bênção", apesar de nossa fragilidade e de toda nossa realidade humana. Ele quer ser força em nossa vida. Ele é o nosso porto seguro. Nós somos ancorados nele. Enraizados no amor do divino Oleiro, encontramos chão firme e segurança necessária para viver o batismo e entusiasmo na preparação da crisma.

Recordar – O que a nossa vida está dizendo?
- O que faz o oleiro?
- Qual a matéria-prima do trabalho do oleiro?

> Na internet, há muitas composições musicais que falam da comparação de Deus com o oleiro. Uma belíssima composição é "Dios, mi alfarero", interpretada pela irmã Glenda. Embora em espanhol, é de fácil compreensão. Disponível em:
> http://www.youtube.com/watch?
> http://www.youtube.com/watch?
> http://www.divinooleiro.com.br/revista.php,
> acesso em 21 maio de 2012.
> *"alfarero", em espanhol, é oleiro.

Escutar – O que o texto está dizendo?
Canto com mensagem de acolhida à Palavra de Deus, a escolher.
Ler: Jr 18,1-6.
Enquanto todos cantam, três catequizandos erguem a Bíblia, o vaso de barro e a vela acesa, permanecendo ao lado daquele que faz a leitura.
- No texto que acabamos de ouvir, o que o profeta Jeremias relata?
- Qual comparação Jeremias fez entre o agir do oleiro e o agir de Deus?

Meditar – O que o texto diz para mim?
- Como colocar-me nas mãos de Deus, como um vaso em transformação?
- IR à casa do Oleiro, OUVIR o convite do divino Oleiro, VER o que o divino Oleiro já realizou em minha vida.

> **Perceba!**
> Nas mãos de um oleiro, o barro responde à menor pressão e se deixa modelar. Nós, contudo, raramente nos portamos assim. Discutimos com Deus e resistimos à sua vontade, mesmo pedindo que a sua vontade seja feita assim na terra como no céu. Nossas vidas não se encontram sujeitas a um destino cego, um acaso invisível. Nossas vidas podem estar nas mãos do Deus todo-poderoso. Ele nos permite uma relação filial, ou seja, ele se revela como um bom Pai, demonstra interesse pessoal em nossas vidas; ele é o nosso oleiro.

Rezar – O que o texto me faz dizer a Deus?
Louve e agradeça a Deus pela presença amorosa do divino Oleiro em todos os momentos da vida (o catequista reza a parte da pessoa e o grupo, o que Deus responde).

1. Você diz: "Isso é impossível!" Deus diz: "Todas as coisas são possíveis" (cf. Lc 18,27).
2. Seu coração diz: "Estou muito cansado!" Deus diz: "Eu te darei descanso" (cf. Mt 11,28).
3. Seu coração diz: "Ninguém me ama de verdade!" Deus diz: "Eu te amo" (cf. Jo 3,16; 13,34).
4. Seu coração diz: "Não consigo ir em frente!" Deus diz: "Minha graça te basta" (cf. 1Cor 12,9; Sl. 91,15).
5. Seu coração diz: "Eu não consigo perceber as coisas!" Deus diz: "Eu dirigirei os teus passos" (cf. Pr 3,5- 6).
6. Seu coração diz: "Eu não consigo fazer isto!" Deus diz: "Você pode todas as coisas" (cf. Pr 4,13).
7. Seu coração diz: "Eu não sou capaz!" Deus diz: "Eu sou capaz" (cf. 2Cor 9,8).
8. Seu coração diz: "Não sei por que isso aconteceu!" Deus diz: "Todas as coisas contribuem" (cf. Rm 8,28).
9. Seu coração diz: "Não consigo me perdoar!" Deus diz: "Eu perdoo você" (1Jo 1, 9; Rm 8,1).
10. Seu coração diz: "Não consigo o que quero!" Deus diz: "Eu suprirei todas as suas necessidades" (Fl 4,19).
11. Seu coração diz: "Estou com medo!" Deus diz: "Eu não te dei um espírito de covardia" (2Tm 1,7).
12. Seu coração diz: "Estou sempre preocupado e frustrado!" Deus diz: "Lança toda sua ansiedade em mim" (1Pd 5,7).
13. Seu coração diz: "Eu não tenho fé suficiente!" Deus diz: "Eu tenho dado a cada um segundo a medida da fé" (Rm 12,3).
14. Seu coração diz: "Eu não sou inteligente!" Deus diz: "Eu te dou sabedoria" (1Cor 1,30).
15. Seu coração diz: "Eu me sinto sozinho e abandonado!" Deus diz: "Eu nunca te deixarei, nem te desampararei" (Hb 13,5) (Autor desconhecido).

Canto: Procure em um site de busca canto com mensagens de "Vaso novo", "Deus, o divino Oleiro", "Deus, ternura e presença" ou um canto que revele a importância de se deixar modelar, converter, isto é, querer de todo o coração voltar-se por inteiro para Deus, fazer a vontade de Deus.

Canto em tom suave

Comtemplar – Olhar a vida como Deus olha
▶ Individualmente, ler a frase: "Eu estou nas mãos de Deus, como o barro nas mãos do oleiro".
▶ Pensar em modos de colocar-se ainda mais nas mãos de Deus.
▶ Deixe-se modelar nas mãos do divino Oleiro, para que nada o separe do amor de Jesus Cristo.

Compromisso – O que a Palavra de Deus me leva a fazer?
▶ Vou registrar em meu caderno (para partilhar no próximo encontro) três virtudes que vi em pessoas que respeito e que me lembram da ação do divino Oleiro.
▶ Quero animar meus colegas a frequentar assiduamente os encontros de catequese. Como posso fazer isso?
▶ Posso deixar uma mensagem de esperança no blogue do grupo de catequese?

> **O que eu penso agora:**
> • O que significa considerar Deus como o nosso oleiro?
> • O que dificulta minha disponibilidade como barro nas mãos de Deus, nosso oleiro?
> • O que facilita para que nos coloquemos como barro nas mãos de Deus, nosso oleiro?

Lembrete: Trazer para o próximo encontro recortes, reportagens que possam revelar medos com que nos defrontamos na atualidade.

Deus: companheiro fiel de todas as horas

Objetivo: Desenvolver confiança e amor a Deus

> **Catequista**, ao se preparar para este encontro, procure encontrar as respostas às seguintes questões:
> - Como desenvolver mais confiança em Deus?
> - Que medos dificultam nossa felicidade?

Preparar: Bíblia, vela, flores, mesa com toalha branca e a frase: "Não tenha medo, pois estou com você" (Is 41,10), faixa de pano escuro – o suficiente para toda a turma –, recortes de jornais e revistas com artigos ou figuras que possam revelar medos, inseguranças.

O ambiente: Receber os catequizandos com alegria e entregar a cada um tira de pano escuro. Dispor as cadeiras em grande círculo, colocar a Bíblia, as velas e as flores na mesa. Quando todos os participantes estiverem acomodados, convidá-los para colocar as figuras e os artigos (solicitados no encontro anterior) ao redor da Bíblia.

Para você, catequista: Solicitar que, com o auxílio da faixa de pano, cada um vede os próprios olhos e dê uma pequena volta no centro da sala. Em seguida, recolher as faixas e apresentar a frase: "Não tenha medo, pois estou com você" (Is 41,10). Apresentar as figuras trazidas pelos catequizandos e suscitar um debate sobre as inseguranças e os medos que dificultam a felicidade das pessoas. Partilhar também os medos pessoais.

    É bom quando nos sentimos encorajados a superar os medos e somos amparados e protegidos pelas pessoas que nos querem bem. Sentimo-nos seguros quando temos certeza de que somos amados. Uma das maiores seguranças que uma pessoa pode ter é confiar na ação e no poder de Deus, nos momentos de alegria, sofrimento, dúvidas, incertezas, conflitos... Antes de subir ao céu, Jesus disse: "Eis que estou convosco todos os dias, até o fim do mundo" (Mt 28,20). Isto é razão para vivermos cheios de alegria! Deus vem ao nosso encontro, ele é o companheiro fiel de todas as horas. Jesus é a força de Deus. "A fortaleza, dom do Espírito Santo, é a virtude moral que dá segurança nas dificuldades, firmeza e constância na procura do bem. Torna capaz de vencer o medo da morte inclusive, de suportar a provação e as perseguições" (CIC 1808). Jesus cura todo mal e toda enfermidade (Mt 9,35).

Recordar: O que a nossa vida está dizendo?
▶ O que faz com que uma pessoa seja considerada amiga fiel de todas as horas?

> **Catequista**, o belíssimo poema de Santa Teresa de Ávila foi musicado pelo grupo Taizé, na sua versão original em espanhol, e também em uma bela adaptação para o português, um pouco diferente da que apresentamos aqui, mas com o mesmo sentido: Não te pertubes, nada te espante, quem com Deus anda nada lhe falta! Não te pertubes, nada te espante, basta Deus, só Deus: http://www.youtube.com/watch?v=vdqDlU9GVk&feature=related

Escutar – O que o texto está dizendo?
Canto de acolhida da Palavra
Ler: Isaías 41,9-10
▶ Quem está falando e como se apresenta?
▶ O que promete?

Meditar – O que o texto diz para mim?
▶ Conversa tranquilamente com Deus sobre teus medos e preocupações e ouve no teu coração o que ele diz para ti: "Não tenhas medo!"

> **Perceba!**
> Em nossa vida, muitas vezes deparamo-nos com contratempos, momentos de dificuldade em que tudo ao nosso redor parece ser sombrio e triste. A confiança em Deus, nosso Salvador, permite-nos encontrar um raio de luz, por mais escuro que esteja ao nosso redor, protegendo o nosso coração do sentimento de solidão e abandono.

Rezar – O que o texto me faz dizer a Deus?
▶ Após cada invocação todos rezam: **Fica conosco, Senhor!**
• Para sermos livres dos medos e inseguranças;
• Para que estejamos sempre cheios de esperança;
• Para sermos sempre tua presença entre os irmãos;
• Para que sejamos sensíveis com todos os que sofrem;

Contemplar – Olhar a vida como Deus olha
▶ Coloque-se sempre nas mãos de Deus, fiel amigo de todas as horas.
▶ Medite sobre a manifestação contemplativa de Santa Teresa de Ávila sobre o amor divino.

*Nada te perturbe, nada te espante,
tudo passa, Deus não muda.
A paciência tudo consegue.
Quem a Deus tem, nada lhe falta.
Só Deus basta.
(Santa Teresa de Ávila)*

Compromisso – O que a Palavra de Deus me leva a fazer?

Há algum momento em sua vida em que você sentiu de modo especial a presença amorosa de Deus? Você pode transformar essa lembrança em um poema? Não precisa ter rima ou métrica fixa; acima de tudo, seu poema pode revelar sentimento e fé. Busque inspiração no poema de Santa Teresa de Ávila.

O que eu penso agora?
- Em que momentos podemos recorrer à confiança em Deus?
- Como desenvolver mais confiança em Deus?
- Como você pode ajudar um amigo a crescer na confiança em Deus?

Convidar quatro catequizandos do grupo para apresentar, no próximo encontro, uma encenação que traduza a essência do pensamento de Jesus em Mt 6,25-33.

Celebração da adesão à iniciação cristã e entrega da cruz

Observações: A celebração da adesão dos catequizandos à iniciação, simbolizada com a entrega de um crucifixo a cada um deles, prevê a participação ativa e comprometida destes, dos pais, dos catequistas, dos introdutores e da comunidade local.

Preparar para a celebração:
- cantos condizentes com os momentos litúrgicos da celebração;
- relação dos nomes dos catequizandos;
- crachás;
- crucifixos com cordão, para todos os catequizandos;
- dois recipientes com água e pétalas de flores e dois ramos para a aspersão;
- cruz processional;
- velas;
- mesa com toalha branca, ao lado da mesa da Palavra;
- livro com o registro dos nomes.

Considerações:
- É oportuno que a comunidade em que vive o catequizando, pelo exemplo de fé, de participação nas liturgias e de compromisso com a catequese, anime e acompanhe no aprofundamento a vida cristã.
- A presença dos pais e familiares, introdutores e catequistas é incentivo e estímulo para os catequizandos prosseguirem na caminhada de fé.
- O celebrante com os ministros, catequizandos, introdutores e catequistas se posicionam no limiar da igreja para a procissão de entrada.
- Os pais são acolhidos e encaminhados para o local a eles reservado.
- Acolher e entregar o crachá aos catequizandos.
- Ensaiar antecipadamente com os catequizandos, pais e introdutores os ritos que serão vivenciados na celebração.
- Providenciar um livro bonito e nele registrar o nome dos catequizandos, com coluna própria para a assinatura destes.
- A equipe de liturgia e catequistas organizam os diversos momentos da celebração: preparam, ensaiam, organizam e criam ambiente receptivo e orante e recebem, com aplausos, a procissão (canto com mensagem de caminhada ou de chamado).

Ritos iniciais
Quem preside: Fazer o sinal da cruz e saudar cordialmente toda a assembleia. Expressar a ação de graças da Igreja pelo grupo de catequizandos que se decidiu a percorrer a catequese crismal para seguir fielmente Jesus, ser profeta e testemunha de cristão autêntico no mundo em que vive. Agradecer aos pais, catequistas e introdutores o apoio, o testemunho e as orações para acompanhar a cami-

nhada dos catequizandos. Convidar o catequista a apresentar o nome dos catequizandos que constam no livro (que se encontra numa mesa previamente preparada, ao lado da mesa da Palavra).

- Enquanto o catequista faz a leitura do nome, o catequizando responde:

Catequizando: Aqui estou!

Quem preside: Queridos catequizandos, Cristo chamou-os para serem seus amigos. Lembrem-se sempre dele e sejam fiéis em segui-lo! Neste momento os pais marcam vocês na testa com o sinal da cruz de Cristo, que é o sinal do cristão. Este sinal daqui em diante vai lembrá-los de Cristo e de seu amor. Em nossa tradição cristã católica, a cruz que vocês estão recebendo nos recorda o Mistério Pascal. A cruz é sinal do cristão, porque Jesus nos considera seus discípulos quando decidimos conhecê-lo e segui-lo.

Convida os catequizandos e os pais para se posicionarem perante a assembleia.

Canto (com mensagem de seguimento e/ou adesão a Jesus Cristo)

Adesão ao compromisso

Diálogo:

Quem preside: A vida eterna consiste em conhecermos Deus Pai e Jesus Cristo, que ele enviou. Ressuscitando dos mortos, Jesus foi constituído, por Deus, Senhor da vida e de todas as coisas visíveis e invisíveis. Se querem ser discípulos e membros da Igreja, é preciso que vocês se instruam em todas as verdades reveladas por Jesus Cristo. Aprendam a conhecê-lo e segui-lo; vivam segundo os preceitos do Evangelho. Amem o Senhor Deus e o próximo como Cristo nos ensinou. Cada um de vocês está de acordo com isso?

Catequizandos: Estou!

Quem preside: O que vocês pedem à Igreja de Deus?

Catequizandos: Aprofundar a fé.

Catequista: Para manifestar essa adesão a esse compromisso, dois catequizandos, representando os demais, colocam a mão sobre a Bíblia. Os outros catequizandos acompanham esse gesto, levantando o braço direito em direção à Bíblia.

Dois catequizandos: (com a mão na Bíblia, rezam)	Deus, Pai de bondade, que a vossa Palavra fortaleça nosso encontro com Jesus Cristo, nos leve à conversão, à mudança de vida, à transformação no jeito de pensar, sentir, agir e ser. Queremos conhecer sempre mais a vossa Palavra e participar da comunidade, sendo cristãos comprometidos com a Igreja, que acolhe a todos. Queremos crescer no conhecimento e seguimento de Jesus, vosso Filho. Isto vos pedimos por Jesus Cristo, na unidade do Espírito Santo. Amém!
Quem preside:	Senhor, por vossa bondade, acolhei a vontade sincera desses catequizandos de vos conhecer e seguir.
Comunidade:	Graças a Deus!
Quem preside: (voltando-se para os catequistas)	Estimados catequistas, vocês estão dispostos a ajudar esses catequizandos a continuar no bom propósito de crescer sempre mais no conhecimento e seguimento de Jesus, aprofundar a fé e no acompanhamento deles na preparação para receber a Crisma?
Catequista:	Sim, para isto, conto com a graça de Deus.
Quem preside:	A cruz de Cristo é sinal do amor de Deus à humanidade. Ao recebê-la livremente, vocês estão se comprometendo a entrar em comunhão com Jesus Cristo, modelo e esperança de vida. O sinal da cruz é bênção, louvor pelos benefícios recebidos e ação de graças a Deus. Convido os pais dos catequizandos a entregar o crucifixo para seu filho ou sua filha e traçar-lhes na testa o sinal da cruz. Durante esse gesto, quem preside reza: Receba na fronte o sinal da cruz, o próprio Cristo proteja você com o sinal do seu amor. Aprenda a conhecê-lo e segui-lo.
Todos:	Amém! (RICA, 83)
Quem preside:	Pai de bondade, nós vos agradecemos porque esses vossos catequizandos, que de muitos modos inspirastes e atraístes, vos procuraram e responderam, em nossa presença, ao chamado que lhes dirigistes. Por isso, Senhor, nós vos louvamos e bendizemos.
Todos:	Bendito seja Deus para sempre!

(A celebração eucarística segue normalmente)

CATECUMENATO

De mãos dadas para construir a vida

Objetivo: Cuidar da vida como presente de Deus.

> **Catequista**, ao se preparar para este encontro, procure ter presente o que segue:
>
> • Desde toda a eternidade Deus me conhece e me chama pelo nome. Ao chamar-me pelo nome, ele me chama à vida (cf. Jr 1,4).
> • É Deus a fonte da vida.
> • Somente Deus é o autor, o dono da vida.

Preparar: Bíblia, uma vela, mesa com toalha branca, flores, uma jarra com água, perfume, aparelho para CD, canto com mensagem de vida, frutas para partilha, uma peça de roupa para criança e as palavras "vida" e "fé".

Ambiente: Dispor as cadeiras em círculo. No centro da sala, colocar uma flor com pétalas grandes (girassol ou outra), mesa com toalha branca – sobre a qual, a Bíblia –, vela, uma jarra com água e pétalas de flores. Colocar de forma harmoniosa junto à Bíblia e em lugar bem visível as palavras: "vida" e "fé".

Para você, catequista: Desde toda a eternidade Deus me conhece e me chama pelo nome. Ao chamar-me pelo nome, ele me chama à vida (cf. Jr 1,5). Deus nos ama e não nos abandona. Somos obra de suas mãos. Por isso precisamos cuidar bem para não estragar a obra criada por Deus com tanto amor. Há uma vida que não vemos, mas sentimos em toda a natureza e em nossa vida, porque Deus mora em nós. É Deus a fonte de toda a vida. Todo ser humano tem a vida como dom de Deus. E Jesus falou: "Eu vim para que todos tenham vida e a tenham em abundância" (Jo 10,10). Todos têm o direito à vida; por isso todos deveriam ter o compromisso de respeitá-la e defendê-la. A vida de todo ser humano é acometida por alegrias, interrogações, sonhos, necessidades, esperanças, tristezas e angústias. Ela necessita de cuidados desde o nascimento até a morte. Jesus usou a simbologia do lírio do campo para falar sobre o valor da vida. Pediu para olhar as flores, aprender das flores, descobrir a mensagem das flores. Este encontro nos ensina que a vida é um dom de Deus e nos motiva a cuidar dela e ter certeza de que Deus nos ama. Ele caminha conosco e seu amor é mais sincero do que qualquer sentimento humano. Isso é motivo de alegria e esperança para todos nós que estamos neste mundo e que caminhamos seguindo o convite de Jesus. Ele não promete riqueza ou luxo, mas nos conforta com uma mensagem de Pai amoroso, que cuida de seus filhos e que proverá as coisas de que eles verdadeiramente necessitam. "Portanto, não vos inquieteis, dizendo 'Que comeremos?', pois vosso Pai celestial sabe que necessitais de todas estas coisas; buscai, pois, em primeiro lugar, o seu Reino e sua justiça, e todas estas coisas vos serão acrescentadas" (Mt 6,31-33). Deus é nosso Pai e, se mostra cuidados com as aves e as flores, quanto mais cuidado, carinho, não há de ter para conosco? Jesus falou das flores. Pediu-nos para olhar as flores, aprender das flores, descobrir a mensagem das flores. Hoje o lírio nos ensina a confiar que a vida é a obra mais querida de Deus. Se ele cuida das flores do campo, quanto mais dos seus filhos e filhas queridos. Deus não está indiferente às situações de nossa vida e de nossa história. Quem possui Deus, nada lhe falta.

Madre Teresa de Calcutá, olhando para sua vocação, conclui: "Não sou nada, senão um instrumento, um pequeno lápis nas mãos do meu Senhor, com o qual ele escreve aquilo que deseja".
Este fragmento nos remete à história do lápis, disponível em: www.homemsonhador.com/AHistoriaDoLapis.html. Acesso em 22 de maio de 2012.

Recordar – O que a nossa vida está dizendo?
- Para você, qual é o valor da vida?
- Como cuidar da vida no lugar e tempo em que você vive?
- Na comunidade você conhece alguém que se preocupa com o cuidado da vida das pessoas e do meio ambiente? Como acontece esse cuidado?

Escutar – O que o texto está dizendo?
Canto de aclamação
(Durante o canto, três catequizandos trazem para o centro do círculo a Bíblia, a água com pétalas de rosas, um lírio ou outra flor.)
Encenar o texto Mt 6,25-33 (solicitado no encontro anterior).
- Após a encenação, o texto pode ser lido.
- Para quem Jesus está falando?
- O que Jesus pede para olhar e considerar?
- Quem vale mais que os pássaros e as flores? Por quê?
- A palavra "vida" aparece no texto quantas vezes?

Meditar – O que o texto diz para mim?
- Individualmente, ponderar o texto que segue:

Viver é um desafio!
Diariamente, ao meu redor, observo muitas injustiças.
Em algumas delas nem reparo, outras me fazem ficar triste, com raiva, ressentido...
Enfim, não me sinto bem! E, por vezes, sou eu quem comete as injustiças que afetam os outros.
Então, nesses momentos, eu me sinto tão pequeno!
Bem-aventurada a pessoa que põe em Deus a sua confiança! (Sl 40,5).
Eu queria ser essa pessoa! Queria mesmo! Queria aprender a confiar em Deus. É difícil!
Uma pequena planta cresce dia a dia, e o Senhor sabe de seu crescimento.
Senhor, fazei crescer a minha fé!
Uma pequena ave pousa de seu voo para alimentar-se, e o Senhor sabe que ela não semeou nem ceifou o que, agora, alegremente come.
Senhor, alimentai a minha fé!
Não vou desistir de, a cada dia, pôr minha vida nas mãos de Deus.
Senhor, não me deixeis desistir, nunca, de amar-vos e servir-vos!
"Elevo os meus olhos para os montes. De onde me vem o socorro? O meu socorro vem do Senhor, que fez os céus e a terra..." (Sl 121,1-2).

Rezar – O que o texto me faz dizer a Deus?
▶ Vamos manifestar a Deus nossa confiança e nosso agradecimento pelos cuidados que ele tem com nossa vida.
▶ Momento de silêncio (interiormente pedir a Deus um coração forte e puro).
Com o braço direito em direção da água, todos rezam:
Oração: Senhor Deus, perfuma nossa vida com o teu amor e ternura. Vem abençoar esta água; faze que, ao tocarmos nela com fé, sintamos tua graça, que nos renova. Amém! (Tocar na água perfumada com as pétalas de flores e traçar o sinal da cruz.)

Contemplar – Olhar a vida como Deus olha
▶ Vamos colocar-nos nas mãos de Deus e contemplar sua bondade, porque em suas mãos somos o melhor de sua criação.
▶ Como permitir que Deus cuide de minha vida?

Perceba!
Eu sou importante para ti, Senhor!
Mesmo quando desejam derrubar-me;
Mesmo quando parecem ignorar-me;
Mesmo quando incentivam-me a afastar-me;
Eu sou importante para ti, Senhor!
Fica comigo, por favor, e faze crescer no meu coração plantas e flores do teu amor, faze de meu coração um jardim para o teu louvor, faze-me forte para que eu nunca desista de ti, pois tu jamais desistes de mim!

Compromisso – O que a Palavra de Deus me leva a fazer?
▶ Durante a semana, com meus familiares, colegas de aula ou de trabalho, procurarei ser generoso e desprendido, atento à partilha, ao bem-querer e à justiça. É possível elaborar um poema para agradecer a Deus pelo dom da vida? Podemos postar esse poema no blogue do grupo?

O que eu penso agora?
Depois de todas as considerações construídas neste encontro, o que penso?
- Qual o valor da vida para mim?
- Como posso demonstrar, em meu cotidiano, o valor que a vida tem?
- Como posso me colocar ainda mais nas mãos do Deus da vida?

Lembrete: Ensaiar com um catequizando, em forma de dublagem, um canto que fale de vida.

A revelação da ternura de Deus na criação

Objetivo: Desenvolver a compreensão da ternura de Deus com a vida e a criação.

> **Catequista**, ao se preparar para este encontro, mantenha em mente as seguintes questões:
> - Que significado tem para você a palavra "ternura"?
> - Que relação há entre ternura e a criação de Deus?
> - Como posso demonstrar meu amor à criação?
> - Que significa, para mim, estar na mente e no coração de Deus?

Preparar: Bíblia, velas, toalha branca, flores, cadeiras em círculo, recipientes transparentes com terra, outro com água e outro com sementes, pedras, cartão personalizado (nome do catequizando) com a frase: "Você está na mente e no coração de Deus desde toda a eternidade", e um aparelho para tocar música referente à criação.

Ambiente: Acolher os catequizandos com alegria, pronunciar o nome de cada um e entregar o cartão personalizado com a frase: "Você está na mente e no coração de Deus desde toda a eternidade". No centro da sala, colocar a Bíblia aberta, flores, os recipientes transparentes com terra, água, sementes e pedras. Com todos sentados em círculo, o catequista relata a sequência do encontro e convida os catequizandos para, no momento oportuno, contemplar e analisar os símbolos.

> **Para você, catequista:** Todos nós somos eternos no coração, na mente e no amor de Deus, porque fomos modelados pelo seu amor e ternura. Deus revela sua ternura e vida em toda a criação (solicitar a um catequizando para apresentar a água). A água é fonte de vida. Deus é o criador das águas. O Espírito infunde a vida de Deus nas águas e elas tornam-se fonte de vida. Jesus se compara à Água Viva. A sede da humanidade só pode ser saciada junto à Fonte: "Se alguém tiver sede, venha a mim e beba. Quem crê em mim, como diz a Escritura: 'Do seu interior manarão rios de água viva'" (Jo 7,37-38; cf. Zc 14,8; Is 58,11).
> (outro catequizando apresenta o recipiente com a terra). A terra surge com o agrupamento das águas. Deus revela sua vida e ternura, ao criar a terra. Ela é fonte de vida e alimento para toda a criação.

(um terceiro catequizando apresenta sementes). As sementes lembram ser necessário preparar o terreno, que é o nosso coração, para que a semente da Palavra de Deus nasça, cresça e dê bons frutos.

(outro catequizando apresenta a pedra). A rigidez da pedra nos faz refletir sobre a importância do cultivo da firmeza e da perseverança na construção dos valores e virtudes cristãos em nossa vida. "Quem ouve a minha palavra e a põe em prática, é como construir uma casa sobre a rocha" (Mt 7,24). A criação não é obra acabada. Deus continua criando e para isso conta com a participação de cada um de nós. Deus é criativo e generoso. Expressa sua ternura na criação, nas diferentes formas de vida. Na criação da terra e do céu, o ser humano estava no coração e na mente de Deus. Desde toda a eternidade, antes da criação do mundo, Deus nos ama e nos conhece pelo nome. Somos criaturas de um bom Pai. Somos eternos no coração de Deus. A pessoa, além de criatura mais perfeita da criação, ainda é elevada à condição de filha amada e querida por Deus. Recebeu terna e carinhosamente a terra, como presente de Deus, para habitação do ser humano. A vida é fruto do amor. Exige de cada pessoa atenção, cuidado, respeito, amor e criatividade para preservá-la em todas as situações. Jesus deu um testemunho eloquente de vida. Venceu a morte para resgatar a vida com a ressurreição (Jo 11,25).

Recordar – O que a nossa vida está dizendo?

▶ Em duplas, relatar pontos que revelam ternura e zelo da comunidade com a vida e a natureza.
▶ Como nossa comunidade pode manifestar ternura e zelo com a vida?

Escutar – O que o texto está dizendo?

Canto de acolhida da Palavra
Ler Gn 1,1-31.
▶ O que o texto narra?
▶ Quem está falando no texto?
▶ Para quem é dirigida a fala no texto lido?

Meditar – O que o texto diz para mim?

▶ Reler o texto cuidadosamente e identificar quais as marcas de vida e de ternura que eu posso imprimir em minha história pessoal e no mundo criado.

Rezar – O que o texto me faz dizer a Deus?

▶ O catequista convida um catequizando para rezar de forma clara e dando sentido à oração.

> **Perceba!**
> A palavra "Gênesis" significa "começo". A vida ganha na Palavra de Deus importância primordial: o começo da Palavra de Deus é o relato do começo da Vida. O relato deixa em evidência que Deus age a favor da vida e de sua mais valiosa criação, o ser humano. Isso deve deixar impresso em nosso coração que nosso Bom Deus é um Deus cuidadoso, Deus de ternura, que nos valoriza e nos ama.

Oração:
O Senhor me criou como primeira e mais importante de suas obras.
Desde o princípio, antes do começo da terra.
Desde a eternidade fui formado/a, antes de suas obras dos tempos mais antigos.
Ainda não havia abismos quando fui concebido/a e ainda as fontes das águas não tinham brotado.
Antes que assentados fossem os montes,
Antes das montanhas, fui dada/o à luz,
Antes que fossem feitos a terra e os campos,
Quando ele preparava os céus, aí estava eu.
Quando firmou as nuvens do alto,
Quando dominou as fontes do abismo,
Quando impôs regras ao mar, para que suas águas não transpusessem os limites.
Quando assentou os fundamentos da terra,
Junto dele estava eu como artífice de Deus.
A sabedoria de Deus estava presente em tudo.
Ela me sustenta desde toda a eternidade
(cf. Pr 8,22s).

Contemplar – Olhar a vida como Deus olha
▶ Convidar os catequizandos a contemplar a frase que cada um recebeu na chegada: "Você está na mente e no coração de Deus, desde toda a eternidade". Numa atitude de louvor e agradecimento, cada qual procure reconhecer, contemplar e agradecer as marcas da ternura de Deus em sua vida.

Compromisso – O que a Palavra de Deus me leva a fazer?
▶ Somos herdeiros da ternura de Deus. Como nosso Pai, também podemos agir a favor da vida.
▶ Poderia você, durante a semana, visitar uma pessoa necessitada e levar-lhe um pouco de consolo, falando-lhe da misericórdia, da ternura e da bondade de Deus?

O que eu penso agora?
Depois de todas as considerações construídas neste encontro:
- Como posso demonstrar, em meu cotidiano, que também valorizo a vida e ajo a favor dela?
- Agir a favor da vida, exige que atitude de minha parte?
- O que significa, para mim, estar na mente e no coração de Deus?

Lembrete: O catequista combina com os catequizandos que treinem, para o próximo encontro, o texto de Jr 32,39-41 para ser declamado. Na impossibilidade de todos declamarem, combinar para que ao menos dois catequizandos o façam.
O catequista propõe ao grupo que, da visita acima sugerida, cada um faça e traga, para o próximo encontro, um relato de pontos importantes que tenha percebido nessa experiência. Se possível, procure-se inseri-lo no blogue do grupo.

O amor de Deus em nós: uma aliança eterna

Objetivo: Compreender o sentido de aliança na relação com Deus.

> **Catequista**, ao se preparar para este encontro, mantenha em mente o seguinte:
> - O anel de noivado ou de casamento, usado pelos noivos ou esposos, simboliza um pacto mútuo entre as partes.
> - Pacto ou acordo define um compromisso entre pessoas ou grupos.
> - A relação entre Deus e a humanidade reveste-se de um pacto amoroso do Senhor para conosco. Da parte de Deus, esse acordo é eterno.

Preparar: Bíblia, velas, aliança (anel), mesa com toalha branca, flores, cadeiras, um coração grande recortado em cartolina vermelha com a frase: "O amor de Deus é a aliança sempre presente", recortes de pequenos corações em cartolina (com textos bíblicos referentes à Aliança de Deus com seu povo: Gn 9,9-11; Gn 17,2-7; Ex 6,2-7; Ex 34,27; Mt 26,26-28).

Ambiente: Providenciar cadeiras em círculo; no centro, mesa com toalha branca, velas acesas, Bíblia aberta, aliança (anel) e flores. Fixar em local visível o coração com a frase: "O amor de Deus é a aliança sempre presente". Acolher os catequizandos com alegria para o encontro e entregar-lhes um pequeno coração, recortado em cartolina (com textos bíblicos referentes à Aliança de Deus com seu povo: Gn 9,9-11; Gn 17,2-7; Ex 6,2-7; Ex 34,27; Mt 26,26-28). Convidar os catequizandos, em pequenos grupos, a identificarem no texto personagens envolvidas e o que se fala da Aliança, para posterior apresentação para todo o grupo.

Canto referente à aliança, ou amor de Deus

> **Para você, catequista:** O catequista pergunta: "De que maneira você percebe a aliança de Deus em sua vida?" A palavra aliança, na Bíblia, tem significados muito lindos: amor, combinação, união, comunhão, vínculo, diálogo, casamento, tratado, compromisso. Toda a história do povo de Deus na Bíblia é marcada pela aliança. A Bíblia mostra que Deus sempre faz alianças por intermédio de pessoas, nos mais diferentes aspectos: promessas com os patriarcas, aliança com Moisés

no Monte Sinai, compromisso para com a fidelidade com o seu povo até chegar à Nova e definitiva Aliança com Jesus Cristo. É tão forte a aliança do amor de Deus para com as pessoas que ele nos criou à sua imagem e semelhança.

A maior aliança de Deus foi entregar como prova suprema de amor seu próprio Filho à morte, para nos salvar (Jo 3,16). O amor entre Deus e nós não é abstrato nem distante. O amor entre Deus e nós torna-se íntimo, afetivo, concreto, vital, dinâmico, alegre... A aliança não é um projeto das pessoas para Deus, mas de Deus para as pessoas. O amor e o compromisso de uma aliança são invisíveis, brotam do coração, mas têm um sinal externo que vem "selar" esse pacto de amor. Tomemos como exemplo Noé, que ofereceu um sacrifício ao Senhor sobre o altar. Deus disse a Noé e aos seus filhos: "Vou fazer uma aliança com vocês e seu descendentes" (Gn 9,1-17). Essa aliança foi simbolizada pelo arco-íris. Deus também estabeleceu uma aliança com a nação de Israel, por meio de Moisés. A aliança feita com Moisés – os dez mandamentos – foi gravada em tábuas de pedra, configurando o decálogo, que seria a prova e o compromisso dessa aliança.

Jesus é o mediador da Nova Aliança. Ela expressa um novo significado de sacrifício e de holocausto. É a oferenda da pessoa mesma, a exemplo de Cristo. A nova aliança tem vínculos indestrutíveis de misericórdia, de amor e de solidariedade. A aliança do Sinai é a mais importante do Antigo Testamento e diferente das outras alianças. Nela Deus se manifesta como nosso Deus e nos adota como seu povo; por isso somos todos irmãos, tendo um único Deus. Deus mostrou seu amor, escolheu um povo para que, por meio de sua história, os outros povos percebessem o quanto ele ama a pessoa humana.

Recordar – O que a nossa vida está dizendo?
▶ Você conhece pessoas na comunidade que estabeleceram algum tipo de acordo?

Escutar – O que o texto está dizendo?
▶ Dois catequizandos apresentam a Bíblia; todos acolhem a Palavra com um canto, com mensagem referente à palavra e ao amor de Deus.
Leitura: Jr 32,39-41.
▶ Convidar três pessoas, para que se apresentem e declamem o texto.
▶ Quem está falando no texto?
▶ Do que o texto está falando?
▶ O que o texto diz a respeito da Aliança?

Meditar – O que o texto diz para mim?
▶ Que provocações o texto me faz?
▶ Como responder ao desejo de Deus, que me quer feliz?

> **Perceba!**
> A Igreja é ao mesmo tempo caminho e finalidade do desígnio de Deus. Prefigurada na criação, preparada na Antiga Aliança, fundada pelas palavras e atos de Jesus Cristo, realizada por sua Cruz redentora e por sua Ressurreição, ela é manifestada como Mistério de salvação pela efusão do Espírito Santo. Será consumada na glória do céu como assembleia de todos os resgatados da terra (Catecismo da Igreja Católica, §778).

Rezar – O que o texto me faz dizer a Deus?

Diante do texto que examinei hoje, vou agradecer a Deus pelos sinais de aliança, que ele me propõe em todos os momentos, todos os dias de minha vida (momento de silêncio).

Rezar em dois coros o Salmo 89 (88) (um grupo reza A; outro, B).

A - Cantarei para sempre o amor do Senhor, anunciarei de geração em geração a tua fidelidade.

B - Pois eu disse: "Teu amor é um edifício eterno, tu firmaste a tua fidelidade mais que o céu".

A - Selei uma aliança com o meu eleito, jurando ao meu servo Davi: "Vou estabelecer sua descendência para sempre, e de geração em geração vou construir um trono para você".

B - Para sempre vou manter com ele o meu amor, e minha aliança com ele será firme.

Jamais violarei a minha aliança, nem mudarei as minhas promessas.

Todos - Seja bendito, Senhor, para sempre!
Amém! Amém!

Contemplar – Olhar a vida como Deus olha

Vou colocar-me nas mãos de Deus e contemplar os gestos de amor, a grande e fiel aliança que sustenta minha vida.

Compromisso – O que a Palavra de Deus me leva a fazer?

Veja os gestos de aliança e amor que Deus lhe concede no decorrer de sua vida, das outras pessoas e do planeta terra. Anote em seu caderno, para relatar no próximo encontro.

> **O que eu penso agora?**
> Depois de todas as considerações construídas neste encontro, o que penso?
> - O que significa, para mim, Deus desejar estabelecer uma aliança comigo?
> - Você concorda que, quando eu ajudo em uma pastoral da Igreja, eu me torno mais íntimo com Deus? Por quê?
> - Que gestos de aliança e amor encontro no meu cotidiano com Deus?

> **Lembrete:** Relatar essa experiência no próximo encontro.

Por amor, o Pai envia seu Filho Jesus

Objetivo: Acolher o amor infinito e incondicional de Deus em nos enviar seu Filho, Jesus.

Catequista, enquanto se prepara para este encontro, mantenha em mente as seguintes questões:
- Até que ponto Deus nos amou?
- Que significado profundo tem a vinda de Cristo e a sua morte na Cruz?

Preparar: Bíblia, mesa com toalha branca, vela acesa, flores e a frase: "Deus amou tanto o mundo que entregou seu Filho único" (Jo 3,16).

Ambiente: Receber os catequizandos em ambiente agradável, alegre, com uma música referente a boas-vindas; felicitar a cada um, pronunciar o nome. Sobre a mesa, com toalha branca, colocar a Bíblia aberta, flores, vela acesa e a frase: "Deus amou tanto o mundo que entregou seu Filho único" (Jo 3,16). Sentados em grande círculo, cada catequizando relata a experiência do compromisso assumido no encontro anterior.

Para você, catequista: Partindo do relato feito das experiências vividas pelos catequizandos e de sua própria experiência pessoal, bem como do compromisso assumido no encontro anterior, o catequista resgata, na fala dos catequizandos, palavras como: amor, doação, escuta, entrega, compaixão, alegria, amizade, esperança, confiança... Faz delas uma relação com a atitude de Deus Pai, que nos envia gratuitamente e por amor seu Filho, Jesus.

Deus revela a mais nobre prova de amor à humanidade. Isso nos possibilita a experiência de amar e ser amados. O amor é a maneira mais nobre, mais significativa, mais profunda, mais vital, mais integral que uma pessoa pode fazer no percurso da vida.

O amor infinito de Deus é claramente expresso pelo advérbio "tanto": "Deus amou tanto"; e pelo verbo "entregou": "entregou seu Filho". Dois termos carregados de profundo significado. "Tanto", para indicar que o amor de Deus não tem limite, que se compromete até a entrega do Filho único. "Entregou", para evidenciar que o dom é radical e total, pois o que está em jogo é o resgate do homem. Deus amou tanto, tanto, mas tanto que chegou a dar-se em seu Filho, Jesus. Somente nesse amor misericordioso de Deus é que poderemos viver em plenitude.

Esse amor não castiga, não condena, não mata, não discrimina, não reprime, não exclui. O amor verdadeiro liberta, cura, perdoa, gera vida, acolhe, inclui. Deus fez e continua fazendo isso de forma admirável. Ele amou e entregou o seu Filho único para que "o que nele crer não pereça, mas tenha a vida eterna" (Jo 3,16).

Qual a motivação para Deus Pai enviar o seu Filho? A resposta é a radical gratuidade do Amor do Pai. Enviar supõe oferecer, doar, entregar em benefício salvífico-libertador para a humanidade. Ele não poupou o seu próprio Filho e o entregou para todos nós (Rm 8,32). Jesus é a expressão mais alta, única e definitiva da comunicação amorosa de Deus à humanidade. Jesus veio para revelar quem é o Pai. Revelar quer dizer tirar o véu que cobre o mistério de Deus Pai. Jesus ajudou a humanidade a enxergar melhor o plano de amor que o Pai tem, desde sempre, para cada um de nós. Revelou que o Pai é um Deus justo e bom, ama sem excluir ninguém. Revelou que a pessoa humana é o centro de seu plano de amor. Com Jesus podemos entender melhor qual é o sentido da nossa vida e da nossa história.

Jesus foi enviado pelo Pai para nascer no coração de uma família situada dentro de uma cultura e de uma sociedade concreta. Nascido da Virgem Maria, Jesus tornou-se um ser humano, semelhante a nós em tudo, menos no pecado. "E o Verbo se fez carne e habitou entre nós" (Jo 1,14a). Jesus vem fazer morada no coração da humanidade, situada no mundo e na história. A encarnação de Jesus é a expressão do grande amor de Deus à humanidade.

Recordar – O que nossa vida está dizendo?
▶ Recorde algum momento de sua vida em que você sentiu que foi amado.
▶ Que pessoas, na comunidade, traduzem para você doação, gratuidade, amor compaixão com o próximo?

Escutar – O que o texto está dizendo?
Canto de aclamação
Ler Jo 3,16-17
▶ O que diz o texto a respeito de Jesus?

Meditar – O que o texto diz para mim?
▶ Vou reler o texto e destacar uma frase ou palavra em que percebo que Deu realmente me ama.
▶ Deus me revela seu amor, enviando seu Filho, Jesus. Como eu vou corresponde a esse amor de Deus?

Perceba!
"Deus é Amor" (1Jo 4,8-16). O amor é o primeiro dom. Ele contém todos os demais. Esse amor, "Deus o derramou em nossos corações pelo Espírito que nos foi dado" (Rm 5,5). Jesus fez da caridade o novo mandamento, amando os seus "até o fim" (Jo 13,1). Jesus manifesta o amor do Pai que ele recebe. Amando-nos uns aos outros, cumprimos o mandamento de Jesus. Por isso Jesus diz: "Assim como o Pai me amou, também eu vos amei. Permanecei em meu amor" (Jo 15,9). E ainda: "Este é o meu preceito: Amai-vos uns aos outros como eu vos amei" (Jo 15,12). Toda a vida de Cristo – suas palavras e seus atos, seus silêncios e seus sofrimentos, sua maneira de ser e de falar – é revelação do Pai. Jesus pode dizer: "Quem me vê, vê o Pai" (Jo 14,9); e o Pai pode dizer: "Este é o meu Filho, o Eleito; ouvi-o" (Lc 9,35). Tendo Nosso Senhor se feito homem para cumprir a vontade do Pai, os mínimos traços de seus mistérios nos manifestam "o amor de Deus por nos" (1Jo 4,9) (Catecismo da Igreja Católica, §516).

Rezar – O que o texto me faz dizer a Deus?
▶ Individualmente, louve e agradeça a Deus pela bondade e generosidade de Deus e de seu Filho, Jesus.
Oração: Deus, fonte de vida, força amorosa e geradora de salvação, agradeço-te por enviar teu Filho, Jesus, manifestação do amor sem limites. Concede-me a graça de te amar e te revelar, seguindo teu Filho Jesus. Amém.

Contemplar – Olhar a vida como Deus olha
▶ Contemple a ternura e o amor misericordioso de Deus e agradeça seu amor infinito.

Compromisso – O que a Palavra de Deus me leva a fazer?
▶ No decorrer do dia, procure mergulhar na misericórdia de Deus e externar agradecimentos por meio de um gesto de caridade.
▶ Registre essa sua experiência com Deus e sua atitude de vida no caderno, para partilhar com os colegas no próximo encontro. Não esqueça também de relatá-la no blogue do grupo da catequese.

O que eu penso agora?
Depois de todas as considerações construídas neste encontro, o que penso?
• Que significado tem para mim Deus ter entregado seu Filho ao mundo para morrer?
• Como posso imitar o amor de Deus?

Jesus diz: "Eu sou o bom pastor"

Objetivo: Identificar Jesus como o bom pastor, que me acolhe e me conduz.

Catequista, ao se preparar para este encontro, mantenha em mente as seguintes questões:
- Que relação há entre Jesus e quem exerce o trabalho de cuidar de ovelhas?
- Qual o papel do bom pastor, e o que faz o mercenário (aquele que é mau pastor)?

Preparar: Bíblia, vela grande, figura de Jesus Bom Pastor, flores, a frase: "Jesus é o meu pastor. Nada me falta" (cf. Sl 23,1), um marcador de página com a figura do Bom Pastor e o Salmo 23.

"O pastor, uma realidade natural para o povo a quem Jesus falava e que perdurou por séculos até bem pouco tempo atrás, antes da transformação da economia rural em industrial. Ele cuidava das ovelhas e as guardava do perigo, as levava a pastagens e, deixando seguras todas as outras, saía a procurar a que se extraviara, cuidava-lhe as feridas daquela jornada solitária e a levava novamente ao convívio das demais." (Dom Eurico dos Santos Veloso, arcebispo emérito de Juiz de Fora, MG. Disponível em http://www.catequisar.com.br/texto/colunas/eurico/117.htm)

Ambiente: Receber os catequizandos com um abraço e música ambiente que fale do Bom Pastor. Cadeiras em círculo. No centro, colocar a Bíblia aberta, flores, vela acesa, os marcadores de página com a figura do Bom Pastor, o Salmo 23 e a frase: "Jesus é o meu Pastor. Nada me falta" (Sl 23,1). O catequista convida os catequizandos a se acolherem mutuamente e entregarem uns aos outros o marcador de página, dizendo: "Boas-vindas! Jesus é o meu Pastor. Nada me falta" (Sl 23,1). Em seguida, o catequista solicita o relato pessoal de cada um com Deus e a atitude de vida, compromisso do encontro anterior.

Para você, catequista: O catequista parabeniza o grupo pelo compromisso realizado e afirma que Jesus nos ensina a ajudar o próximo. Quando Jesus queria ensinar, utilizava comparações e histórias chamadas parábolas. No Evangelho de João 10,1-6, encontramos a parábola do Bom Pastor. Jesus se compara a um bom pastor; e a nós, as ovelhas. Ele disse: "Eu sou o Bom Pastor. Conheço as minhas ovelhas e as ovelhas me conhecem" (Jo 10,14). Ele se revela como o Bom Pastor. Essa parábola serviu como imagem para expressar aquilo que Deus é na sua relação com a pessoa; o cuidado, o carinho e a ternura que ele tem por nós. Deus se preocupa com todas as pessoas.

O verdadeiro pastor é criativo. Em sua dinamicidade busca meios de atender as necessidades de seu rebanho. O amor suscita no pastor o dinamismo, a partilha, a humildade, o serviço, a ajuda mútua, a valorização do outro. Outra ênfase que vamos encontrar no texto de hoje é a relação entre Jesus e o Pai. A vida de Jesus é a manifestação da vontade e do amor do Pai à humanidade.

É o pastor que vai ao encontro dos anseios de suas ovelhas, chama-as pelo nome, visa ao bem de cada uma e à sua integridade. Jesus dá sua própria vida a todos aqueles que aceitam sua proposta. Jesus disse: "Eu sou a porta". No convívio com o Bom Pastor, a vida da pessoa é configurada com o modo de ser e agir dele, que disse:

> Eu garanto a vocês que aquele que não entra pela porta no curral das ovelhas, mas sobe por outro lugar, é ladrão e assaltante. Mas aquele que entra pela porta, é o pastor das ovelhas. O porteiro abre a porta para ele, e as ovelhas ouvem a sua voz; ele chama cada uma de suas ovelhas pelo nome e as conduz para fora. Depois de fazer sair todas as suas ovelhas, ele caminha na frente delas; e as ovelhas o seguem porque conhecem sua voz. Elas nunca vão seguir um estranho; ao contrário, vão fugir dele, porque elas não conhecem a voz dos estranhos (Jo 10,1-5).

O Deus, Bom Pastor, quer conviver com suas ovelhas, chama-as pelo nome, caminha na frente delas (cf. Jo 10,1-5). As ovelhas o seguem porque conhecem sua voz.

Recordar – O que a nossa vida está dizendo?
- O que entendemos quando falamos em pastor?
- Que pessoas fazem o papel de pastor em nossa comunidade?

Escutar – O que o texto está dizendo?
Canto de aclamação
Ler: Jo 10,1-6
- De quem o texto está falando?
- O que Jesus disse sobre os que não entram pela porta?
- Qual a atitude do Bom Pastor?
- Por que as ovelhas seguem a voz do pastor?

Meditar – O que o texto diz para mim?

▶ Vou pensar no texto e me sentir a ovelha querida de Deus. Quero propor-me a seguir o Bom Pastor.

> **Perceba!**
> Jesus tem palavras de vida. Ele cuida amorosamente de cada um de nós, como parte de seu povo, assim como um pastor cuida de suas ovelhas. Jesus é plenamente "bom", entregando-se pelas ovelhas, em morte sacrificial e permanecendo na eucaristia. Somos ovelhas de um mesmo rebanho, cujo pastor é Cristo!

Rezar – O que o texto me faz dizer a Deus?

▶ Em silêncio, fale com Jesus, o Bom Pastor, e agradeça pelo cuidado que ele dedica a você em todos os momentos de sua vida.

▶ Rezar ou cantar, em dois coros, o Salmo 23/22 ou entoar o canto "Pelos prados e campinas".

Vós sois, meu pastor, ó Senhor, nada me faltará se me conduzis.

Por justos caminhos, meu Deus, vem guiar-me
E de todos os perigos, meu Deus, vem livrar-me!

Meu Deus junto a mim, o mal não temerei e
E seguro em seu cajado tranquilo eu estarei.

Prepara-me a mesa, perante o opressor,
Perfuma-me a fronte, minha taça transbordou.

Felicidade e amor sem fim me seguirão.
Um dia em sua casa e meus dias passarão.

Contemplar – Olhar a vida como Deus olha

▶ Em silêncio faça a experiência de ouvir a voz de Deus, Bom Pastor, e agradeça por participar de seu rebanho.

Compromisso – O que a Palavra de Deus me leva a fazer?

▶ Fazer um levantamento das pessoas de sua comunidade que são consideradas pastores, porque realizam o bem em diferentes pastorais e trabalhos.

Como ovelha do rebanho do bom pastor, vou ouvir atentamente seu chamado para o cuidado da minha vida, da vida das pessoas com as quais convivo no dia a dia e da vida do planeta terra.

O que eu penso agora?
- O que significa, para mim, Jesus ser o Bom Pastor?
- Um/a amigo/a seu/sua diz que gosta muito de Deus, mas que não vai à missa nem participa em qualquer atividade da paróquia. O que você poderia dizer-lhe?
- "Paróquia é uma determinada comunidade de fiéis, constituída de maneira estável na Igreja particular, e seu cuidado pastoral é confiado ao pároco, como a seu pastor próprio, sob autoridade do bispo diocesano. É o lugar onde todos os fiéis podem ser congregados pela celebração dominical da eucaristia. A paróquia inicia o povo cristão na expressão ordinária da vida litúrgica, reúne-o nessa celebração, ensina a doutrina salvífica de Cristo, pratica a caridade do Senhor nas obras boas e fraternas" (C/C n.2179).

▶ Na despedida, dispor os catequizandos em duplas, um na frente do outro. Cada um coloca a mão direita sobre o ombro do outro e diz: "Vá em paz, pois Jesus é o pastor que conduz sua vida". Todos se abraçam.

Jesus é o Caminho, a Verdade e a Vida

Objetivo: Acreditar que a fé em Jesus – o Caminho, a Verdade e a Vida – faz superar as adversidades, com fortaleza e alegria.

> **Catequista**, ao se preparar para este encontro, mantenha em mente as seguintes questões:
> • O mundo de hoje nos apresenta uma multiplicidade de caminhos, muitas vezes contraditórios. Nem todos os caminhos são bons; diante disso, que caminho escolher para minha vida?
> • Vivemos numa sociedade em que se valoriza a diversidade de opiniões e não a verdade.
> • Nesse contexto, como viver a verdade pregada por Jesus?
> • Como valorizar a vida pelo que ela é, não por padrões utilitários e comerciais?

Preparar: Bíblia, som ambiente, mesa com toalha branca, vela grande e as palavras: Jesus – o Caminho, a Verdade e a Vida. Junto com essas três palavras principais, em tiras de cartolina (o suficiente para cada dupla), preparar uma série de vocábulos, que possam positivamente, como pistas, ajudar-nos em nossa adesão ao convite de Jesus. Por exemplo:

O Caminho: estrada, subida, rota, escalada, direção, destino, desafio, projeto;
A Verdade: palavra, justiça, transparência, honestidade, realidade, olhar;
A Vida: amor, dependência, afetividade, ternura, semente, cotidiano, necessidade, serviço, doação, felicidade.

Ambiente: Cantar: *Amigo(a), que bom que você veio! Que bom, que bom, que bom!* – ou outro canto de acolhida. Animar o grupo a acolher cada participante que chega. Dispor as cadeiras em círculo, a Bíblia aberta, flores, vela acesa, a frase: "Jesus é o Caminho, a Verdade e a Vida" e os vocábulos como foram mencionados acima. Os vocábulos são misturados, apresentados aos catequizandos e cada dupla organiza três colunas, dispondo os termos segundo sua possível integração com a direção apontada por Jesus, ou seja, ele próprio – o Caminho, a Verdade e a Vida. Juntamente com essas três palavras principais – luz inefável para nosso ser –, dispostos os catequizandos em duplas, ter à mão, em tiras de cartolina (o suficiente para cada dupla), a série preparada de vocábulos cujos significados possam positivamente contribuir na nossa adesão ao convite de Jesus.

Para você, catequista: O catequista interage com os catequizandos, avaliando como dispuseram as palavras em suas respectivas colunas. E acrescenta que uma das verdades mais bonitas, que Jesus nos revelou, é que ele é o Caminho, a Verdade e a Vida. Nossa confiança e fé em Jesus Cristo nos permitem perceber que em nossa caminhada não estamos sozinhos. Jesus caminha conosco. "Jesus, vendo que os discípulos o seguiam, perguntou-lhes: Que procurais? Eles responderam: Mestre, onde moras? Ele respondeu: Vinde e vede. Foram, viram onde Jesus morava e permaneceram com ele aquele dia" (Jo 1,38-39).

O seguimento de Jesus é um exercício que inclui procedimentos próprios. Quais os procedimentos para seguir Jesus? Como encontrar o caminho sem um mapa, guia ou GPS? O próprio Jesus nos dá a resposta em (Jo 14,6): "Eu sou o Caminho, a Verdade e a Vida; ninguém vem ao Pai senão por mim". Seguir Jesus é entrar na dinâmica dos seus ensinamentos, de suas atitudes; é aceitar a proposta que ele faz: "Vem e segue-me" (Lc 18,22).

O desafio para todo ser humano – assim como para todos os jovens que aceitam Jesus como caminho – é escutar a voz de Cristo em meio a tantas outras vozes. E nós vamos ao encontro de Cristo! É necessário ir ao seu encontro. Ele está presente na Sagrada Escritura, na liturgia, sobretudo na eucaristia; na comunidade reunida em seu nome, nos irmãos e irmãs, especialmente nos mais necessitados.

As celebrações e a oração são espaços importantes nos quais este encontro pessoal acontece e é aprofundado, no silêncio e na contemplação. O jovem encontra o Senhor na leitura dos Evangelhos e na vida comunitária, na qual aprende a escutar a voz de Deus no meio das circunstâncias próprias de nosso tempo, vivenciando assim o mistério da Encarnação (CNBB, Documento 85, nº60).

Forja sua vida em Jesus, Caminho, Verdade e Vida, na oração pessoal, no diálogo ecumênico e religioso, no cotidiano da vida (escola, bairro, trabalho, família...), nas artes (música, teatro, dança...) e em toda a criação, numa relação harmoniosa com as criaturas.

Os primeiros cristãos eram chamados de *seguidores do caminho*, pois seguiam Jesus, que estava sempre caminhando ao encontro das pessoas, principalmente dos pobres, doentes e necessitados. Jesus caminhava com todas as pessoas para anunciar a Boa Notícia do Reino, que é Deus. O Reino de Deus, que Jesus veio trazer é justamente uma nova maneira de caminhar, viver, de pensar, de sentir e de agir.

A vida de Jesus foi uma luta permanente para fazer valer a vontade do Pai, que é vida em abundância para todos e não só para alguns privilegiados! Foi nessa luta pelo Reino do Pai que Jesus foi perseguido, preso e crucificado, mas a vitória da Ressurreição continua iluminando o coração de milhões de pessoas, em todo o mundo, que acreditam que ele é o Caminho, a Verdade e a Vida.

Num mundo de tantos caminhos, de tantas propostas tentadoras, de tanta propaganda enganosa que se apresenta como "verdade", que se diz capaz de dar sentido à vida e fazer feliz a todos, Jesus continua afirmando que ele é o Caminho que conduz ao Pai, que nos faz todos irmãos; a Verdade que nos dá o critério para sabermos o que nos faz verdadeiramente felizes, e a Vida plena, pois, por amor, ele nos deu a vida que estava em Deus e que, por intermédio dele, fez-se presente entre nós. Jesus disse: "eu sou o Caminho, a Verdade e a Vida". Com tal afirmação, Jesus indaga: Por onde queres ir? Eu sou o Caminho. Para onde queres ir? Eu sou a Verdade. Onde queres permanecer? Eu sou a Vida. Jesus, que é Verdade e Vida junto ao Pai, fez-se caminho ao assumir a natureza humana. A fé em Jesus leva-nos a perceber que ele é o Caminho, a Verdade e a Vida.

Recordar – O que a nossa vida está dizendo?
- Em que diferentes circunstâncias alguém pode dizer "estou perdido"?
- Do que precisa uma pessoa para não se perder em algum lugar?

Escutar – O que o texto está dizendo?
Canto de aclamação
Ler Jo 14,1-7
- Quem está falando no texto?
- O que Jesus disse de si mesmo?
- O que disse Tomé?
- O que Jesus disse aos discípulos?

Meditar – O que o texto diz para mim?
- Vou recordar o texto e meditar na resposta de Jesus: "Eu sou o Caminho, Verdade e a Vida" (Jo 14,6). Perceber como posso pautar minha vida em Jesus.

Perceba!
Jesus nos prepara um lugar. Nós também preparamos um lugar para Jesus em nosso coração? Viver com Jesus torna a nossa vida mais plena, mas temos de ser completos em nosso modo de viver com Cristo!

Rezar – O que o texto me faz dizer a Deus?
- Ler individualmente a oração que segue e, depois, rezá-la juntos.

Oração do Congresso Eucarístico Nacional

Senhor Jesus, tu és o Caminho!
Em meio a sombras e luzes, alegrias e esperanças, tristezas e angústias,
Tu nos levas ao Pai. Não nos deixes caminhar sozinhos.
Fica conosco, Senhor! Tu és a Verdade!

Desperta nossas mentes e faze arder nossos corações com a tua Palavra. Que ela ilumine e aqueça os corações sedentos de justiça e santidade. Ajuda-nos a sentir a beleza de crer em ti! Fica conosco, Senhor! Tu és a Vida! Abre nossos olhos para te reconhecermos no "partir o Pão", sublime sacramento da eucaristia! Alimenta-nos com o Pão da Unidade. Sustenta-nos em nossa fragilidade. Consola-nos em nossos sofrimentos. Faze-nos solidários com os pobres, os oprimidos e excluídos. Fica conosco, Senhor! Jesus Cristo: Caminho, Verdade e Vida, no vigor do Espírito Santo, Faze-nos teus discípulos missionários! Com a humilde serva do Senhor, nossa Mãe Aparecida, queremos ser alegres no caminho para a Terra Prometida! Corajosas testemunhas da Verdade libertadora! Promotores da Vida em plenitude! Fica conosco, Senhor! Amém! (XVI Congresso Eucarístico Nacional, 2010).

Contemplar – Olhar a vida como Deus olha

▶ Vou colocar-me nas mãos de Deus e contemplar a obra de Jesus, para que eu possa encontrar o **Caminho** que devo percorrer com os irmãos, a **Verdade** que devo proclamar ao mundo carente da luz divina e a **Vida** que devo defender e da qual devo cuidar.

Compromisso – O que a Palavra de Deus me leva a fazer?

▶ Vou incentivar os meus pais para que assumam comigo o propósito de lembrar no cotidiano que Jesus é o Caminho, a Verdade e a Vida.
▶ Note a questão das atualizações dos mapas rodoviários. Fique atento!

O que eu penso agora?
Depois de todas as considerações construídas neste encontro, o que penso?
• O GPS surge como indicador do caminho a percorrer. Mira o ponto final a partir de onde se encontra.
• Quais as indicações, procedimentos que posso assumir para que, à semelhança do GPS para o viajante, Jesus seja o indicador do meu caminho?
• Onde encontro as indicações para seguir Jesus?

Lembrete: Trazer para o próximo encontro pequenas imagens ou estampas de Nossa Senhora.

Chamados, como Maria, a seguir Jesus

Objetivo: Identificar em Maria um exemplo de seguimento de Jesus.

Catequista, enquanto se prepara para este encontro, mantenha em mente as seguintes questões:
- Por que Nossa Senhora recebe tantos nomes?
- As virtudes de Nossa Senhora nos ajudam a ser bons cristãos?
- O que queremos dizer quando afirmamos que Maria é "Nossa Senhora"?

Preparar: Aparelho e CD, hinos de Nossa Senhora com mensagens de fé e seguimento de Jesus, Bíblia, velas, flores, vasos de barro, uma jarra com água e outra com suco de uva, local para as estampas e imagem de Nossa Senhora, tiras de papel com as palavras sim, simplicidade, sinceridade, silêncio, serviço, seguimento, sabedoria, seriedade, simpatia e a frase: "Fazei tudo o que ele vos disser" (Jo 2,5); cartão com um grande "s", o suficiente para todo o grupo, toalhas para mesa e outra para o centro da sala.

Disponível em www.cifras.com.br/cifra/marcelio-amaro/maria-de-tantos-nomes
www.youtube.com/watch?v=sLgDy-fJWo0
www.vagalume.com.br › Clássico › R › Roberto Carlos › Acesso em: 30/06/2012.

Ambiente: Cadeiras em círculo, colocar no cento do círculo uma toalha para colocar as estampas e imagens trazidas, e as tiras de papel com as palavras sim, simplicidade, sinceridade, silêncio, serviço, seguimento, sabedoria, seriedade, simpatia. Sobre a mesa, a imagem de Nossa Senhora, a Bíblia, flores, velas acesas, jarras uma com água e outra com suco de uva, vasos de barro, flores e, num lugar de destaque, a frase: "Fazei tudo o que ele vos disser" (Jo 2,5). Proporcionar aos catequizandos uma recepção afetuosa e alegre com hinos de Nossa Senhora e entregar um cartão com a letra S, para, no final do encontro, escrever uma virtude que admira em Maria que inicia com letra S.

Para você, catequista: Vejamos quantas imagens diferentes de Nossa Senhora trouxeram. Cada um apresenta a figura que selecionou; conta o que conseguiu descobrir sobre o título de Nossa Senhora representado pela imagem e o que significa para sua família. É importante que o catequista também pesquise sobre cada um dos títulos que sugeriu aos seus catequizandos, para completar as informações, caso alguém não tenha conseguido informações suficientes.

Embora sejam muitas as imagens, vestes e rostos, a Mãe de Jesus só tem um nome: Maria (em hebraico: Miriam), como nos diz Lucas ao narrar a aparição do arcanjo Gabriel para anunciar-lhe sua escolha para Mãe do Salvador: "E o nome da Virgem era MARIA" (Lc 1,27). Todas as outras denominações com que veneramos Nossa Senhora não são nomes, mas títulos que expressam uma faceta ou aspecto da presença de Maria na vida da Igreja e dos fiéis cristãos. Após a apresentação, o catequista inicia o encontro, explicando que Maria "é uma só", mas recebe vários nomes ou títulos em função de lugares onde teria aparecido (de Fátima, de Lourdes...), de graças que tenha concedido (das Graças), de locais onde é padroeira (Aparecida), de graças que necessitamos (da Boa Viagem, da Saúde...) e até nomes que queiramos dar em função de nossas necessidades. Se possível, repetir a música de Roberto Carlos: "Todas as Nossas Senhoras". Providencie a letra para todos cantarem juntos. Depois de refletir sobre o nome e os títulos de Nossa Senhora, nosso compromisso é identificar virtudes e atitudes de Nossa Senhora que nos indicam o seguimento de Jesus.

O sim de Maria, proferido ao anjo na anunciação e as palavras sim, simplicidade, sinceridade, silêncio, serviço, seguimento, sabedoria, seriedade, simpatia nos ensinam a caminhar na dinamicidade do seguimento, na conversão permanente a Jesus Cristo. Em Maria, descobrimos o perfil espiritual da primeira cristã, seguidora fiel de Jesus. Além das atitudes que acabamos de refletir, encontramos em Nossa Senhora muitos valores: oração pessoal e comunitária, humildade, sentido de justiça, solidariedade com as pessoas, escuta da Palavra de Deus, confiança em Deus, fidelidade, misericórdia... A Bíblia não fala muito de Maria, no entanto os Evangelhos tocam nos vários aspectos do perfil de Nossa Senhora, entre os quais destacamos:

• *Maria, pessoa ouvinte da Palavra de Deus*. Quando o anjo Gabriel lhe comunicou o chamado de Deus para ser a Mãe de Jesus, ela respondeu: "Eis aqui a serva do Senhor, faça-se em mim segundo a tua palavra" (Lc 1,38). Isso demonstra que ela conhecia o plano de Deus revelado na Escritura.

• *Maria, pessoa da caridade*. Depois do anúncio do anjo, ao saber que sua parenta Isabel estava grávida, Maria foi apressadamente às montanhas de Judá para prestar auxílio a sua prima Isabel, movida pela caridade (Lc 1,39-45).

• *Maria do Testamento* (herança espiritual). As palavras pronunciadas por Maria que ressoam no coração da humanidade são um exemplo vivo de toda a pessoa que está se preparando para o grande acontecimento da crisma.

• *Maria, corredentora da humanidade*. Maria estava de pé junto à cruz de Jesus. Ao ver sua mãe ao lado do discípulo que ele amava, disse a ela: "Mulher, eis aí teu filho" (Jo 19,26), depois disse ao discípulo: "Eis aí tua mãe" (Jo 19,27).

Maria, com a indicação: "Fazei tudo o que ele vos disser" (Jo 2,5), mostra que está atenta às nossas necessidades, intercede a Deus por nós, como intercedeu junto a seu Filho Jesus, pedindo ajuda nas bodas de Caná. Vamos aprofundar esse texto, na Leitura Orante de hoje.

Maria é a Mãe de Deus e a Mãe da Igreja. Ela viveu intensamente sua fé e fidelidade a Deus, de tal modo que sua vida foi marcada pela fé em Jesus no cumprimento da vontade do Pai.

Recordar – O que a nossa vida está dizendo?
▶ Em nossa comunidade, sob que títulos veneramos Nossa Senhora?

Escutar – O que o texto está dizendo?
Canto de aclamação
Ler: Jo 2,1-10
▶ De que acontecimento o texto fala?
▶ Quais as pessoas que aparecem no texto?
▶ O que elas fazem? O que falam?

Meditar – O que o texto diz para mim?
▶ Em atitude de escuta, vou perceber a sensibilidade e a delicadeza de Nossa Senhora, que se comoveu perante a perturbação daqueles noivos, a quem ela se apressou a socorrer, implorando ao seu Filho um milagre, o primeiro, mesmo que ainda não tivesse chegado a sua hora... e entender o que diz para mim a frase "Fazei tudo o que ele vos disser" (Jo 2,5).

Perceba!
Façam tudo o que Jesus lhes disser! Façam tudo o que Jesus mandar! Que desafio! Quem nos desafia desse modo? A própria Maria, a Mãe de Jesus. Por meio dela Jesus tornou-se humano e ela foi sua primeira seguidora, certamente, fez tudo o que ele lhe disse...
Maria abre portas em Jesus porque é mãe e sempre sabe o que falta para o bem dos filhos. Olhando para Deus, pede-lhe pelo bem de todos eles e olhando-nos diz: "Façam tudo o que ele lhes disser!"

Rezar – O que o texto me faz dizer a Deus?
▶ A sensibilidade e a fé de Maria marcam a vida dos cristãos. O sim que ela disse ao anjo Gabriel é lembrado pelos cristãos em especial no toque das Ave-Marias que corresponde às 6, 12 ou 18 horas. (A oração do Ângelus pode ser rezada em dois coros.)
A: O Anjo do Senhor anunciou a Maria.
B: E ela concebeu do Espírito Santo.
Todos: Ave Maria...
A: Eis aqui a serva do Senhor.

B: Faça-se em mim segundo a vossa palavra.
Todos: Ave Maria...
A: E o Verbo se fez carne.
B: E habitou entre nós.
Todos: Ave Maria...
A: Rogai por nós, Santa Mãe de Deus.
B: Para que sejamos dignos das promessas de Cristo.

Todos: Oremos: Infundi, Senhor, a vossa graça em nossos corações, para que nós, que conhecemos pela anunciação do anjo a encarnação de Jesus Cristo, vosso Filho, por sua paixão e morte na Cruz, cheguemos à glória da ressurreição. Pelo mesmo Cristo, nosso Senhor. Amém!

Contemplar – Olhar a vida como Deus olha.

▶ Em silêncio, contemplar a imagem (ícone no manual) de Maria atenta aos apelos de Deus Pai, quando recebeu a mensagem do anjo; aos pés da cruz foi proclamada por Jesus a Mãe da humanidade; na ressurreição de Jesus, ajudou os discípulos a recordar tudo o que Jesus ensinou, disse e fez; junto com os discípulos recebeu o Espírito Santo.

Compromisso – O que a Palavra de Deus me leva a fazer?

▶ Pesquise com pessoas de sua comunidade, em livros, nos recursos da mídia, o título dado a Nossa Senhora dos países da América Latina.

▶ Escrever no cartão que recebeu no início do encontro uma atitude de Maria, no seguimento de Jesus, que inicia com "S".

Celebração da entrega do terço
Símbolo do Plano da Salvação

Observações: A celebração do Plano da Salvação objetiva inserir-nos, pela reza dos mistérios do rosário, na meditação do nascimento, da vida pública, da paixão e morte na cruz e ressurreição de Nosso Senhor Jesus Cristo.

Essa prática incentiva-nos à devoção a Nossa Senhora, Mãe de Jesus e nossa, e nos auxilia no aprofundamento do sentido da redenção. Nossa Senhora, sempre atenta à Palavra de Deus e profundíssimo exemplo de fé, mostra-se sempre pronta a ajudar a humanidade no caminho, por nosso Senhor Jesus Cristo, para Deus.

Preparar para a celebração
- mesa com toalha branca;
- imagem de Nossa Senhora;
- terço grande;
- flores;
- velas;
- cruz processional;
- Livro da Palavra;
- duas velas;
- bandeja;
- terços para todos os catequizandos;
- folheto com os mistérios do rosário.

Considerações
- A equipe de liturgia e catequistas organizam os diversos momentos da celebração; preparam, ensaiam, organizam e criam ambiente receptivo e orante; recebem com aplausos a procissão (canto com mensagem de caminhada ou de Nossa Senhora).

Ensaiar antecipadamente com os catequizandos e pais os ritos que serão vivenciados na celebração.

- Os catequizandos, celebrante, ministros e catequistas se posicionam no limiar da igreja, para a procissão de entrada.
- Os pais são acolhidos e encaminhados para o local a eles reservado.
- Inicia-se a procissão com a cruz, velas, Livro da Palavra, a imagem de Nossa Senhora – levada por catequizandos –, uma bandeja com os terços, outra com os folhetos da explicação do rosário.

O catequista saúda a comunidade e convida para o canto de entrada.

Quem preside procede aos ritos iniciais da celebração até a homilia.

Após a homilia, o catequista convida os catequizandos e seus pais a se colocarem em frente da assembleia, enquanto a comunidade canta um hino de Nossa Senhora.

Quem preside: Queridos catequizandos, neste momento vamos entregar a vocês o terço. Composto por cinco mistérios, o terço configura uma das quatro partes do rosário, que lembram o nascimento, a vida pública, a paixão e morte na cruz e a ressurreição de Nosso Senhor Jesus Cristo. Quando rezamos o rosário, lembramos o Plano da Salvação, que Deus Pai realizou em Jesus Cristo pelo Espírito Santo e que contou com a participação plena de Maria.

Até o ano de 2002, o rosário era composto de três terços. O Papa João Paulo II, sob o impulso de uma inspiração, completou a reflexão do Plano da Salvação, acrescentando mais cinco mistérios: os "Mistérios Luminosos", que dão especial relevo à missão de Jesus como Luz entre o povo.

Os "Mistérios Gozosos" convidam a meditar as alegrias do anúncio, nascimento e infância de Jesus, nosso Salvador. Estes mistérios são rezados nas segundas-feiras e sábados.

Os "Mistérios Luminosos" ou Mistérios da Luz lembram Jesus como a luz do mundo; e nós, como cristãos. Somos "filhos da luz" (Ef 5,8). Por isso, como discípulos, irradiamos a luz de Jesus. Estes mistérios são rezados nas quintas-feiras.

Os "Mistérios Dolorosos" nos levam a meditar na condenação, sofrimentos e morte de Jesus na Cruz. Contemplamos o amor que nos salvou. São rezados nas terças e sextas-feiras.

Os "Mistérios Gloriosos" exaltam a alegria da ressurreição. Eles nos introduzem no mistério da Santíssima Trindade e remetem à sublime contemplação de Maria. Estes mistérios são rezados nos domingos e quartas-feiras.

O terço é a oração da família. Que vocês possam rezá-lo com carinho, meditando o amor de Deus!

Bênção dos terços e dos folhetos com os Mistérios do Rosário

Quem preside: Ó Deus, proteção do vosso povo, abençoai estes terços, símbolos que recordam vosso Plano de amor. Pedimos-vos, ó Deus de bondade, por estes catequizandos, para que, ao fazer uso desse símbolo, alcancem, por intermédio de Nossa Senhora, o dom da escuta e do seguimento de vosso Filho, Jesus. Que a oração do terço seja um meio de crescimento na fé, pela oração e contemplação dos mistérios de nossa salvação! Isso vos pedimos por intermédio de Jesus, na unidade do Espírito Santo. Amém!

Quem preside entrega aos pais o terço e o folheto com a explicação do rosário, e exorta para que assumam, em família, essa devoção.

Os pais, ao entregarem o terço, pronunciam o nome do filho/a: Receba este terço; que ele te acompanhe na vida e te ajude a crescer na fé.

Cantando, todos retornam aos seus lugares. Prossegue a celebração eucarística.

O projeto de Jesus: o Reino de Deus

Objetivo: Identificar como Jesus é a realização plena do projeto de Deus para a humanidade.

Catequista, ao se preparar para este encontro, mantenha em mente as seguintes questões:
- Que projetos são importantes em sua vida?
- O que é o Reino de Deus e qual a sua importância para você?

Observação: Procure no *site* o conceito de REINO DE DEUS, associando-o ao projeto de amor de Deus à humanidade. Disponível em http://catecismo-az.tripod.com/conteudo/a-z/p/reino.html

Preparar: Bíblia, mesa com toalha branca, vela grande, flores, figuras de Jesus pregando, pessoas doentes, paralíticos. Dispor cadeiras em círculo.

Ambiente: Proporcionar aos catequizandos uma recepção afetuosa, amistosa e alegre, com um abraço e música ambiente. Sobre a mesa, colocar a Bíblia aberta, flores e vela acesa. O catequista convida os catequizandos a se acolherem mutuamente, desejando-se boas-vindas!

Para você, catequista: Jesus nos dá a certeza de que o Reino de Deus está no meio de nós (Lc 17,21). Ele pregou o Reino como seu modo de vida. Uma vida que expressa a vontade do Pai, realizada no dia a dia. Para que aconteça a vida nova, são necessárias a fé e a conversão.

Jesus pede mudança no modo de pensar e agir, que engloba todos os aspectos da vida das pessoas. O Reino de Deus significa a superação de tudo o que nos afasta de Deus e dos irmãos. O Reino de Deus não quer ser outro mundo, mas o mundo em que vivemos, transformado em novo.

O Evangelho de Mateus retrata de modo especial a missão dos discípulos: curar os enfermos, ressuscitar os mortos, purificar os leprosos, expulsar os demônios.

O Reino de Deus é uma proposta que pede uma resposta. Apelo à conversão, consiste em seguir Jesus, cortar pela raiz tudo o que provoca o mal, viver a caridade, a partilha, o despojamento, a acolhida, perceber os próprios defeitos, praticar a generosidade e ter plena confiança em Deus. O mundo novo se concretiza mediante as conversões individuais, na superação radical da morte para a vida em abundância.

Deus é um pai de infinita bondade, que ama indistintamente a todos. Jesus não só falava sobre o Reino. Ele mesmo era uma manifestação, um testemunho vivo do Reino. Jesus andou por toda a Galileia, ensinando nas sinagogas, anunciando a Boa notícia do Reino e curando as enfermidades e as doenças do povo. As notícias a respeito dele se espalharam por toda a região da Síria. Muita gente o procurava e o seguia. Onde encontrava quem o ouvisse, Jesus falava e transmitia a Boa-nova de Deus: nas sinagogas, durante a celebração da Palavra nos sábados (Mc 1,21; 3,1; 6,2); em reuniões informais nas casas de amigos (Mc 2,1.15; 7,17; 9,28; 10,10); no ambiente de trabalho, onde chamou Pedro e André, Tiago e João (Mc 1,16-20) e Mateus (Mc 2,13-14); andando pelo caminho com os discípulos (Mc 2,23); ao longo do mar, da praia, sentado num barco (Mc 4,1); junto ao poço, onde as mulheres vinham buscar água (Jo 4,6-10); no deserto, onde se refugiou e onde o povo o procurou (Mc 1,45; 6,32-34); na montanha, de onde proclamou as bem-aventuranças (Mt 5,1); nas praças das aldeias e cidades, para onde o povo carregava seus doentes (Mc 6,55-56); no Templo de Jerusalém, por ocasião das romarias. Diariamente, sem medo, proclamava a Boa-nova do Reino.

Jesus, quando queria ensinar, usava parábolas. O que é uma parábola evangélica? É uma pequena narrativa ligada à realidade, usada por Jesus para apresentar seus ensinamentos de forma simples, inteligível para todos. O ponto central das parábolas é o Reino de Deus. Esse método mostra que Jesus não trazia uma doutrina pronta e acabada, mas queria que as pessoas descobrissem a presença de Deus a partir das coisas simples do dia a dia. Esse ensinamento alegrava o povo, que percebia a coerência entre o que Jesus dizia e o que fazia.

> Catequista, na internet podemos encontrar algum material de apoio sobre a passagem do jovem rico. Em 2012 encontramos os seguintes:
> http://www.youtube.com/watch?v=x5RTtGKHUrQ
> http://www.youtube.com/watch?v=45dSJ3nxiHw&feature=related (em espanhol)
> http://liturgiadiariacomentada.blogspot.com.br/2010/05/o-jovem-rico-e-jesus.html

Recordar – O que nossa vida está dizendo?
▶ Em nossa comunidade encontramos pessoas que se preocupam com as necessidades dos pobres e dos doentes?

Escutar – o que o texto está dizendo?
Canto de aclamação
Ler Mt 4,23-25
▶ O que o texto está falando?
▶ O que Jesus ensinava?
▶ Qual era a atitude de Jesus perante as necessidades das pessoas?

Meditar – O que o texto diz para mim?
▶ Mediante o texto lido, quero aprender de Jesus seus ensinamentos; permitir que ele seja o soberano de minha vida; e seguir seus ensinamentos.

Rezar – O que o texto me faz dizer a Deus?
▶ Em atitude orante, farei uma prece de louvor e agradecimento a Deus pela oportunidade de conhecê-lo e segui-lo.
▶ O salmo 146 (145) é um retrato fiel de Deus e contém oito características ou bem-aventuranças que definem a ação de Deus para conosco, as quais foram confirmadas e vivenciadas por Jesus.
▶ Rezar em dois coros o salmo 146 (145), com auxílio de sua Bíblia.

Contemplar – Olhar a vida como Deus olha
▶ Vou colocar-me nas mãos de Deus e falar das limitações que percebo em mim e nos outros e pedir a Deus ajuda para superá-las.
▶ Quero comparar a atitude de Jesus com o meu modo de pensar, agir e pedir que ele me dê um novo olhar.

Compromisso – O que a Palavra de Deus me leva a fazer?
▶ Listar no caderno ou blogue do grupo características de Deus que aparecem no salmo 146 (145).

O que eu penso agora?
Depois de todas as considerações construídas neste encontro, o que penso?
- Qual a importância do Reino de Deus para mim?
- Como posso participar do projeto do Reino de Deus?

Lembrete: Trazer para o próximo encontro um registro das características de Deus reveladas no salmo 146 (145).
Na despedida, o catequista abraça a cada pessoa do grupo e diz: (nome), que Deus te guarde! Vai em paz!

Jesus: a revelação do rosto de Deus Pai para nós

Objetivo: Identificar Jesus como o rosto humano de Deus.

Catequista, ao se preparar para este encontro, mantenha em mente as seguintes questões:
- De que modo um filho reflete as características de seu pai?
- Que qualidades de Jesus mais me atraem? O que elas revelam sobre Deus?

Preparar: Bíblia, vela, mesa com toalha branca, aparelho de som, cadeiras dispostas em círculo e a frase: "Quem vê a mim, vê o Pai" (Jo 14,9).

Ambiente: Acolher os catequizandos com música suave, pronunciando o nome de cada um, manifestando alegria com um abraço. Convidá-los para sentar (cadeiras previamente organizadas em círculo). No centro da sala colocar a Bíblia aberta, velas acesas, flores e a frase: "Quem vê a mim, vê o Pai!" (Jo 14,9). O catequista motiva os catequizandos a apresentar as características de Deus contidas no salmo 146 (145) e complementa se for necessário.

Para você, catequista: Jesus falava com ternura de Deus, seu Pai. Falava tanto que Filipe chegou a dizer: "Jesus, mostra-nos o Pai e isso nos basta!" Jesus respondeu: "Filipe, há tanto tempo que estou convosco e ainda não me conheceste! Quem vê a mim, vê o Pai!" (Jo 14,9).

O Pai era tudo para Jesus. Ele dizia: "Nunca estou só. O Pai, que me enviou, está sempre comigo"(Jo 8,16). "Eu a cada momento faço o que o Pai me mostra que devo fazer!"(Jo 5,30). "Minha comida é fazer a vontade do meu Pai!" (Jo 4,34). Essas e muitas outras frases são como janelas que nos permitem olhar para dentro de nosso ser e nos interrogar se nos espelhamos na prática de Jesus.

Pelo jeito de ser e de viver, Jesus revelava a imagem de Deus e fazia com que ele se tornasse a Boa Notícia para a vida humana, sobretudo para os pobres. Sua bondade e ternura eram um reflexo da experiência que ele mesmo tinha de Deus como um Pai cheio de ternura para com todos. Pelo modo de acolher as pessoas e de revelar a todos o seu grande amor, Jesus era o rosto visível de Deus. Nos trinta anos que viveu em Nazaré, Jesus participava da comunidade e desde pequeno aprendia as Escrituras. Na família, junto com seus pais, ele alimentava sua fé na Sagrada Escritura. Rezava muito. Rezava, sobretudo, os salmos, fonte da sua experiência com Deus.

Recordar – O que nossa vida está dizendo?

▶ Você conhece pessoas que se assemelham a seus pais pelas suas características físicas e seu modo de pensar?
Canto de aclamação
Encenar o texto: Jo 14,8-14, e lê-lo em seguida.
▶ O que o texto está falando?
▶ O que Filipe disse a Jesus?
▶ O que Jesus respondeu?
▶ Qual foi a afirmativa de Jesus perante as necessidades das pessoas?

Meditar – O que o texto diz para mim?

▶ Filipe, no diálogo com Jesus, me convida a conhecer Deus Pai por intermédio de Jesus. Os encontros de catequese querem ajudar-me a encontrar em Deus o amigo fiel que me ajuda a assumir as responsabilidades da minha idade, no convívio, no estudo e no lazer.

▶ Vou considerar a frase que ouvi "Quem vê a mim, vê o Pai!" e criar o desejo de seguir a prática de Jesus, consciente de que, seguindo seus ensinamentos, agrado o Pai.

Rezar – O que o texto me faz dizer a Deus?

▶ Momento de silêncio. Vou apresentar a Deus a necessidade que tenho de conhecê-lo e segui-lo.
Oração: Jesus Mestre, que disseste: "Quem vê a mim, vê o Pai!" (Jo 14,9), derrama sobre nós a abundância do Espírito Santo! Que ele nos ilumine, guie e fortaleça nossa fé no conhecimento e seguimento de Jesus Cristo, porque ele é o único caminho para o Pai. Faze-nos crescer no teu amor, para que sejamos, como o apóstolo Paulo, testemunhas vivas do teu Evangelho. Com Maria, tua Mãe e nossa mãe e Mestra, guardaremos tua Palavra, meditando-a no coração. Jesus, revelação do rosto do Pai, tem piedade de nós!

Contemplar – Olhar a vida como Deus olha

▶ Observar Jesus que, durante toda a sua vida, passou fazendo o bem.
▶ Como discípulo de Jesus, o que fazer para que, neste estágio de vida em que me encontro, eu consiga ser motivo de perdão, esperança e alegria.

Compromisso – O que a Palavra de Deus me leva a fazer?

▶ No blogue do grupo de catequese, divulgar a prática de Jesus. Para isso, fazer uso da mensagem contida no Evangelho, com o cuidado de usar poucas palavras, mas bem selecionadas.

Perceba!
- Vou considerar que, pelo rosto de Cristo, podemos contemplar o rosto do Pai. O que isso significa? Que Jesus reflete perfeitamente as qualidades e características do Pai.
- Aproximar-se do modelo de Jesus é enxergar o próprio Deus Pai!
- O desafio que a todo instante se apresenta diante de nós é enxergar Cristo na pessoa do próximo.

O que eu penso agora?
- Poderia eu também afirmar que as ações que pratico revelam que acolhi a mensagem de que Deus está comigo e é um bom Pai?
- Como posso fazer do uso da tecnologia e da internet um caminho para imitar Jesus?

Jesus mostra o Reino de Deus por meio de parábolas

Objetivo: Conhecer o modo de Jesus revelar o Reino de Deus por meio de parábolas.

Catequista, ao se preparar para este encontro, mantenha em mente as seguintes questões:
- Qual a importância das parábolas, para compreender a mensagem de Cristo?
- Que ensinamentos podemos apreender das parábolas em nosso cotidiano?

Preparar: Bíblia, vela, flores, espiga de trigo, cadeiras em círculo, aparelho de som e de multimídia e a frase: "Jesus ensinava-lhes muitas coisas em parábolas" (Mc 4,2).

Ambiente: O catequista acolhe os catequizandos com alegria, música ambiente, cadeiras dispostas em círculo, Bíblia aberta sobre a mesa com toalha branca e velas acesas.

Parábola: O conteúdo pode ser encontrado na íntegra em http://www.ufjf.br/revistaveredas/files/2010/04/artigo-12.pdf

Para você, catequista: Os Evangelhos relatam 44 parábolas apresentadas por Jesus. Lucas mostra 31; Mateus, 22; Marcos, 6; e João, apenas 2. Jesus ensinou várias verdades por meio de parábolas, para facilitar o entendimento daqueles que o ouviam. As parábolas que Jesus contava eram sempre tiradas do contexto cultural e social em que ele vivia, contadas com o propósito de transmitir verdades espirituais.

O ponto central das parábolas é o Reino de Deus. Jesus revelava suas mensagens em todos os âmbitos sociais. Ele conhecia as mais diversas realidades culturais e sabia dos anseios da população.

Em diversas parábolas, como a do trigo e o joio e do grão de mostarda, Jesus fala do Reino. Em todas elas, deixa transparecer que o Reino acontece quando a humanidade passa pela vida em plenitude, sonhada por Deus.

A parábola do joio no meio do trigo mostra que a sociedade é campo de semeaduras diferentes e contrastantes. O semeador cumpre o dever de semear boa semente; é o discípulo de Jesus que continua firme na prática da justiça. Contudo, no meio do terreno, cresce também o joio, que é a injustiça. A pequenez da semente de mostarda contrasta com a dimensão dos campos em que é cultivada, mas contém potencial de vida, como as sementes da justiça que faz surgir o Reino.

Recordar – O que nossa vida está dizendo?
- Quem conhece grão de trigo? E joio?
- Que prejuízo o joio causa num trigal?
- Que limites existem em nossa comunidade que podemos comparar ao joio?

Perceba!
É preciso entrar no Reino, isto é, tomar-se discípulos de Cristo para "conhecer os mistérios do Reino dos Céus" (Mt 13,11). Para os que ficam "de fora" (Mc 4,11), tudo permanece enigmático.
Disponível em: <http://catecismo-az.tripod.com/conteudo/a-z/p/parabola.html> <www.youtube.com/watch?v=1d-LGoFEGlE> Acesso em:30/06/2012.

Escutar – O que o texto está dizendo?
- Dois catequizandos apresentam a Bíblia e todos a aclamam com um canto (a escolher).
Ler Mt 13,24-32
- Em seguida, um catequizando proclama a leitura do texto, acompanhada por todos na Bíblia.
- O que o texto está narrando?
- Quais são as personagens do texto?
- A que Jesus compara o Reino do Céu?

Meditar – O que o texto diz para mim?
- O texto do joio e do trigo lembra a importância de espalhar e cultivar o bem, a boa semente, apesar do inimigo que sempre planta o mal, nesta parábola simbolizado pelo joio. A partir do texto, meu novo olhar coincide com a atitude de Jesus de espalhar o bem em todos os ambientes onde me encontro?

Rezar – O que o texto me faz dizer a Deus?
- Quero contar com a graça de Deus em minha vida e dizer:

Senhor Jesus, somente tu és Palavra eterna do Pai. Passa pelo mar revolto da minha vida, da minha casa, da minha família, da minha escola. Toca meu coração, tantas vezes insensível aos teus apelos de despojamento, de seguimento e de mudança de vida. Ensina-me a ser mais obediente à tua palavra, que opera milagres, que opera transformações. Ajuda-me a sair do desânimo, do cansaço, do tédio, da mesmice. Dá-me o dom da criatividade, da ousadia, da coragem, da luta e da capacidade de enfrentar as adversidades da vida, para que eu me torne semeador da tua palavra. Amém!

Contemplar – Olhar a vida como Deus olha

▶ Considerando a mensagem do texto, o que é possível fazer para crescer nas virtudes cristãs, que se comparam ao trigo?

Compromisso – O que a Palavra de Deus me leva a fazer?

▶ Pesquise na Bíblia, em Lc 15, as parábolas lá contidas. A seguir, procure elaborar a sua própria parábola à procura de animar os ouvintes a acolherem mais de perto o desafio do Reino de Deus! Como Jesus, use linguagem próxima da realidade daqueles com quem você conversa. Seja simples e claro. Poste a sua parábola no blogue do grupo de catequese.

O que eu penso agora?
Depois de todas as considerações construídas neste encontro, o que penso?
- O que aprendemos neste encontro sobre o modo de Jesus ensinar?
- Por que é importante conhecer bem as parábolas bíblicas?

Jesus, fundamento da vida cristã

Objetivo - Decidir seguir Jesus porque ele é o próprio fundamento da vida.

> **Catequista**, ao se preparar para este encontro, mantenha em mente as seguintes questões:
> - O que pode impedir que uma casa caia?
> - O que posso fazer para alicerçar a minha fé?

Preparar: Bíblia, vela, vaso com flores, gravuras com prédios, casas e casebres. Um recipiente com areia, algumas pedras de vários tamanhos, um pouco de cimento, brita e a frase: "Construir a casa sobre a rocha" (cf. Mt 7,25). Providenciar marcadores de página, com a referida frase e as palavras: escutar, conhecer e seguir.

Ambiente: Dispor as cadeiras em círculo, no centro da sala do encontro, colocar as gravuras, um recipiente com areia, algumas pedras de vários tamanhos, um pouco de cimento, brita e a frase: "Construir a casa sobre a rocha"(cf. Mt 7,25). Colocar em lugar de destaque a Bíblia aberta, vela, vaso com flores e as palavras: escutar, conhecer e seguir, em número suficiente para que todos recebam uma das três palavras. Acolher os catequizandos com abraço e fundo musical, distribuir as palavras, convidando-os para formar duplas para discutir o que cada um entendeu da palavra que recebeu, partilhando-a em seguida com o grupo.

Para você, catequista: Em qualquer construção é importante que a base, os alicerces sejam bem firmes para garantir a fortaleza da casa e a segurança dos que a vão habitar. Para isso, os construtores devem cavar até encontrar rocha, para então firmar bem os alicerces.

Jesus, como era o seu costume, quando queria comunicar sua mensagem, utilizava parábolas. Quando ele quis mostrar a importância de ouvir a Palavra de Deus e colocá-la em prática, falou-nos da construção de uma casa edificada sobre a areia e de outra construída sobre a rocha (cf. Mt 7,24). Construir nossa casa sobre a rocha, significa construirmos nossa segurança, nosso bem-estar sobre algo sólido como a rocha, ou seja, sobre os valores de Jesus Cristo.

A pessoa que, nas provações da fé, nas dificuldades da vida, na sincera escuta à vontade de Deus, procura viver a sua vida cristã com autenticidade, é comparada por Jesus a uma casa construída sobre a rocha. Ela resiste aos ventos, às tempestades e a outras intempéries. Ao contrário, quem não vive a Palavra de Deus é como a casa construída sobre a areia. Qualquer vento derruba a casa. A casa sobre a rocha é construída pelas pessoas que sabem partilhar, perdoar, dialogar, cuidar dos mais necessitados, viver o amor, viver como cristãos autênticos.

Na vida do cristão, a rocha sobre a qual cada um edifica sua vida e sua história é Jesus Cristo. O apóstolo Paulo escreve aos Coríntios: "Ninguém pode colocar um alicerce diferente daquele que já foi posto, Jesus Cristo" (1Cor 3,11). Portanto, Jesus é a rocha, o fundamento que dá segurança, sustentabilidade à vida de todo o cristão. Para que nossa vida seja construída sobre a rocha que é Jesus Cristo, necessitamos: **Escutar** – Um coração receptivo e uma consciência sensata escutam e distinguem a voz de Deus e seus apelos; **Conhecer** – No Evangelho de São João, a palavra "conhecer" significa envolver a pessoa por inteiro – sua inteligência, seus sentimentos, sua vontade –, é um desafio deixar-se envolver pela Palavra de Deus; **Seguir** – É a atitude decorrente do "escutar" e "conhecer". É a certeza de que ele é o Caminho, o fundamento da vida e por isso garantia de vida feliz. O escutar a Palavra, o conhecer sempre mais Jesus e seguir pelo caminho que é ele mesmo são passos do processo de quem deseja construir sua vida sobre o fundamento – Jesus Cristo.

Recordar – O que nossa vida está dizendo?

▶ Relembre os estragos e a destruição de um furacão ou um terremoto.
▶ Relembre uma construção da antiguidade (pirâmide, castelo...) que tenha perdurado durante os séculos e chegado até nossos dias.

Escutar – O que o texto está dizendo?

Canto de aclamação
Ler Mt 7,24-27
▶ Quem está falando no texto?
▶ O que acontece com a casa construída sobre a rocha e aquela construída sobre a areia?
▶ Com quem Jesus compara aquele que escuta sua Palavra e a põe em prática?

Meditar – O que o texto diz para mim?

▶ Jesus nos ensina que devemos construir nossas vidas sobre princípios sólidos e não sobre as correntes de pensamento da moda ou sobre sentimentos e emoções.
▶ O que significa para mim essa rocha de que Jesus fala?
▶ As tempestades e os vendavais que a parábola apresenta me alertam para que eu me torne rocha firme nas dificuldades. Por isso é necessário agarrar-me em Deus, para superar as dificuldades.
▶ O significa para mim essa "vida com Cristo"?

Rezar – O que o texto me faz dizer a Deus?

▶ Sob uma música suave, vou motivar-me ao diálogo com Deus, propor-me a ouvi-lo, conhecê-lo e segui-lo.

▶ Desligar a música e rezar o refrão no início e no fim da oração.

Eu me entrego, Senhor, em tuas mãos e espero pela tua salvação!

Senhor, sê para mim um rochedo firme e forte, uma muralha
que sempre me proteja;
Por tua honra, Senhor, vem conduzir-me, vem desatar-me, és minha fortaleza.
De minha parte, Senhor, em ti confio, tu és meu Deus, meu destino,
em tuas mãos;
Vem libertar-me de quantos me perseguem, por teu amor faz brilhar tua salvação.
Glória a Deus Pai, porque tanto nos amou! Glória a Jesus, que se deu por nosso bem!
Glória ao Espírito Santo, que é fonte desse amor! Nós damos glória agora e sempre. Amém!

Oração: Ensina-me, ó Pai, a construir a minha vida de fé sobre a rocha firme, Jesus Cristo. Sei que tempestades virão para me desviar do caminho do seguimento de Jesus. Confio em ti, Deus da vida! Com tua luz, força e graça, a minha fé vai permanecer firme diante das dificuldades e sofrimentos que podem me atingir. Deus Pai, peço-te por intermédio de Jesus e na unidade do Espírito Santo, a força de sempre colocar Jesus como fundamento de minha vida. Amém!

Contemplar – Olhar a vida como Deus olha
▶ Vou observar os objetos dispostos no centro da sala e a frase: "Quem ouve minhas palavras e as põe em prática, é como aquele que constrói a casa sobre a rocha" (Mt 7,24) e louvar a Deus na mensagem que os objetos – pedra, areia, cimento e brita – me transmitem.

Perceba!
Na vida do cristão, a rocha sobre a qual cada um edifica sua vida e sua história é Jesus Cristo. O apóstolo Paulo escreve aos Coríntios: "Ninguém pode colocar um alicerce diferente daquele que já foi posto, Jesus Cristo" (1Cor 3,11). Portanto, Jesus é a rocha, o fundamento que dá segurança, sustentabilidade à vida de todo o cristão. Para que nossa vida seja construída sobre a rocha de Jesus Cristo é necessário: escutar, conhecer, seguir.

Compromisso – O que o texto me leva a fazer?
▶ Vou escolher uma das palavras que constam no marcador de página distribuído no início do encontro e elaborar reflexão com a inspiração que ela me evoca.
▶ O catequista abraça cada catequizando e diz: Vai em paz e construa tua vida sobre a rocha firme.

Os mandamentos: caminho para seguir Jesus

Objetivo: Compreender que seguir Jesus é viver os mandamentos de Deus.

Catequista, ao se preparar para este encontro, mantenha em mente as seguintes questões:
- Qual a importância dos dez mandamentos?
- Compreender que os mandamentos são normas, são caminhos que nos guiam para viver bem com Deus e com os irmãos.

Preparar: Cadeiras em círculo, mesa com toalha branca, Bíblia, velas acesas, cópias da encenação do texto bíblico, manto vermelho para Jesus, túnica para o jovem rico, cartolina com os dez mandamentos e faixas com os dizeres: "Mandamentos, leis que educam"; "Mandamentos, um projeto antigo e atual"; "Mandamentos, orientação segura para ser feliz"; "Os mandamentos defendem os direitos básicos das pessoas, dos grupos e dos povos"; "Os mandamentos revelam grandes valores da vida humana".

Ambiente: Cadeiras em círculo, ornamentar a sala com as faixas contendo as frases supracitadas, mesa com toalha branca, velas acesas, Bíblia, flores, cartolina com os dez mandamentos em local bem visível.

Os dez mandamentos da Lei de Deus
Amar a Deus sobre todas as coisas.
Não tomar seu santo nome em vão.
Guardar domingos e festas de guarda.
Honrar pai e mãe.
Não matar.
Não pecar contra a castidade.
Não furtar.
Não levantar falso testemunho.
Não desejar a mulher do próximo.
Não cobiçar as coisas alheias.

Para você, catequista: Recordar o compromisso do encontro anterior, referente à reflexão contextualizada de uma palavra contida no marcador de páginas. Questionar: Alguém, ao viajar à noite, percebe pequenos faróis ao longo das rodovias? Para que servem? Como são os chamados? Notemos a importância dos olhos-de-gato.

Os mandamentos nos mantêm no caminho de Deus, são orientação segura para que sejamos felizes. O desejo de ser feliz está no coração de todos.

No Evangelho, encontramos um jovem que procurou Jesus com o desejo de ser bom. O jovem ouviu a resposta de Jesus: "Por que você me pergunta sobre o que é bom? Só Deus é bom. Se você quer entrar na vida, guarde os mandamentos" (Mt 19,17). Em seguida, Jesus lembra os preceitos que se referem ao amor ao próximo: "... ame seu próximo como a si mesmo" (Mt 19,19).

> Os olhos-de-gato ajudam o motorista a se conservar na pista. Do mesmo modo, é bom recebermos ajuda para nos mantermos no caminho de Deus.

O jovem afirmou que vivia os mandamentos e Jesus então o convida a entrar no caminho da perfeição: "Se você quer ser perfeito, vá, venda tudo o que tem, dê o dinheiro aos pobres, e você terá um tesouro no céu" (Mt 19,21).

> Catequista, na internet podemos encontrar algum material de apoio sobre a passagem do jovem rico. Podemos encontrar os seguintes:
> http://www.youtube.com/watch?v=x5RTtGKHUrQ
> http://www.youtube.com/watch?v=45dSJ3nxiHw&feature=related (em espanhol)
> http://liturgiadiariacomentada.blogspot.com.br/2010/05/o-jovem-rico-e-jesus.html

Para o jovem, naquele momento, vender os bens e dar o dinheiro aos pobres se tornou um projeto difícil. Todavia, é um projeto de vida possível para quem decide seguir Jesus, utilizando-se dos bens para gerar mais vida e ajudar as pessoas a crescer na fé, na santidade. Temos exemplos de muitos cristãos santos, como nossos padroeiros, santos porque se desapegaram de tudo o que os afastava de Deus e os impedia de servir aos irmãos. Morreram fazendo o bem.

Jesus deu nova dimensão aos mandamentos quando proclamou as bem-aventuranças. Seguir Jesus é pôr em prática as bem-aventuranças proclamadas no sermão da montanha (Mt 5,7). Este sermão orienta aos mandamentos e os ultrapassa (Mt 5,20-48), mas começa pela proclamação das bem-aventuranças. Jesus mostra, assim, que os mandamentos estão abertos e orientados para as bem-aventuranças. Essas são indicações para todos aqueles que aspiram ter uma verdadeira vida feliz.

Os dez mandamentos revelam grandes valores da vida humana, defendem os direitos e os deveres básicos das pessoas, dos grupos e dos povos. Eles existem para nos proteger e facilitar a vida de todos. São caminhos que nos conduzem a um maior relacionamento com Deus e com os irmãos.

Recordar – O que a nossa vida está dizendo?

▶ O desejo de ser feliz está no coração de todo ser humano. Em que valores vocês se apoiam para encontrar a felicidade?

▶ Segundo os meios de comunicação, onde as pessoas encontram a felicidade?

Escutar – O que o texto está dizendo?
Canto de aclamação
Encenar: Mt 19,16-21
1. Narrador
2. Jovem rico
3. Jesus

1. Quando Jesus retornou do seu caminho, um homem veio correndo e se aproximou. Parou diante de Jesus e perguntou:
2. "Bom mestre, que devo fazer para alcançar a vida eterna?"
3. "Por que me chama de bom? Ninguém é bom, senão Deus. Somente Deus é bom e ninguém mais. Se, porém, você quiser entrar na vida eterna, guarde os mandamentos."
2. "Quais mandamentos?"
3. "Você conhece os mandamentos: Não matar, não cometer adultério, não roubar, honrar seu pai e sua mãe e amar o próximo como a si mesmo."
2. "Mestre, tudo isso eu tenho guardado desde a minha juventude. Que me falta ainda?"
1. Jesus fitou o jovem e disse:
3. "Se você quer ser perfeito, uma coisa lhe falta: vá, venda tudo o que tem e dê aos pobres. Você terá um tesouro no céu! Depois, vem e segue-me."
▶ Em seguida ler novamente o texto.
• O que diz o texto?
• O que o jovem perguntou a Jesus?
• Qual foi a resposta de Jesus ao jovem?
• Qual o desafio que Jesus lançou ao jovem?

Meditar – O que o texto diz para mim?
▶ Vou colocar-me no lugar do jovem rico e perguntar: Senhor, o que devo fazer para situar a minha vida e ser feliz?

Perceba!
Esse jovem rico aparece anonimamente no Evangelho. Nele, podemos reconhecer todos nós que, de um modo ou de outro, nos aproximamos de Cristo para alcançar a Vida Plena. Este é o desejo profundo de todo ser humano: a vida que produz verdadeira liberdade. Essa pergunta é também um chamado a fazermos o bem e a nos colocarmos nas mãos de Deus, reconhecendo nossa dependência do sagrado, para termos plenitude.

▶ Em pequenas equipes, meditar sobre uma das frases que ornamentam a sala. Em seguida partilhar no grupo.

Rezar – o que o texto me faz dizer a Deus?
▶ Procure acalmar-se e fazer silêncio interior. Sinta-se na presença do Deus, fale de suas inquietações para segui-lo e ser feliz.
▶ Com o auxílio de sua Bíblia, reze o Salmo 119,7-16.
▶ Convidar os catequizandos para que espontaneamente cada um expresse algo que o impede de ser feliz. A cada três manifestações, cantar ou falar:
Todos: Deus não quer isso!
ou
Senhor, tende piedade de nós!
▶ Recitar juntos os dez mandamentos.

Contemplar – Olhar a vida como Deus olha
▶ Visualize sua vida e perceba quais as interpelações que Deus lhe faz para segui-lo e ser feliz.

Compromisso – O que a Palavra de Deus me leva a fazer?
▶ Dedique-se, nesta semana, à leitura de Ex 20,2-17, onde está o relato dos 10 mandamentos.
▶ Leia também Dt 5,6-21, onde você encontra outra forma de apresentar os mandamentos.

O que eu penso agora?
Depois de todas as considerações construídas neste encontro, o que penso?
• Como responder à confiança que Deus deposita em mim?
• Posso permitir-me fazer parte de um grupo preparado por Deus?
• O que posso, pessoalmente, fazer para este grupo ter a bênção de Deus?

As bem-aventuranças

Objetivo: Identificar a verdadeira felicidade nos ensinamentos de Jesus.

> **Catequista**, ao se preparar para este encontro, mantenha em mente o seguinte:
> - As bem-aventuranças, pela palavra e ação de Jesus, anunciam a vinda do Reino.
> - "As bem-aventuranças nos ensinam o fim último ao qual Deus nos chama: o Reino de Deus, a visão de Deus, a participação na natureza divina, a vida eterna, a filiação divina, o repouso em Deus" (CIC, n. 1726).
> - Que relação podemos estabelecer entre os dez mandamentos e as bem-aventuranças?

Preparar: Bíblia, vela, mesa com toalha branca, aparelho de som, cartões de duas cores nos quais são escritas as bem-aventuranças, cartaz com as bem-aventuranças, cadeiras dispostas em círculo e panos coloridos.

a) Felizes os pobres em espírito,
b) porque deles é o Reino do Céu!

a) Felizes os mansos,
b) porque herdarão a terra.

a) Felizes os aflitos,
b) porque serão consolados.

a) Felizes os que têm fome e sede de justiça,
b) porque serão saciados.

a) Felizes os misericordiosos,
b) porque obterão misericórdia.

a) Felizes os de coração puro,
b) porque verão a Deus.

a) Felizes os promotores da paz,
b) porque serão filhos de Deus.

a) Felizes os perseguidos por causa da justiça,
b) porque deles é o Reino dos Céus.

a) Felizes sois quando vos injuriarem, perseguirem e mentirem, dizendo todo o mal contra vós por minha causa,
b) porque grande será a vossa recompensa.

Ambiente: Acolher os catequizandos com um abraço, pronunciar o nome de cada um, manifestar alegria pela presença, convidá-los para sentar. Ornamentar o centro da sala com panos de variadas cores, colocar a Bíblia aberta, velas acesas, flores e cartões de duas cores. Em uma cor, escreva-se a primeira parte da bem-aventurança: "Felizes os pobres em espírito"; noutra, a segunda: "porque deles é o Reino do céu". Distribuir os cartões com todas as bem-aventuranças, em duas cores, sendo que 50% dos catequizandos recebem a primeira parte da bem-aventurança; os outros, a segunda.

Para você, catequista: Apresentar o cartaz com as bem-aventuranças e acrescentar: Jesus afirma que é possível ser feliz aqui, numa nova relação com Deus e as pessoas. Deus é o autor da felicidade e, na Montanha, Jesus convida todos à felicidade. Jesus não quer que sejamos alienados. A vida eterna não é para se esperar, mas para ter início já, aqui. Ser cristão é decidir por uma vida feliz. As bem-aventuranças formam um programa de vida para trazer felicidade àqueles que se propõem a conhecer e seguir Jesus. As bem-aventuranças, na Nova Aliança, constituem um fundamento no qual deve sustentar-se a vida cristã. As bem-aventuranças são um caminho de realização humana, um caminho da felicidade, para o qual o homem foi criado. Elas anunciam a felicidade, porque proclamam a libertação e não o conformismo ou a alienação.

As bem-aventuranças (Mt 5,1-12) são o Código da Nova Aliança; assim como os Mandamentos, o Código da Antiga Aliança (Ex 20,1-1). Na Primeira Aliança, Moisés subiu ao Monte e do Senhor recebeu o Decálogo, isto é, os dez mandamentos. Na Segunda Aliança, Jesus subiu ao Monte e entregou aos discípulos as nove bem-aventuranças. O Decálogo ensinava os compromissos do homem para com Deus e para com a vida; agora, as bem-aventuranças trazem o que Deus faz pela humanidade.

Jesus nos ensina a obedecer ao Pai e nos convoca a assumir atitudes de filho. Na catequese é importante conhecer os 10 mandamentos, como caminhos que nos levam a amar a Deus e aos irmãos. É indispensável conhecer e viver as bem-aventuranças. Elas são nove ensinamentos que, de acordo com o Novo Testamento, Jesus pregou no Sermão da Montanha, para ensinar e revelar às pessoas a verdadeira felicidade.

A primeira bem-aventurança: "Bem-aventurados os pobres de espírito, porque deles é o Reino dos Céus", é a raiz das outras (cf. Mt 5,1-12), pois o pobre de espírito não força humildade nem demonstra soberba. Ele é o que é e reconhece que depende da graça de Cristo para ir além!

Vivendo, com a iluminação do Espírito Santo, os ensinamentos da Igreja, muitos fiéis praticam as bem-aventuranças e fazem de Jesus sua vida e sua regra de vida.

A Festa de todos os santos celebra as pessoas que viveram as bem-aventuranças. Aí está a nossa felicidade: colocar em prática as bem-aventuranças em nossa vida.

Recordar – O que nossa vida está dizendo?

▶ Numa roda de conversa, apresentar em um cartaz a relação das bem-aventuranças e argumentar: as bem-aventuranças expressam como deve ser a vida do cristão.

▶ Como podemos conquistar a felicidade, a vida eterna?

▶ As bem-aventuranças foram chamadas o resumo do plano de Deus para a humanidade. Quais os pontos relevantes contidos nas bem-aventuranças que podem indicar a felicidade?

▶ Após a conversa referente às bem-aventuranças, o catequista convida para lê-las em ordem crescente as bem-aventuranças. Um catequizando lê a primeira parte, e o outro a completa.

Escutar – O que o texto está dizendo?
Ler Mt 5,1-12
▶ O que o texto diz?
▶ O que Jesus vê e aonde foi?
▶ O que Jesus disse e ensinou à multidão?

Meditar – O que o texto diz para mim?
▶ As bem-aventuranças são 9 ensinamentos que, de acordo com o Novo Testamento, Jesus proferiu no Sermão da Montanha.
▶ As bem-aventuranças são propostas de felicidade oferecidas por Deus. Um programa de vida, de ensinamento proposto por Jesus – atitudes e deveres que os cristãos são convidados a assumir. O que vou fazer para viver as bem--aventuranças?
▶ Como posso ser pobre em espírito, misericordioso, puro de coração, construtor da paz, experimentar a felicidade na vida e a alegria em comunhão com Deus?

Rezar – O que o texto me faz dizer a Deus?
▶ Em silêncio, analisar uma bem-aventurança e propor-se a colocá-la em prática.
▶ Momento de silêncio.

Todos: Felizes as pessoas que sabem que são espiritualmente pobres, pois o Reino do Céu é delas.
Felizes as pessoas que choram, pois Deus as consolará.
Felizes as pessoas humildes, pois receberão o que Deus tem prometido.
Felizes as pessoas que têm fome e sede de fazer a vontade de Deus, pois ele as deixará completamente satisfeitas.
Felizes as pessoas que têm misericórdia dos outros, pois Deus terá misericórdia delas.
Felizes as pessoas que têm o coração puro, pois elas verão a Deus.
Felizes as pessoas que trabalham pela paz, pois Deus as tratará como seus filhos.
Felizes as pessoas que sofrem perseguições por fazerem a vontade de Deus, pois o Reino do Céu é delas.
Felizes são vocês quando os insultam, perseguem e dizem todo tipo de calúnia contra vocês por serem meus seguidores. Fiquem alegres e felizes, pois uma grande recompensa está guardada no céu para vocês. Porque foi assim mesmo que perseguiram os profetas que viveram antes de vocês.

Contemplar – Olhar a vida como Deus olha
▶ Sob um novo olhar, a partir da Palavra, vou colocar-me nas mãos de Deus e contemplar Jesus, proclamando as bem-aventuranças.
▶ Vou repetir as bem-aventuranças e contemplar a manifestação de Jesus no cumprimento da vontade do Pai.

Perceba!
As bem-aventuranças estão no cerne da pregação de Jesus. Seu anúncio retoma as promessas feitas ao povo eleito desde Abraão. Bem-aventurado quer dizer feliz, e buscar a vontade de Deus é ser bem-aventurado. Jesus, revelando as bem--aventuranças aos discípulos e a todo povo de Deus, quis com isso manifestar a vontade do Pai.

O que eu penso agora?
Depois de todas as considerações construídas neste encontro, o que penso?
• Como as bem-aventuranças interferem no meu modo de assumir minha vida com Deus, ver e transformar o mundo?
• Qual a bem-aventurança que mais me cativa? Por quê?

Compromisso – O que a Palavra de Deus me leva a fazer?
▶ Inspirado pela bem-aventurança que considerei mais significativa, vou elaborar uma frase, para partilhar com meu grupo de catequese no próximo encontro e colocá-la no blogue.
▶ Vou incentivar outras pessoas a lerem os *sites* que aprofundam o tema sobre as bem-aventuranças.

Celebração da Palavra
com a entrega das bem-aventuranças

Observação: Sugere-se de um roteiro da celebração da Palavra com a entrega das bem--aventuranças, objetivando gravar no coração dos catequizandos a convicção de que as bem-aventuranças são a proposta de felicidade oferecida por Deus, um programa de vida, de ensinamentos propostos por Jesus. As bem-aventuranças são nove ensinamentos que, de acordo com o Novo Testamento, Jesus pregou no Sermão da Montanha. Elas são atitudes e deveres que os cristãos são convidados a viver.

Preparar para a celebração:
- cantos condizentes com os momentos litúrgicos da celebração;
- cruz processional;
- velas;
- mesa com toalha branca, ao lado da mesa da Palavra;
- cartões com as bem-aventuranças para cada catequizando;
- faixas com as bem-aventuranças escritas do tamanho que a assembleia possa ler;
- símbolos penitenciais como pedra, galho seco;
- palavras que mostrem situação de não comunhão com Deus como: egoísmo, violência, raiva, mentira.

Considerações
- Convém que a entrega das bem-aventuranças seja realizada em uma celebração da Palavra, com a presença de todos os catequizandos, seus pais, da comunidade, dos catequistas, introdutores, das equipes de liturgia, dos ministros, diáconos e sacerdotes (cf. RICA, n.182).
- É importante que o Pároco ou Padre responsável pela catequese presida a celebração. Se isso não for possível, um diácono, um ministro ou um catequista assuma essa responsabilidade.
- Realizar uma esmerada preparação da celebração com as pessoas envolvidas e que nela participam em suas diversas etapas.
- Avise-se a comunidade da data e do horário da celebração, convidando-a a participar.

Ritos Iniciais

A comunidade se prepara, cantando um refrão que convide à interiorização.

O catequista saúda a comunidade e anuncia o canto de entrada.

Na procissão de entrada, trazer cruz processional, velas, livro da Palavra, bandejas com os cartões com as bem-aventuranças e símbolos penitenciais.

Quem preside:	Somos bem-aventurados, pois o Senhor está conosco. Ele está no meio de nós. Com um gesto tão conhecido, recordamos o mistério de Deus Trindade, cantando:
Canto:	Em nome do Pai...

Quem preside saúda e acolhe a assembleia, faz menção à presença dos pais dos catequizandos e manifesta a alegria e o objetivo do encontro:

Quem preside:	Ser bem-aventurado significa ser muito feliz. Segundo o mundo, a felicidade consiste na prosperidade, no possuir bens, dinheiro, aparecer mais do que os outros. As bem-aventuranças que Jesus ensinou apontam para um estado de felicidade contraditório; porém, mais profundo e permanente. Somos convidados a celebrar este momento e perceber que Deus nos propõe o verdadeiro caminho da felicidade. Convido os catequizandos a se aproximar do altar e se colocar de joelhos.
Canto penitencial:	Enquanto cantam um canto penitencial, os catequizandos apresentam à assembleia os símbolos penitenciais e as palavras, depositando-os, a seguir, aos pés do altar.

Quem preside, impondo as mãos, reza a oração de exorcismo (RICA, n.113).

Oremos:	Deus todo-poderoso e eterno, que nos prometestes o Espírito Santo por meio de vosso Filho Unigênito, atendei a oração que vos dirigimos por estes catequizandos que em vós confiam. Afastai deles todo o espírito do mal, todo o erro e todo o pecado, para que possam tornar-se templos do Espírito Santo. Fazei que a palavra que procede da nossa fé não seja dita em vão, mas confirmai-a com aquele poder e graça com que vosso Filho Unigênito libertou do mal este mundo. Por Cristo, nosso Senhor.
Todos:	Amém!

Os catequizandos retornam aos seus lugares, cantando:
Canto com mensagem de entrega nas mãos de Deus.

Catequizando:	Vivemos numa sociedade que prega a liberdade, relativiza os valores e ofusca a consciência do verdadeiro caminho a seguir. Somos levados a procurar a felicidade por caminhos que a ela não conduzem. Por isso, pedimos ao Senhor:

Quem preside:	Senhor, nosso Deus, vós quereis a nossa felicidade. Quereis que todas as pessoas sejam muito felizes e que tenham vida, e vida em abundância. Mas nós por vezes confundimos a felicidade com momentos de diversão e prazer. Ajudai-nos, Senhor, a seguir a proposta que Jesus nos oferece. Ajudai-nos, Senhor, a compreender que só podemos encontrar alegria no seguimento de Jesus, vivendo as bem-aventuranças, caminho de felicidade que ele nos apresentou.
Catequista:	Onde está o caminho da felicidade? Jesus nos apresenta esse caminho. Ele tem a receita certa para a felicidade. Ela depende de um posicionamento interno de nossa parte. No sermão da montanha, Jesus descreve nove características internas, geradas no coração, que precisamos ter para que a felicidade seja gerada em nós. As bem-aventuranças descrevem o modo de ser de um discípulo que se propõe a seguir Jesus. Pedimos ao Senhor que nos conduza no caminho desse seguimento.
Quem preside:	Oremos: Senhor Jesus Cristo, que na montanha, pelas bem-aventuranças, quisestes afastar vossos discípulos do pecado e revelar o caminho do Reino dos céus, preservai estes vossos servos e servas, catequizandos da crisma que ouvem a Palavra do Evangelho, do espírito de cobiça e avareza, da mentira, da violência e de todo o mal. Como discípulos vossos, julguem-se felizes na pobreza de alma e desejo de justiça, na misericórdia e pureza do coração; sejam portadores da paz, para terem parte no vosso Reino e que, por vossa misericórdia, possam viver no céu o júbilo de Deus. Vós que viveis e reinais para sempre.
Todos:	Amém!
Quem preside:	Como é a proposta de felicidade que Jesus nos apresenta? Como são as outras propostas oferecidas? Existe a proposta do mundo e a proposta de Jesus.
Entrada das bem-aventuranças:	Anteriormente preparados, pais, catequistas e introdutores, com o uso do microfone, falam, na sequência dos números, a parte negativa, e o catequizando, com o número correspondente, fala e apresenta a faixa com a parte positiva.

1. a) O mundo nos diz: O que interessa é o dinheiro.
   b) Um catequizando apresenta a faixa e diz: Felizes os pobres de espírito.

2. a) Não se pode viver sem ser violento.
   b) Felizes os mansos, porque possuirão a terra.

3. a) Divirta-se e goze a vida.
   b) Felizes os que choram, porque serão consolados.

4. a) Para que falar de justiça?
   b) Felizes os que tem fome e sede de justiça.

5. a) Não lhe perdoarei!
   b) Felizes os misericordiosos, porque encontrarão misericórdia.

6. a) Finge, mente e triunfarás na vida.
   b) Felizes os puros de coração!

7. a) As guerras são inevitavelmente necessárias.
   b) Felizes os construtores da paz!

8. a) Não arrisques a vida por alguma causa.
   b) Felizes os que são perseguidos por causa da justiça.

9. a) Se me injuriam, me ofendem e perseguem, vou vingar-me.
   b) Felizes sois quando vos injuriarem, perseguirem e mentirem, dizendo todo o mal contra vós por minha causa, porque é grande vossa recompensa.

Canto que expresse alegria.

Catequista: O mundo precisa conhecer esses ensinamentos que Jesus nos apresenta e pode descobri-lo pelo nosso testemunho de alegria no seguimento de Jesus, o qual seguiu por primeiro o caminho das bem-aventuranças. Seguir por esse caminho é aceitar o seu amor e a nova vida que ele nos oferece.

Quem preside: Jesus nos propõe o ideal de vida, as bem-aventuranças. Sendo pobres de espírito, misericordiosos, puros de coração, construtores da paz, experimentaremos a felicidade na vida e a alegria da comunhão com Deus.
Queridos catequizandos, quereis viver as bem-aventuranças que se manifestam no amor, conforme Jesus nos ensinou?

Catequizandos: Sim, com a graça de Deus!

Catequista: O profeta Isaías faz o anúncio daquele que nos trará a felicidade, que nos indicará o caminho para que possamos ser felizes. Vamos escutar.

Canto com mensagem de escuta
Leitura: Is 61,1-3

Salmo de Meditação: (cf. Sl 119,1-10)

**Felizes os que amam o Senhor, felizes os que andam em seus caminhos,
Felizes são os pés daqueles que vivem e anunciam a verdade.**

1. Felizes aqueles cuja vida é pura e caminham na vontade do Senhor;
Felizes os que observam seus preceitos e o procuram de todo o coração.
2. Promulgaste, Senhor, os vossos mandamentos, para serem observados fielmente.
Oxalá se firmem os meus passos na observância da vossa lei.
3. Mostrai-me, Senhor, o vosso caminho, para que o siga na fidelidade.
Ajudai-me a obedecer a vossa lei e a guardá-la de todo o coração.

**Felizes os que amam o Senhor, felizes os que andam em seus caminhos,
Felizes são os pés daqueles que vivem e anunciam a verdade.**

Evangelho: Mt 5,1-12

Quem preside, após a homilia, convida os catequizandos para se aproximarem do altar. Os introdutores ou catequistas entregam aos catequizandos um cartão com as bem-aventuranças e dizem:
Receba as bem-aventuranças. Que elas sejam guias no caminho do seguimento de Jesus.

Catequizando: Amém! (voltados para a assembleia, abrem o cartão e rezam juntos as bem-aventuranças).

A assembleia manifesta alegria e apoio com palmas.

Quem preside (com as mãos estendidas sobre os catequizandos):
Oremos: Senhor, fonte de luz e de verdade, imploramos vosso amor de Pai em favor desses vossos filhos. Purificai-os e santificai-os. Dai-lhes verdadeira ciência, firme esperança e santa doutrina para que se tornem dignos da vossa graça. Por Cristo, Nosso Senhor.

Todos: Amém!

Bênção final

Quem preside: O Senhor esteja convosco!
Todos: Ele está no meio de nós.
Quem preside: Abençoe-vos Deus todo-poderoso, Pai e Filho e Espírito Santo.

Todos: Amém!

Quem preside: Glorificai a Deus com vossa vida! Ide em paz, e o Senhor vos acompanhe!

Jesus chama colaboradores

Objetivo: Identificar a voz de Deus, que me escolheu para ser um evangelizador.

> **Catequista**, ao se preparar para este encontro, mantenha em mente as seguintes questões:
> - É possível escutar Deus nos chamando hoje?
> - Podemos colaborar com Deus? Como?

Preparar: Bíblia, vela, mesa com toalha branca, aparelho de som, canto de chamado, caixinha com o nome de diversas pessoas da comunidade que evangelizam e dão testemunho de vida – padre, religiosas/os, catequistas, diáconos e coordenadores de pastorais. Dispor as cadeiras em círculo.

Ambiente: Receber os catequizandos com alegria, convidá-los para ocupar as cadeiras em torno de uma mesa com a Bíblia aberta, flores, vela acesa e a caixinha supracitada.

Para você, catequista: Quando todos estiverem acomodados, a caixinha passa de mão em mão e todos dela tiram um nome. O catequista pergunta: O nome de quem você retirou e o que essa pessoa faz? Quais as atitudes que revelam alguém como evangelizador?

Você já reparou como o técnico escala o time de jogadores para uma seleção? Como a escolha gera comentários a respeito das qualidades dos que foram selecionados? Ser escolhido significa ser chamado a vencer o jogo e a sentir-se responsável por esse desafio. Alguém de vocês já se sentiu chamado a realizar algo importante? De que maneira reagiu ao convite?

No encontro de hoje, vamos conhecer um pouco mais da escolha que Jesus fez a um grupo de pessoas que o acompanharam bem de perto, no início de sua missão. Esse convite, voltado de modo especial e não exclusivo para aquele grupo, ampliou-se a toda a humanidade. Jesus continua à procura de colaboradores. Quando Jesus iniciou sua missão, chamou doze pessoas para acompanhá-lo. Eram pessoas de origem muito diversificada. Elas deixaram tudo o que possuíam para acompanhá-lo com a insegurança e riscos que tal opção apresentava. Os doze apóstolos foram os mensageiros da Boa-nova de Jesus, enviados por ele para proclamar a salvação. Os apóstolos formaram o primeiro grupo de cristãos para continuar a missão de Jesus. Hoje, Jesus convoca colaboradores para continuar a missão de evangelizar.

Todos nós, pelo batismo, também somos chamados a conhecer, seguir e anunciar Jesus, para continuar sua mensagem. Nem todos aceitam o convite de Jesus. Após sua ressurreição e ascensão, Jesus enviou os discípulos ao mundo para que fossem testemunhas de tudo o que disse e ensinou. O discípulo é um constante aprendiz e seguidor de Jesus. Apóstolo é alguém enviado para uma missão especial a serviço do Reino. Portanto, a palavra "discípulo" se refere a um "aprendiz" ou "seguidor". A palavra "apóstolo" se refere a "alguém que é enviado". Enquanto Jesus estava na Terra, os doze eram chamados de apóstolos. Eles seguiram Jesus, aprenderam com ele e dele receberam treinamento. O que os unia era a grande admiração por Jesus. Jesus confiava no grupo e era amigo de cada um. Ele quis que os apóstolos vivessem em sua companhia, para ter com eles constantes diálogos. Jesus aproveitava esses diálogos e todos os momentos para ensiná-los: caminhando, rindo, comendo... Jesus falava sobre o Reino de Deus. Ensinava-os como amigo.

> Lc 4,14-21 – Programa de vida de Jesus, baseando-se no profeta Isaías: "O Espírito do Senhor está sobre mim, porque ele me consagrou para anunciar a Boa Notícia aos pobres; enviou-me para proclamar a libertação aos presos e aos cegos a recuperação da vista; para libertar os oprimidos (...)".

Aos poucos, os apóstolos foram entendendo o que Jesus queria. Ele queria o bem do povo – justiça, perdão, fraternidade, respeito, igualdade, e que todas as pessoas pudessem ter as condições necessárias para viver dignamente. Jesus tinha um programa abalizado de vida. Ele mostrou com sua vida e ação o cumprimento desse programa e chamou os apóstolos para que dessem continuidade à sua missão. Seguindo o chamado de Jesus, os apóstolos aprenderam a prática das bem-aventuranças, o estilo de vida do próprio Jesus: seu amor e obediência filial ao Pai, sua compaixão pela dor humana, pelos pobres, pelos pequenos, bem como sua fidelidade à missão, seu grande amor até a doação mesma de sua vida pela humanidade.

> Os doze apóstolos: Quem eram os apóstolos? Como se chamavam? Disponível em: http://www.npdbrasil.com.br/religiao/os_doze_apostolos.htm Acesso em 30/06/2012.

Ser sensível ao chamado de Deus é uma atitude de fé diante da vida, um modo de viver, de sentir, em nosso coração, a urgência dos tempos e um profundo clamor no testemunho de sua Palavra. Isso nos convida à oração, ao estudo da Palavra de Deus e à adesão à Igreja pela participação no mistério da eucaristia.

Recordar – O que nossa vida está dizendo?
▶ Sem facilidades tecnológicas: *facebook*, *twitter*, blogue e outras tantas ferramentas, como se propagou e chegou até os nossos dias a pregação de Jesus?

Escutar – O que o texto está dizendo?
Ler Mc 3,13-19
- ▶ O que o texto está narrando?
- ▶ Aonde foi Jesus e o que fez?
- ▶ Qual o nome dos escolhidos?

Meditar – O que o texto diz para mim?
- ▶ Ao considerar o texto, consigo ver-me como pessoa amada e escolhida por Deus para evangelizar?
- ▶ Como posso evangelizar?
- ▶ O que fazer se, no meu coração, o desejo de evangelizar for pequeno?

Rezar – O que o texto me faz dizer a Deus?
- ▶ Vou agradecer a Deus porque me chama e me convoca à evangelização. Momento de silêncio.

Todos: Deus da vida, agradeço-te porque ouço o chamado para ser teu discípulo e anunciar o teu Reino. Ajuda-me a desejar ouvir a tua voz chamando o meu nome. Quero ser fiel a esse chamado e ser um constante aprendiz. Quero ser seguidor de Jesus e preparar-me para exercer, com fidelidade, a missão como membro ativo da Igreja neste mundo. Por Cristo, nosso Senhor. Amém!

Contemplar – Olhar a vida como Deus olha
- ▶ Em atitude de contemplação vou colocar-me nas mãos de Deus, sentir-me um aprendiz encorajado no seguimento de Jesus e testemunhá-lo. Vou evidenciar esse propósito no meu cotidiano.

Compromisso – O que a Palavra de Deus me leva a fazer?
- ▶ Durante a semana, na medida do possível, vou enviar para um parente ou amigo uma mensagem por e-mail, *facebook*, *instagram* ou *twitter*, para que essa pessoa perceba que pode ser um evangelizador.

Pesquise na internet a origem dos nomes dos apóstolos de Jesus. Disponível em http://www.domhenrique.com.br/ Acesso em: 4/6/2012.

- ▶ Mediante o que você ouviu, leu e pesquisou, elabore uma síntese do conceito de "Reino de Desus", aplicando-o à sua própria vida. Traga sua produção para para o próximo encontro, a fim de socializá-la no grupo.

O que eu penso agora?
- Depois de todas as considerações construídas neste encontro, o que penso?
- Como posso conhecer Deus e amá-lo?
- Qual a importância para mim de conhecer e seguir o convite de Jesus?

Jesus promete o Espírito Santo

Objetivo: Identificar na Igreja a contínua ação de Jesus por intermédio do Espírito Santo.

> **Catequista**, ao se preparar para este encontro, mantenha em mente as seguintes questões:
> - Jesus prometeu enviar-nos o Espírito Santo para ser nosso advogado, defensor, intercessor, mestre que ensina toda a verdade.
> - O Espírito Santo é mistério, força e ternura. Ele vem em auxílio da nossa fraqueza, da nossa incerteza, solidão, e concede entusiasmo, coragem, ternura e alegria para o serviço do Reino.
> - O Espírito Santo ensina a fazer de nossa vida um dom.

Preparar: Bíblia, um pano vermelho e um pano branco, velas, flores e mesa com toalha branca, cadeiras em círculo, pequenas tiras de papel, numeradas de duas em duas (o suficiente para todos os catequizandos) com citações bíblicas. Nas tiras de papel, escrever as citações, selecionando a mesma citação para duas tiras de cor diferente, a serem distribuídas aos catequizandos dispostos em duplas, de tal forma que cada dupla receba citação idêntica. Seguem-se as citações a constar nas tiras: consola e protege (Jo 14,16); comunica a verdade (Jo 14; 17; 16,13); ajuda a lembrar o que Jesus ensinou (Jo 14,26); dá testemunho de Jesus (Jo 15,26); manifesta a glória de Jesus (Jo 16,14); ensina e nos permite entender as palavras de Jesus (Jo 14,26). Nada impede que duplas diferentes recebam citações iguais se aquelas aqui sugeridas forem insuficientes.

Ambiente: Cadeiras dispostas em círculo, no centro a mesa com toalha branca, Bíblia aberta, uma grande vela acesa envolvida em panos vermelhos e brancos. Receber os catequizandos com música referente ao Espírito Santo, entregar para cada um uma tira de papel com a citação bíblica, animá-los a encontrar-se com o colega que possui o mesmo número na tira de papel. Convidar para (em duplas com a mesma citação bíblica) pesquisar na Bíblia a referida citação e comunicar ao grande grupo, por meio de mímica, a mensagem contida. Premiar com um abraço, salva de palmas etc. o catequizando que descobrir o sentido da mensagem bíblica mediante a mímica feita pela dupla. A seguir, ler a mensagem como consta na Bíblia.

Para você, catequista: Jesus promete enviar o Espírito Santo: "Quando vier o Espírito da verdade, ele ensinará a vocês toda verdade" (Jo 16,13). É o Espírito Santo que realiza a comunhão íntima entre Jesus e nós. Com sua paixão, morte e ressurreição, Jesus conquistou o dom do Espírito Santo para nós. Ao encerrar sua missão neste mundo, Jesus despede-se dos seus discípulos e inaugura nossa missão. Ele vai para o Pai, a fim de ser nosso mediador e enviar o Espírito Santo – Espírito que consola e protege (Jo 14,16); comunica a verdade (Jo 14, 17; 16,13); ajuda a lembrar o que Jesus ensinou (Jo 14,26); dá testemunho de Jesus (Jo 15,26); manifesta a glória de Jesus (Jo 16,14); ensina e permite-nos entender as palavras de Jesus (Jo 14,26).

O Espírito Santo santifica e consagra os discípulos, para continuar a missão de Jesus. A fé no Espírito Santo mantém viva a mensagem de Jesus, na mente e no coração deles. Quando Jesus nos fala do Espírito Santo, ele o apresenta como nosso advogado, defensor, intercessor, mestre que ensina a verdade. O Espírito Santo é o guia que nos orienta e nos anima no fiel cumprimento da vontade do Pai. Fazendo uma analogia, poderíamos dizer que ele age como "bússola", instrumento de orientação para os navegantes, indicando o rumo, o norte, o sentido da nossa vida, do nosso trabalho e da nossa missão. No Evangelho de João encontramos imagens e símbolos para mostrar a ação do Espírito Santo. Vejamos algumas: "Eu vi o Espírito descer do céu, como uma pomba e pousar sobre ele" (Jo 1,32); "De fato, aquele que Deus enviou fala as palavras de Deus, porque Deus lhe dá o Espírito sem medida" (Jo 3,34); "O Espírito é que dá a Vida" (Jo 6,63); "Então, eu pedirei ao Pai, e ele dará a vocês outro Advogado, para que permaneça com vocês para sempre" (Jo 14,16); "Ele é o Espírito da Verdade, que o mundo não pode acolher, porque não o vê, nem o conhece. Vocês o conhecem, porque ele mora com vocês e estará com vocês" (Jo 14,17). Com sua paixão, morte e ressurreição, Jesus conquistou o dom do Espírito para todos nós. Com o batismo, todos nós recebemos esse mesmo Espírito de Jesus (cf. Jo 1,33). Quando, após a ressurreição, apareceu aos discípulos, soprou sobre eles e disse: "Recebei o Espírito Santo!" (Jo 20,22). O Espírito nos torna conscientes da presença pessoal de Jesus, da entrega de sua vida, da sua ressurreição, do seu amor, sua bênção, ajuda, perdão. Ele é o nosso advogado ou protetor e mestre da verdade. O Espírito Santo atrai nosso coração para buscar Jesus e segui-lo. O Espírito Santo é como a água que brota de dentro das pessoas que acreditam em Jesus. Peçamos, sempre, ao Pai e a Jesus Cristo, o Espírito Santo.

Recordar – O que nossa vida está dizendo?
▶ Em sua comunidade há pessoas que dedicam parte do seu tempo em benefício de todos? Quem as anima a fazer isso?

Escutar – O que o texto está dizendo?
Canto com invocação ao Espírito Santo
Ler Jo 14,15-17
▶ O que diz o texto?
▶ Quem está falando com os discípulos?
▶ O que Jesus fala referente ao Espírito Santo?

Meditar – O que o texto diz para mim?

▶ Vou avaliar minha conduta e perceber que o Espírito Santo é a Verdade, ensina a Verdade, concede a paz, faz passar do egoísmo à gratuidade, do acolhimento à coragem para anunciar Jesus Cristo. É o Espírito Santo que leva a fazer a experiência do amor de Deus. Experiência que encanta e exige opção. Ele nos liberta de todo o mal e concede-nos força para realizar o bem e anunciar Jesus.

Perceba!
Mediante a inspiração do texto é o momento de responder:
• O que fazer para que o Espírito Santo permaneça comigo e me dê força para uma efetiva participação na vida da comunidade?
• Como ter a presença do Espírito Santo em mim?

Rezar – O que o texto me faz dizer a Deus?

▶ Em silêncio, vou invocar o Espírito Santo para que eu assimile o ensino da Igreja e o caminho por Jesus anunciado.

Oração: Vinde, Espírito Santo, enchei os corações dos vossos fiéis e acendei neles o fogo do vosso amor. Enviai o vosso Espírito e tudo será criado e renovareis a face da terra. Oremos: Ó Deus, que instruístes os corações dos vossos fiéis com a luz do Espírito Santo, fazei que apreciemos retamente todas as coisas segundo o mesmo Espírito e gozemos sempre da sua consolação. Por Cristo, Senhor nosso. Amém!

Contemplar – Olhar a vida como Deus olha

▶ Vou colocar-me nas mãos de Deus e acolher o Espírito Santo, para que ele me coloque na condição de discípulo atento à escuta e à acolhida dos ensinamentos de Jesus.

Compromisso – O que a Palavra de Deus me leva a fazer?

▶ Depois de todas essas considerações que o texto me traz, como posso avivar em mim e na comunidade a memória de Jesus, ajudar a manter seus ensinamentos em qualquer ambiente onde eu estiver?

▶ No blogue do seu grupo de catequese, não deixe de postar um incentivo à familiaridade com o Espírito Santo. Se possível, divulgue isso também em sua página do facebook e de outras maneiras. Seja criativo!

▶ Uma possibilidade talvez seja postar um vídeo de uma música que louve a presença do Espírito Santo na vida dos cristãos. Disponível em:
http://www.youtube.com/watch?v=RzSKmNFacLA
http://www.youtube.com/watch?v=brca9zScaXg&feature=fvst
http://www.youtube.com/watch?v=TN_Ed9G1EXI> Acesso em: 30/06/2012.

Jesus amou até o fim

Objetivo: Compreender que Jesus tanto me amou que doou sua própria vida.

> **Catequista**, ao se preparar para este encontro, mantenha em mente as seguintes questões:
> • Jesus amou os seus até o fim, por isso o vemos cingido de uma toalha e com uma bacia de água lavando os pés aos discípulos.
> • Disse Jesus: "Como o Pai me amou, eu também amei vocês; permanecei no meu amor".

Preparar: Bíblia, vela, mesa com toalha branca, pano vermelho, cruz, cadeiras dispostas em círculo, a frase: "Pai, em tuas mãos entrego meu espírito" (Lc 23,46) e cartões com as seguintes questões:
1. Em que consistiu a maior prova do amor de Deus? (cf. Jo 3,16 e Rm 5,8)
2. A Igreja, desde o tempo dos apóstolos, organizou as verdades da fé cristã em uma oração chamada "Credo". Como essa oração expressa a verdade sobre a paixão e morte de Jesus? Procure na oração do "Credo" com que palavras essa verdade é rezada.
3. A morte de Jesus se deu através de uma condenação injusta. Ele foi acusado de blasfemo. O Evangelho de Marcos (14,60-64) fala a respeito. Cite a frase que mais lhe chamou a atenção.
4. Enquanto permaneceu na cruz, embora pouco, Jesus falou. Procure em Lc 23,35-43 e em Jo 19,25-30 duas das frases proferidas por Jesus na cruz.
5. O que estava escrito no alto da cruz, o que isso significa e que polêmica se gerou a respeito dessa inscrição? (Jo 19,19-22).

Ambiente: Receber os catequizandos com música que proporcione concentração e reflexão. Dispor as cadeiras em círculo e no centro colocar sobre a mesa a Bíblia aberta, velas acesas, pano vermelho sobre a cruz e a frase: "Pai, em tuas mãos entrego meu espírito" (Lc 23,46). Em seguida, organizar os catequizandos em duplas. Cada dupla recebe um cartão com uma das questões. Após refletir, seguindo a indicação dos textos, escrevem a resposta no cartão para ser apresentada ao grupo.

Para você, catequista: Após considerações da motivação feita, o catequista acrescenta que, durante sua vida terrena, Jesus viveu intensamente sua missão: anunciou a Boa Notícia do Reino aos pobres; curou doentes, numa sociedade em que a doença era considerada consequência do pecado; abrandou o coração das pessoas; comunicou o amor misericordioso do Pai e libertou os oprimidos da opressão das leis vigentes. Durante o tempo da sua missão, Jesus questionou as estruturas que oprimiam as pessoas, perdoou aos pecadores, devolveu a dignidade aos oprimidos, despertou entusiasmo e esperança, principalmente para os excluídos. Por isso, as multidões o seguiam e, à medida que encantava as multidões com sua mensagem, crescia a oposição que as autoridades religiosas da época lhe faziam. Jesus sofreu resistência à sua mensagem, sofreu inveja, críticas, julgamentos injustos, mas permaneceu fiel ao projeto do Pai de libertar, salvar, apresentar uma forma de vida digna.

As atitudes de Jesus entusiasmavam as multidões, mas também geravam confrontos, que resultaram em perseguição e desejo de morte para Jesus.

Enquanto Jesus restituía a dignidade aos pobres e excluídos, despertava a consciência das pessoas de todas as classes sociais com uma pregação amiga, libertadora, esperançosa. As autoridades se sentiram ameaçadas no poder e diziam: "todo mundo vai atrás dele"(Jo 12,19).

Um dos motivos pelos quais Jesus foi perseguido, foi por ter chamado Deus de Pai e dizer-se Filho de Deus, o que vinha contra a mentalidade da época. Mas Jesus amou até o fim (Jo 13,11), solidário com o seu povo. A morte de Jesus, além de ser um fato histórico, pela fé, é o acontecimento redentor, salvador, revelador do grande amor de Deus pela humanidade. Um acontecimento de vida. Deus Pai aceita o sacrifício de Jesus e pelo Espírito Santo o ressuscita. A cruz, até então considerada instrumento de humilhação e vergonha, passa a ser a revelação do amor de Deus, que ama, consola e nos dá a certeza de que todo o sofrimento tem sentido no sofrimento amoroso de Jesus. Pela morte de Jesus, a cruz tornou-se símbolo de vida e ressurreição.

Recordar – O que nossa vida está dizendo?
▶ Que pessoas na sua comunidade são conhecidas pelos seus atos de amor e doação a favor do próximo?

Escutar – O que o texto está dizendo?
Canto de aclamação
Ler Lc 23,33-47
▶ Que personagens aparecem no texto?
▶ O que fizeram com Jesus quando chegaram ao Calvário?
▶ O que ocorreu nos últimos momentos na cruz?
▶ O que Jesus responde?
▶ Quais foram as últimas palavras de Jesus?
▶ Qual foi o comentário do centurião romano?

Meditar – O que o texto diz para mim?
▶ Vou reler o texto e perceber que provocações me são feitas e em quais situações vou responder a tais desafios.

> **Perceba!**
> Jesus, como homem aqui na terra, personificou o amor de Deus em uma vida de serviço e pregação do Reino.
> "Tendo amado os seus que estavam no mundo, amou-os até o fim" (Jo 15,1). Como não amar alguém que nos ama com tanta grandeza?

Rezar – O que o texto me faz dizer a Deus?
▶ Rezar individualmente:

Altíssimo, glorioso Deus, ilumina as trevas de meu coração, dá-me uma fé firme, uma esperança certa e caridade perfeita, sensibilidade e conhecimento, a fim de que eu siga os ensinamentos do teu Filho, nosso Senhor. Amém!

Salmo 50 (situar na Bíblia e rezar em dois coros)

Contemplar – Olhar a vida como Deus olha
▶ Vou contemplar o amor e a fidelidade de Jesus. Ele está comigo, o Senhor é quem cuida de mim. Quero andar na presença de Deus.

Compromisso – O que a Palavra de Deus me leva a fazer?
▶ Use sua habilidade para tecer uma rede de pessoas amigas (catequista, colegas de aula e de catequese) que se interessem a buscar e incentivar outras pessoas a rezar com a Bíblia pelo método da Leitura Orante. Incentive-as a, nesse período litúrgico, rezar os textos bíblicos: Lc 23,33-47; Mt 27,1-25; Mc 15,1-20; Jo 19,1-18.
Podemos utilizar essa ideia para registrar no blogue do grupo?

> **O que eu penso agora?**
> • O que significa para mim a morte de Jesus na cruz?
> • Qual meu comprometimento diante de todo o sofrimento de Jesus?

> **Lembrete:** Trazer uma pequena vela para o próximo encontro.

Jesus me convida a ressuscitar com ele

Objetivo: Aprofundar o significado da ressurreição de Jesus para a humanidade.

> **Catequista**, ao se preparar para este encontro, mantenha em mente as seguintes questões:
> - O que significa para a humanidade a morte de Jesus na cruz?
> - Quero louvar e agradecer a Deus pela grande prova de amor, ao enviar-nos seu Filho Jesus para nos salvar.

Preparar: Bíblia, mesa com toalha branca, círio pascal ou uma vela grande enfeitada, velas menores para todos os catequizandos, arranjos com flores, uma jarra com água, aparelho de som para música, um vidro de perfume, pedras e um pano branco.

Ambiente: Criar um ambiente alegre, dispondo as cadeiras em círculo, tendo, no centro, a mesa com toalha branca, a Bíblia e as flores. Colocar no centro da mesa o círio ou vela grande acesa e enfeitada, velas menores para os catequizandos e música alegre (de ressurreição) que anime para receber o grupo.

Na sala, simular um túmulo vazio, com pedras sobrepostas e um pano branco dobrado sobre uma delas. Receber os catequizandos com um abraço, manifestando muita alegria. Convidar para sentar. Com todos acomodados, o catequista solicita ao grupo que observe o ambiente que foi preparado para o encontro, com destaque para a simbologia do túmulo vazio.

> **Para você, catequista:** Todos os evangelistas falam que o túmulo onde sepultaram Jesus foi encontrado vazio e que o corpo de Jesus já não estava nele. A ressurreição de Jesus é o centro da nossa fé e o fundamento da nossa esperança. É a vitória sobre a morte e sobre todos os poderes contrários à vida humana. O poder do mal levou Jesus à morte na cruz, mas o Pai devolveu a vida ao Filho, que, pelo Espírito Santo, a retoma livremente, confirma sua divindade como também tudo o que fez e ensinou. A ressurreição é a garantia de que, em Jesus, alcançamos a vida plena e com ele somos vencedores de todo o mal. Assim, nada nos poderá separar de Jesus Cristo, nem o maior sofrimento nem a morte, porque Jesus nos convida a ressuscitar com ele. Ressurreição significa que a pedra que bloqueia o sepulcro de nossa vida é removida, de modo que a vida que existe em cada pessoa surja, desabroche, dê frutos de paz, de esperança, de alegria e de misericórdia.

A ressurreição de Jesus é confirmada pelas mulheres que foram ao sepulcro na madrugada do domingo. Dois homens com roupas resplandecentes lembram a elas que não faz sentido procurar Jesus entre os mortos, porque ele está vivo, e pedem que se lembrem de tudo o que Jesus falou. "O Filho do Homem deve ser entregue nas mãos dos pecadores, ser crucificado e ressuscitar ao terceiro dia" (Lc 24,7).

A partir dessa nova luz, as mulheres voltam para Jerusalém e relatam aos discípulos o que viram e ouviram. Os discípulos, os apóstolos e tantos mártires da história da Igreja confirmaram a ressurreição de Jesus, testemunhando com a própria vida que Jesus está vivo e atuante na vida de cada pessoa. Assim como os apóstolos, muitas pessoas anunciaram a ressurreição de Jesus ao mundo daquele tempo. Hoje essa mensagem chega a todas as pessoas, pela missão de todos os batizados. Por isso, todos somos convidados a viver a missão de testemunhar Jesus como Deus vivo e ressuscitar com ele.

Jesus ressuscitado, pelo seu Espírito, está presente em nós em toda a Igreja, principalmente quando a comunidade se reúne em oração para celebrar a eucaristia, a Palavra de Deus, os sacramentos, dar testemunho e se dedicar ao serviço da caridade, às obras de misericórdia. Na noite da Páscoa, na Vigília Pascal, a Igreja celebra a ressurreição de Jesus. É a passagem de Jesus da morte para a vida, num ato extremo de fidelidade e amor ao Pai, na construção do Reino. Na noite da Páscoa, uma grande vela é acesa: o círio Pascal, que representa o próprio Jesus Cristo ressuscitado, princípio e fim de tudo, luz do mundo. Por isso, naquela noite canta-se: "Eis a luz de Cristo!" e todos respondem: "Graças a Deus", e o círio, símbolo de Jesus, é conduzido solenemente pelo meio da assembleia como luz que ilumina todas as trevas. A água representa a vida recebida no batismo e a vida nova que a ressurreição de Jesus trouxe a todos nós.

A ressurreição é motivo de alegria, de esperança, certeza de vida para sempre com Deus.

Recordar – O que nossa vida está dizendo?

▶ Você conhece jovens na comunidade que se libertaram de drogas e de outros vícios?

▶ Que tipo de ressurreição podemos provocar em nossa vida no cotidiano?

Escutar – O que o texto está dizendo?

Canto de aclamação
Ler Lc 24,1-12

▶ O que fizeram as mulheres no primeiro dia da semana e o que levavam?
▶ Ao se aproximarem do túmulo, o que encontraram e o que sentiram?
▶ O que os homens vestidos de branco disseram?
▶ O que elas fizeram então?
▶ O que fez Pedro?

Meditar – O que o texto diz para mim?
▶ À luz do texto, percebo que nosso Senhor é fonte de esperança para todos os que depositam nele sua fé. Ele nos faz participantes de sua vida, a tal ponto que, no fim da nossa vida, nos espera a vida eterna na plenitude de Deus. Jesus ressuscitado é fonte de esperança. Ele nos faz participante de sua vida sem fim, "nos chama das trevas para a sua luz maravilhosa" (1Pd 2,9). O Espírito de Jesus ressuscitado vive e age no mundo.

Rezar – O que o texto me faz dizer a Deus?
▶ O catequista convida os catequizandos a se colocarem ao redor da mesa. Solicita a um catequizando para apresentar ao grupo o círio aceso.
▶ O catequista diz: A luz de Jesus Cristo ressuscitado brilhe em nossa vida e nos liberte de toda a escuridão do mal.

Todos respondem: Exultemos de alegria! Jesus está vivo e nos convida a ressuscitar com ele.

▶ A seguir, distribui uma vela para cada catequizando. Motiva para que acendam a sua vela no círio, rezem, agradeçam e louvem a Deus pela ressurreição de Jesus. Ele é a ressurreição e a vida e nos convida a ressuscitar com ele para viver a alegria, a ternura, a generosidade, a sinceridade, a obediência, a partilha e o amor aos irmãos.

Oração: Senhor, luz e força de nossa vida, faze com que ressuscitemos espiritualmente todos os dias, pois, pela água do batismo, já nos deste um novo coração de filhos de Deus. Conceda-nos que Jesus ressuscitado resplandeça em nosso modo de viver e que possamos testemunhar que ele vive no meio de nós. Amém!

Canto com mensagem de Jesus luz da vida e do mundo

Contemplar – Olhar a vida como Deus olha
▶ Vou contemplar Jesus ressuscitado, dizer da minha alegria pela sua ressurreição e pelas minhas pequenas ressurreições, sempre que faço uma obra boa. Jesus é fonte de esperança para todos os que depositam nele sua fé. Vou considerar Jesus Cristo, que chama para sua luz maravilhosa.

Compromisso – O que a Palavra de Deus me leva a fazer?
▶ As mulheres que foram ao túmulo levando perfume foram motivadas pelo amor a Jesus. Nesta semana, vou distribuir o perfume da alegria, do amor, da acolhida e da ajuda às pessoas que necessitam desses meus gestos. Como poderei fazer isso? Pessoalmente? Por telefone?
▶ Como poderei fazer isso por meio da internet?

Bênção: O catequista assinala com uma cruz a fronte de cada catequizando, pronuncia o nome e diz: "Que a luz de Cristo ressuscitado habite em seu coração para que você caminhe como filho/a da luz". Despede-se com um abraço.

O que eu penso agora?
- Ao chegar ao fim dessa reflexão sobre o amor de Jesus, convém perguntar:
- Diante do amor de Jesus ressuscitado, como vou permitir que o Espírito Santo me conduza?

Perceba!
Jesus venceu a morte. Ele vive!
Constantemente nos sentimos morrer na incompreensão dos outros, nos fracassos, nas limitações, nos imprevistos e dificuldades que nos assolam, nas frustrações, na doença... Mas, no poder de Deus, na ação do Espírito Santo, em nossa fé em Jesus podemos ressuscitar com ele.

A presença do Espírito Santo na vida da Igreja

Objetivo: Perceber o dinamismo do Espírito Santo na vida dos cristãos e missão da Igreja.

> **Catequista**, ao se preparar para este encontro, mantenha em mente as seguintes questões:
> - Como o Espírito Santo está presente na Igreja hoje?
> - Como podemos individualmente ser conduzidos pelo Espírito Santo?
> - Compare as suas respostas com as reflexões desenvolvidas durante o encontro.

Preparar: Bíblia, vela ou tocha que produza uma grande chama, ventilador, flores, aparelho de som ou *datashow* para música ou clipe com oração do Espírito Santo, panos brancos e vermelhos, cadeiras em círculo, tiras de papel com as frases: "O Espírito Santo une e santifica a Igreja"; "O Espírito Santo orienta e ilumina a Igreja"; "O Espírito Santo é o Espírito de Jesus"; "O Espírito Santo é força criadora de comunhão"; "O Espírito Santo gera a Igreja"; "O Espírito Santo nos capacita a entender os ensinamentos de Jesus".

Ambiente: Criar um ambiente alegre, dispondo as cadeiras em círculo e uma mesa revestida com panos brancos e vermelhos. Sobre a mesa colocar o círio pascal aceso, as tiras de papel com as frases supracitadas.

Para você, catequista: Convide o grupo para formar pequenas equipes. Distribua uma frase para cada uma das equipes e solicite que reflitam sobre os dizeres dela. Em seguida, torne-as conhecidas do grande grupo. Depois, faça a leitura de todas as frases e diga que o Espírito Santo dá vida às pessoas, anima a Igreja para continuar a missão de Jesus no mundo. Comente que o Espírito Santo é Deus, a terceira pessoa da Trindade Santa. Ele é a alma, a força transformadora, o guia da Igreja. Depois da ressurreição de Jesus, os apóstolos, obedientes e confiantes nas palavras de Jesus, que prometera não deixá-los órfãos, mas que enviaria o Espírito Santo, permaneceram reunidos na esperança dessa promessa. Os apóstolos e os discípulos permaneceram reunidos. Tinham os mesmos sentimentos e eram assíduos na oração, juntamente com algumas mulheres, entre as quais Nossa Senhora, e aguardavam o Espírito Santo prometido por Jesus (cf. At 2,1-14). No dia de Pentecostes, veio do céu um barulho como o sopro de um forte vendaval que encheu a casa onde eles se encontravam e, como línguas de fogo, repousaram sobre eles (cf. At 2,2-3). Foi um dia extraordinário para eles, que, havia cinquenta dias, esperavam o Espírito Santo prometido por Jesus. O Espírito Santo transformou aquelas pessoas, que de lá saíram anunciando a todos Jesus Ressuscitado. A Festa de Pentecostes aconteceu em Jerusalém, que naquela ocasião estava cheia de peregrinos de todas as partes do mundo. Era gente piedosa, vigilante aos apelos de Deus. Os peregrinos se perguntavam: "O que quer dizer tudo isso?" (At 2,12).

Esse acontecimento fez nascer a Igreja de Jesus. Assim como o espírito dá vida ao corpo, também o Espírito Santo dá vida à Igreja, que tem a missão de levar a Boa-nova da salvação até as extremidades da terra. Cheios do Espírito Santo, os apóstolos adquiriram uma nova compreensão de Jesus e de tudo o que ele havia dito e feito. Suas pregações sobre Jesus atraíam multidões, davam força e enriqueciam a Igreja. O Espírito Santo transforma o coração humano, possibilitando um recomeço, um enxergar a vida com olhos de Deus.

A força transformadora do Espírito Santo, derramada permanentemente sobre a Igreja, povo de Deus, lhe dá coragem, entusiasmo e determinação para agir no mundo e convoca todos os cristãos para que permaneçam atentos à mensagem de Jesus Cristo, conservada e transmitida na Igreja.

A comunidade cristã primitiva tinha consciência muito viva da presença do Espírito Santo, que os fazia destemidamente anunciar e testemunhar Jesus, mesmo em meio a muitas perseguições.

Ao longo de sua história, a Igreja sempre foi assistida pelo Espírito Santo. Constituída de pessoas, também teve falhas, limites, pecados. O Espírito Santo, porém, sempre a assistiu e conduziu-a a realizar a salvação trazida por Jesus. Muitos cristãos, conscientes de que a Igreja é obra do amor de Deus animada pelo Espírito Santo, doaram sua vida para tornar Jesus conhecido, amado e seguido e para construir o Reino, missão da Igreja no mundo.

A força do Espírito Santo suscita entre as pessoas os mais diversos dons e, na comunidade, os mais diferentes serviços (Rm 12,4-8 e 1Cor 12,4-11). Ele atua no mundo, onde pessoas de boa vontade buscam sentido para a vida e procuram Deus. O Espírito Santo favorece a continuidade de tudo o que Jesus viveu e ensinou. O Espírito Santo transformou os apóstolos de homens medrosos em homens corajosos (Jo 20,19). Os apóstolos abriram as portas e enfrentaram a multidão (At 2,14). Deram testemunho corajoso, anunciaram a Boa-nova, mesmo com tantas dificuldades (At 13,4).

Recordar – O que nossa vida está dizendo?
▶ Em sua opinião, como identificar uma pessoa plenamente realizada?

Escutar – O que o texto está dizendo?
Canto de aclamação
Ler At 2,1-12
▶ O que o texto está narrando?
▶ Onde os discípulos estavam reunidos?

▶ O que se ouviu e o que aparece?
▶ Como as pessoas ficaram ao ouvir o grande barulho?
▶ O que perguntavam uns aos outros?

Meditar – O que o texto diz para mim?
▶ O que me facilitaria ser fortalecido pelo Espírito Santo, que renova, dá vida, cria comunhão, movimenta os corações e é vida para os que têm fé? Ele é o Espírito de Jesus em nós.

Rezar – O que o texto me faz dizer a Deus?
▶ Vou agradecer a Deus por ter enviado o Espírito Santo para guiar a Igreja, que nos ensina a verdade e ministra aos cristãos os dons do Paráclito, para os diferentes serviços na Igreja.
Oração: Após cada invocação rezar ou cantar juntos: Vinde, Espírito Santo!
• Espírito de Deus, visitai e purificai o nosso coração;
• Para que a Palavra de Deus e os ensinamentos de Jesus sejam a nossa norma de vida;
• Espírito Santo, sede nosso consolador, fonte de água viva, fogo do amor, unção celeste e força criadora de comunhão;
• Ajudai-nos, Espírito Santo, a sermos atentos e obedientes à mensagem de Jesus Cristo e da Igreja;
• Para que sejamos testemunhas autênticas de Jesus;
• Para que tenhamos um coração compassivo, para acolher as pessoas que encontramos em nosso cotidiano;
• Para que possamos conhecer sempre mais o amor do Pai e o coração de Jesus Cristo.

Contemplar – Olhar a vida como Deus olha
▶ Permaneça alguns instantes em silêncio, deixando-se iluminar pelo Espírito Santo e formule uma palavra ou uma frase para ser repetida várias vezes.

Compromisso – O que a Palavra de Deus me leva a fazer?
▶ A Igreja viva dos primeiros tempos tinha consciência da presença do Espírito Santo. Conscientes de que a Igreja é obra do amor de Deus animada pelo Espírito Santo, muitos cristãos doaram sua vida para tornar Jesus conhecido, amado e seguido.
▶ Pesquise na Bíblia, nos três primeiros capítulos dos Atos dos Apóstolos, cinco versículos que falam da atuação do Espírito Santo na Igreja, e enumere-os segundo sua preferência. Partilhe sua pesquisa com seu grupo de catequese, no próximo encontro.
▶ Como equipe, que mensagens referentes ao Espírito Santo na vida da Igreja os catequizandos podem enviar pelo blogue?

O que eu penso agora?
Depois de todas as considerações construídas neste encontro, o que penso?
• Jesus disse: "Vou enviar a vocês o Espírito Santo, que ficará sempre convosco" (Jo 14,16). Jesus também afirmou: "Estarei convosco até o fim do mundo" (Mt 28,20). Antes de subir ao céu, Jesus falou assim para os discípulos, porque não queria que eles se sentissem só; queria que entendessem que Jesus se faz presente em nossa vida, embora invisível.
• Como podemos individualmente ser conduzidos pelo Espírito Santo?

O Espírito Santo nos ensina a fazer da nossa vida um dom

Objetivo: Acolher os dons do Espírito Santo para construir vida nova.

> **Catequista**, ao se preparar para este encontro, mantenha em mente o que segue:
> Os dons do Espírito Santo são concedidos às pessoas para que sejam felizes, para o bem da comunidade e de toda a Igreja, visando o bem do mundo inteiro. Por meio de tais dons, nos tornamos capazes para viver como membros ativos da Igreja e participantes da vida cristã, ou seja, uma luz no mundo. Desse modo, participamos na construção do Corpo Místico de Cristo (1Cor 12,12).

Preparar: Bíblia, vela, recortes de triângulos (o suficiente para todos os catequizandos), pincel atômico, fita crepe, cadeiras dispostas em círculo, mesa com toalha branca e a frase: "A Igreja somos nós".

Ambiente: Preparar o ambiente do encontro, dispondo as cadeiras em círculo, mesa com toalha branca, Bíblia aberta, flores, vela acesa e triângulos coloridos recortados (dois triângulos dão o formato de um tijolo). Receber os catequizandos com um abraço, pronunciar o nome e manifestar alegria pela presença. Convidar cada um a tomar um triângulo recortado dos que se encontram sobre a mesa. Posteriormente, com o auxílio de pincéis atômicos, escrever o nome do catequizando e um dom que ele tem e se dispõe a colocar a serviço dos irmãos, para reforçar o ideal comunitário. Em seguida, juntar dois triângulos, dando-lhes formato de tijolo, com os quais formar um círculo e no centro do círculo colocar a frase: A Igreja somos nós.

> **Para você, catequista:** A partir do que foi concretizado, interagir com os catequizandos a respeito do dom que cada um percebe possuir, como pode colocá-lo a serviço da vida da Igreja, para reforçar o ideal comunitário. Depois, o catequista deve animar os catequizandos a partilhar a pesquisa realizada em Atos dos Apóstolos – compromisso do encontro anterior.
> Utilizando os comentários dos catequizandos a respeito dos versículos que falam da atuação do Espírito Santo na Igreja, o catequista lembra que o apóstolo Paulo, em sua missão, escrevia para várias comunidades, como Roma, Éfeso, Corinto, e falava sobre a comunidade cristã como uma comunhão de pessoas

que a ela se inserem com suas qualidades e capacidades próprias. Esses dons são presentes especiais do Espírito Santo, para que a pessoa realize sua missão de promover a vida e formar comunidades. Os dons são diferentes e próprios de cada pessoa e, quando colocados a serviço da comunidade, complementam-se.

A força do Espírito Santo atua escondida e permite que, no cotidiano de nossa vida, manifestemos nossos dons pelo diálogo franco e aberto, para a construção da paz e da justiça, na superação da fome e da miséria, na promoção da alegria das crianças, na maior participação da juventude na construção de um mundo melhor, no escutar e amparar carinhosamente o idoso, na aceitação da dor, no servir sem privilegiar, na oração silenciosa, no pedir desculpas, na escuta do próximo. Os dons que recebemos se multiplicam à medida que os partilhamos e utilizamos. As primeiras comunidades cristãs entenderam que sua fé é doação e aprenderam essa lição de Jesus. Em nossas comunidades cristãs há uma diversidade de dons. Uns recebem o dom de coordenar e animar a comunidade (padres e coordenadores); outros, o de aconselhar e de mostrar o caminho (os profetas); outros, o da graça de explicar e conduzir a fé (catequistas e ministros). O sacramento da crisma habilita o cristão para o serviço na comunidade eclesial, o qual assume nela a condição de partilhar seus dons, vive a missão de servir, e passo a passo assume o seguimento de Jesus.

Abraçando a causa do Reino, podemos ser fiéis a Deus de diferentes formas, na responsabilidade de constituir uma família (sacramento do matrimônio) ou na entrega total à comunidade eclesial (ordem e vida religiosa). Do mesmo Espírito nascem os ministérios (1Cor 12,14). O amor deve ser a base de todo o serviço (1Cor 13).

Recordar – O que nossa vida está dizendo?
▶ Na comunidade, você conhece pessoas que colocam seus dons a serviço dos outros para que as pessoas tenham vida feliz?

Escutar – O que o texto está dizendo?
Canto para acolher a Palavra
Ler 1Cor 12,4-11
▶ Do que trata o texto que acabamos de ouvir?
▶ Quais os dons que o Espírito concede?
▶ O que o texto fala a respeito dos dons?

Meditar – O que o texto diz para mim?
▶ Vou refletir sobre os dons do Espírito Santo e considerar um deles para colocá-lo a serviço das pessoas em minha comunidade.

Oração: Vinde, *Espírito de inteligência*, que, por vossa divina luz, nos fazeis penetrar as verdades e os mistérios de nossa santa religião.

Vinde, *Espírito de conselho*, e ajudai-nos a discernir em todas as ocasiões o que devemos fazer para cumprir a vossa divina vontade.

Vinde, *Espírito de fortaleza*, e prendei-nos a Deus e aos nossos deveres de maneira que nada jamais nos possa abalar.

Vinde, *Espírito de ciência*, que, único, nos podeis dar para o perfeito conhecimento de Deus e de nós mesmos. Pedimos-vos esta ciência divina e única necessária, com todo o ardor de nossa alma.

Vinde, *Espírito de piedade*, para que saibamos executar com alegria e prontidão o que Deus nos manda e para que, pela unção de vosso divino amor, achemos verdadeiramente leve e suave o jugo do Senhor.

Vinde, *Espírito de temor de Deus*, e fazei-nos evitar com o maior cuidado tudo o que possa desagradar ao nosso Pai celestial.

Glória a Vós, Pai Eterno, que, com o vosso Filho único e o Espírito consolador, viveis e reinais por todos os séculos dos séculos. Amém!

Rezar – O que o texto me faz dizer a Deus?

▶ Individualmente vou pedir a Deus a graça de crescer na maturidade cristã e que meu agir seja conduzido pelo Espírito Santo. Desça também sobre mim o Espírito Consolador! Vinde, *Espírito de sabedoria*, e fazei-me conhecer a verdadeira felicidade, dando-me os meios para consegui-la.

Oração: Ó Espírito Santo, amor do Pai e do Filho! inspirai-me sempre aquilo que devo pensar, aquilo que devo dizer, como eu devo dizê-lo, aquilo que devo calar, aquilo que devo escrever, como eu devo agir, aquilo que devo fazer para procurar a vossa glória, o bem das almas e minha própria santificação. Ó Jesus, toda a minha confiança está em vós. Ó Maria, Templo do Espírito Santo, ensinai-nos a sermos fiéis àquele que habita em nosso coração.

Contemplar – Olhar a vida como Deus olha

▶ Vou colocar-me nas mãos de Deus e perceber que Jesus, antes de subir aos céus, prometeu aos apóstolos e discípulos enviar-lhes o Espírito Santo para os consolar e fortalecer.

▶ Em atitude de escuta e contemplação, vou acolher em minha vida o Espírito Santo.

> **O que eu penso agora?**
> Ao chegar ao final deste encontro, convenci-me de que os dons do Espírito Santo movem-me cotidianamente?

Compromisso – O que a Palavra de Deus me leva a fazer?

▶ Ao acolher a força do Espírito Santo em minha vida, meus olhos se abrem para acolher seus dons e construir vida nova.

▶ No próximo encontro, como um autêntico repórter, indagar de meus colegas catequizandos sobre os dons do Espírito Santo e o que os grupos deles entendem.

Credo: Profissão de fé

Objetivo: Identificar, no Credo, valores e virtudes que permitem viver a fé cristã.

> **Catequista**, ao se preparar para este encontro, mantenha em mente o seguinte:
> - Perceba a importância da oração do Credo e a necessidade de meditá-la.
> - Credo significa profissão de fé.

Preparar: Bíblia, círio, duas velas, cruz e folhas de papel (uma para cada catequizando) nas quais conste desenho imitando um pergaminho, com a oração do Credo nele escrita.

Ambiente: Acolher os catequizandos com alegria, preparar mesa com toalha branca, círio, crucifixo, Bíblia e o desenho de pergaminho supracitado. Colocar no centro da mesa o círio aceso, ladeado pelo crucifixo e pela Bíblia aberta. Distribuir as folhas que contém a oração do Credo.

> **Para você, catequista:** Após fazer memória do encontro anterior, incentive o grupo a ler o Credo e explique que ele é uma fórmula doutrinária ou profissão de fé. Apresente parte por parte do Credo e explique cada uma delas. Essa oração é conhecida como profissão de fé. Tem por objetivo levar as pessoas a dar sua resposta de adesão à Palavra de Deus, ouvida nas leituras e na homilia, bem como recordar-lhes a regra de fé.
>
> A profissão de fé nasceu na Igreja como assimilação da mensagem transmitida pelos apóstolos. Todos aqueles que, por ocasião de seu batismo, são interrogados sobre a sua fé, confessam com as mesmas palavras a sua pertença a Deus Pai, a Jesus Cristo, seu Filho, e ao Espírito Santo.
>
> Quem diz "Creio" afirma: "dou a minha adesão àquilo em que eu creio". A profissão é um rito em que a assembleia renova seu compromisso de amor e fidelidade ao Senhor, relembrando as afirmações fundamentais da fé cristã, como resposta à Palavra de Deus ouvida e aceita. Portanto, não deve ser reduzida à simples recitação de uma oração decorada.
>
> A pessoa é, por natureza e por vocação, um ser religioso. Porque provém de Deus e para ele caminha, a pessoa só vive uma vida plenamente humana se viver livremente sua relação com Deus.
>
> As primeiras comunidades cristãs compuseram e ensinaram o Credo como base em todos os ensinamentos da religião e também como um memorial dos

ensinamentos da Igreja, para ser para os fiéis um sinal de reconhecimento e uma marca inviolável da unidade da fé que nos veio dos Apóstolos.

O Credo contém a síntese da fé. Resume a fé que os cristãos professam ou declaram ter. Como a semente de mostarda contém em seu pequeníssimo grão o potencial de ramos da frondosa árvore em que se transformará, da mesma maneira o resumo da fé encerra, em algumas palavras, todo o conhecimento da verdadeira base dos pontos de fé, contida no Antigo e no Novo Testamento.

O Credo encerra para nós as mais altas verdades do conhecimento, ligadas à salvação eterna. Ele é luz para todos que nele vêm saciar-se como uma fonte inesgotável de verdade. Rezar o Credo é entrar em comunhão com Deus Pai, Filho e Espírito Santo; significa também entrar em comunhão com a Igreja inteira, que nos transmite a fé. É dizer que nossa vida vem de Deus e está nas mãos dele. Portanto, é um admirável resumo da fé cristã.

A primeira profissão de fé é feita no batismo. O batismo é um convite a viver de acordo com os ensinamentos de Jesus. Quando batizados, passamos a pertencer à comunidade cristã.

Creio em Deus Pai, todo poderoso, criador do céu e da terra; – Nessa afirmação se reconhece a grandeza e a majestade de Deus. Deus nos criou para a vida. Ele é Pai amoroso; Deus é único; tudo o que somos e tudo o que possuímos vem dele. "Como retribuirei ao Senhor todo o bem que me faz?" (Sl 116,12).

E em Jesus Cristo, seu único Filho, nosso Senhor, que foi concebido pelo poder do Espírito Santo, nasceu da Virgem Maria; – O Filho de Deus encarnou-se. A encarnação é o mistério do encontro de duas naturezas – a divina e a humana – na pessoa do Verbo, no seio da Virgem Maria, pelo poder do Espírito Santo. Jesus é verdadeiro Deus e verdadeiro homem, para nos reconciliar com Deus; para nos fazer conhecer o seu amor infinito; para ser o nosso modelo de santidade; para nos tornar "participantes da natureza divina" (2Pd 1,4).

Padeceu sob Pôncio Pilatos, foi crucificado, morto e sepultado; – Cremos que ele foi morto injustamente para salvar a humanidade de todos os seus erros e pecados.

Desceu à mansão dos mortos, ressuscitou ao terceiro dia, subiu aos céus, está sentado à direita de Deus Pai todo-poderoso, donde há de vir julgar os vivos e os mortos; – A verdade culminante de nossa fé é a ressurreição de Jesus. Ele ressuscitou glorioso, luminoso, para não morrer jamais. Cristo é a Cabeça da Igreja. Cremos que Deus é misericordioso com todos os seus filhos e filhas. Jesus Cristo, o Senhor, morreu por todos. Os cristãos pertencem à comunidade que ele fundou.

Creio no Espírito Santo; – Depois de afirmar a nossa fé em Deus Pai e em Deus Filho, Nosso Senhor Jesus Cristo, confessamos também a fé no Espírito Santo. Ele nos inspira e nos assiste, guiando-nos até o céu. É o Paráclito, o Consolador, o doce Hóspede da alma. Este é o grande dom que Jesus Cristo havia prometido aos apóstolos na última ceia: "É conveniente para vós que eu me vá. Pois, se não fosse assim, o Espírito Santo não viria a vós; mas, se eu me for, eu o enviarei a vós"

(João 16,7). Sabemos que Jesus Cristo, a segunda pessoa da Santíssima Trindade, se fez homem e morreu por nós. Com sua vida, morte e ressurreição, fomos salvos. Em nossa salvação intervêm as três pessoas divinas: o Pai, que enviou seu Filho; o Filho, que morreu por nós; o Espírito Santo, que veio no dia de Pentecostes para ser a alma da Igreja e habitar em cada um de nós.

Creio na santa Igreja Católica; – Tal como Cristo tinha prometido, no dia de Pentecostes – dez dias depois da ascensão ao céu e cinquenta dias depois de sua ressurreição – o Espírito Santo desceu sobre os apóstolos e discípulos que estavam reunidos no cenáculo, em Jerusalém, com a Santíssima Virgem. Com a vinda do Espírito Santo, a Igreja se abria às nações. O Espírito Santo, que Cristo derrama sobre a Igreja, constrói, anima e santifica.

Na comunhão dos santos – Quando falamos da Comunhão dos Santos, queremos dizer que cremos na comum participação de todos os membros da Igreja nas coisas santas: a fé, os sacramentos, os carismas e todos os dons espirituais. Assim, cremos também na comunhão das pessoas falecidas, que durante a vida praticaram o seguimento de Jesus e o seu projeto, as quais formam conosco, membros da Igreja, comunhão mesmo depois de mortas, e que alcançaram pela misericórdia divina, a salvação.

Na remissão dos pecados – Professamos que Jesus nos dá, por meio do nosso compromisso com a Igreja e com a celebração do sacramento da reconciliação, o perdão dos pecados.

Na ressurreição da carne e na vida eterna – Cremos que Jesus Cristo verdadeiramente ressuscitou e que nós também ressuscitaremos por força e graça dele.

Amém – Sim, assim seja. Quem diz "amém" confirma a sua decisão. Amém – sim, assim seja, dou o meu consentimento.

Recordar – O que nossa vida está dizendo?
▶ No caminho percorrido de casa até aqui, você percebeu algo como o ar, o vento, o calor? Essas realidades existem. Você consegue dar-lhes forma, cor e espaço?

Escutar – O que o texto está dizendo?
Canto de aclamação
Ler Jo 12,44-47
▶ Cada catequizando lê um versículo. O catequista repete a leitura do mesmo texto.
▶ O que Jesus disse em voz alta a respeito do acreditar nele?
▶ O que Jesus continuou dizendo?
▶ Como Jesus se apresenta e o que ele afirma a respeito de quem nele crer?

Meditar – O que o texto diz para mim?
▶ Contemplar pela fé em Deus é manter o olhar e o pensamento firmes nele. Desde toda a eternidade, Deus nos olhou e nos amou como filhos e filhas queridos. Ele é luz para nossa vida; assim, nos deixamos inundar por essa luz. Então – que

alegria! – eu mesmo começo a iluminar, não pelo meu poder, mas pelo poder que vem de Deus. Conhecendo a grandeza de tal luz, não devo desejar a escuridão! Na luz, temos a verdade e a libertação, a proximidade com Deus. Isso exige esforço e renúncia. Mas a alegria de termos nossa vida iluminada por ele é maior que do que qualquer outra dificuldade.

Rezar – O que o texto me faz dizer a Deus?
Cantar suavemente: *Creio, Senhor, mas aumentai minha fé* (3x)
▶ Rezar juntos:
● Assim diz o Senhor, Aquele que te criou... Não tenhas medo, que fui eu quem te resgatou, chamei-te pelo nome, tu és meu!
● Se tiveres de atravessar pela água, contigo estarei e a inundação não te vai submergir! Se tiveres de andar sobre o fogo, não te vais queimar, as chamas não te atingirão!
● Pois eu sou o Senhor, o teu Deus, o Santo de Israel, o teu Forte! (Isaías 43,1-3)

Contemplar – Olhar a vida como Deus olha
▶ Vou colocar-me nas mãos de Deus e agradecer porque me conhece e me ama desde toda a eternidade.

Compromisso – O que a Palavra de Deus me leva a fazer?
▶ Rezar o Credo é entrar em comunhão com Deus Pai, Filho e Espírito Santo; significa entrar em comunhão com a Igreja inteira, que nos transmite a fé. É dizer que nossa vida vem de Deus e está nas mãos dele. Portanto, é um admirável resumo da fé cristã.
▶ Como cristão batizado, que mensagens referentes ao Credo posso enviar pelo blogue?

O que eu penso agora?
Depois de todas as considerações que surgiram no correr deste encontro, vou refletir:

Creio em Deus Pai todo-poderoso, Criador do céu e da terra;
Dizer "Creio em Deus" é afirmar que ele é a fonte de todas as verdades sobre o ser humano. É afirmar que o mundo e tudo o que ele contém não surgiu de si mesmo nem do acaso. Nasceu e continua a existir porque Deus assim o quis e o mantém a cada instante. Sem Deus, não existiria a vida. Crer em Deus, o Único, significa conhecer sua grandeza e majestade; viver em ação de graças e confiar nele para sempre.

E em Jesus Cristo, seu Filho único, Nosso Senhor;
"Cristo" é a tradução grega da palavra hebraica "Messias", que significa "ungido". Jesus é consagrado por Deus e ungido pelo Espírito Santo para ser nosso

Redentor. Ele é o Filho amado do Pai (Jo 3,35), o Messias esperado por Israel.
Que foi concebido pelo poder do Espírito Santo, nasceu da Virgem Maria;
Por obra do Espírito Santo, o Filho de Deus encarnou-se no seio da Virgem Maria (Lc1,35).
A encarnação é o mistério da união de duas naturezas: a divina e a humana na pessoa divina de Jesus. Assim afirmamos que Jesus Cristo é verdadeiro Deus e verdadeiro homem.
Padeceu sob Pôncio Pilatos, foi crucificado, morto e sepultado;
A morte de Jesus não foi o resultado do acaso. Pertence ao mistério do desígnio de Deus, que "amou tanto o mundo que deu seu Filho único" (Jo 3,16). O Mistério Pascal é o centro da fé cristã. Compreende a paixão, a morte e a ressurreição de Jesus. Com a morte redentora e a ressurreição de Jesus Cristo, seu Filho, Deus realizou o desígnio da salvação.
Desceu à mansão dos mortos; ressuscitou ao terceiro dia;
A ressurreição de Jesus Cristo é o coração, o núcleo, a verdade culminante da nossa fé. Acreditamos que Cristo, vencedor do pecado e da morte, é fonte de esperança para todos os que nele depositam sua fé. Ele nos faz participantes de sua vida e, no fim da nossa vida, não é o nada que nos espera, mas a vida eterna na plenitude de Deus.
Subiu ao céu; está sentado à direita de Deus Pai todo-poderoso;
Após a ressurreição, Jesus apresenta-se aos apóstolos. Pela ascensão, sobe aos céus e senta-se à direita do Pai. Não se trata de mudança de lugar no âmbito do mundo, mas da entrada definitiva de Jesus, em corpo e alma, na glória do Pai, de onde há de vir nos buscar, depois de nos ter preparado um lugar (cf. Jo 14,2).
De onde há de vir julgar os vivos e os mortos.
Cremos que Cristo, cabeça da Igreja, virá na glória para julgar com poder os vivos e os mortos. Todos serão repletos de vida ou de condenação segundo suas obras. Veremos então a plenitude de Cristo (Ef 4,13).
Creio no Espírito Santo;
"O amor de Deus foi derramado em nossos corações pelo Espírito Santo que nos foi dado" (Rm 5,5). Professar nossa fé no Espírito Santo é crer na terceira pessoa da Santíssima Trindade, que procede do Pai e do Filho. É "enviado aos nossos corações" (Gl 4,5) para recebermos a vida nova de filhos de Deus. A missão de Cristo e do Espírito Santo se realiza na Igreja, Corpo de Cristo e templo do Espírito Santo.
Na Santa Igreja Católica;
A Igreja é uma comunidade com dimensões universais. Transmite a fé aos que nela se incorporam pelo batismo, enraíza-os em Cristo e acompanha-os para que possam viver como cristãos. Cumpre assim a missão do seu Senhor, missão de anunciar e instaurar entre os povos o Reino de Deus inaugurado por Cristo. A Igreja é católica, universal, pois nela está Cristo. "Onde está Cristo Jesus, está a Igreja Católica"(santo Inácio de Antioquia). É também apostólica, pois tem sua origem edificada sobre os apóstolos (Ef 2,20).

Na comunhão dos santos;
Cremos na comum participação de todos os membros da Igreja nas coisas santas: a fé, os sacramentos, os carismas e os outros dons espirituais. Esperamos a comunhão entre as pessoas que estão unidas a Cristo morto e ressuscitado.

Na remissão dos pecados;
A Igreja recebeu do próprio Cristo o poder e a missão de perdoar os pecados. "Recebei o Espírito Santo. A quem perdoardes os pecados, serão perdoados; a quem os retiverdes, ficarão retidos" Jo 20,22-23).

Na ressurreição da carne;
Crer na ressurreição da carne significa crer que, da mesma forma que Cristo ressuscitou e vive para sempre, depois da morte os justos viverão para sempre, em Cristo ressuscitado. A expressão "carne" designa o ser humano em sua condição de fraqueza e mortalidade. Todavia, cremos no Deus criador da carne, que em Jesus se fez carne, ser humano.

Na vida eterna.
A vida, na sua realidade e verdade, é o Pai, que, com o Filho e o Espírito Santo, derramam como fonte sobre todos nós os seus dons celestes. São Paulo escreve à comunidade de Corinto: "O que Deus preparou para os que o amam é algo que os olhos jamais viram, nem os ouvidos ouviram, nem coração algum jamais pressentiu" (ICor 2,9).

Amém!
Significa nosso sim confiante e total à verdade que professamos, confiando-nos Àquele que é o "Amém" definitivo: Cristo Senhor (Ap 3,14). (Fonte: *"Eu Creio - Pequeno Catecismo Católico"* e *"Catecumenato Crismal: Folheto da Paróquia São José do Patrocínio"*, Coronel Freitas, Diocese de Chapecó.)

Celebração da entrega do símbolo apostólico: O Credo

Observações: A celebração da entrega do símbolo da nossa fé, o Credo, tem por objetivo assinalar o término de uma etapa da formação dos catequizandos (RICA, 181) e lhes confiar, com amor, o que a Igreja considera desde a antiguidade compêndio da sua fé, para permitir a cada catequizando conhecer, amar e confessar estas verdades básicas da nossa fé (Mt 10,32; Rm 10,8-10).

- Preparar para a celebração:
- mesa com toalha branca para colocar os cartões com o Credo;
- cartões com o símbolo apostólico, o Credo, em número suficiente para todos os catequizandos;
- bandeja para levar na procissão os cartões com o Credo;
- cruz processional;
- duas velas;
- livro da Palavra;
- lugar na igreja para os catequizandos e seus familiares;

Considerações:

▶ Convém que a celebração da entrega do símbolo, o Credo, seja preparada com antecedência e com as pessoas envolvidas na sua realização: catequizandos, catequistas, equipe de liturgia e canto, ministros e o padre.

▶ É importante que a celebração seja realizada na presença da comunidade (RICA, 182), que será avisada da data e do horário e convidada a participar.

▶ Na véspera, ou em outro momento, organizar um encontro com os catequizandos para rezar, inspirados nos textos: Rm 10,8-11; Mc 6,45-51 e outros com mensagem de profissão de fé, preparando-se, assim, para a celebração.

▶ Antes do início da celebração, colocar música ou um canto com mensagem que convide ao recolhimento;

▶ Na entrada da igreja, catequistas com a bandeja contendo os cartões do Credo, catequizandos com a cruz processional e as velas, o livro da Palavra, coroinhas, ministros e quem preside aguardam o momento da procissão de entrada.

Ritos iniciais
O catequista saúda a comunidade e anuncia o canto de entrada.

Procissão de entrada: Cruz ladeada de velas, livro da Palavra, bandeja contendo o Credo, coroinhas, ministros, diácono e quem preside a celebração.

Quem preside, procede com os ritos iniciais da Celebração Eucarística e acolhe afetuosamente e com alegria toda a assembleia, saúda cordialmente os catequizandos, catequista, pais e a comunidade. Expressa a ação de graças da Igreja pelo progressivo crescimento na fé e pelo momento oportuno de entregar ao grupo de catequizandos o símbolo das verdades fundamentais da fé cristã, o Credo. Convida a assembleia a pedir o auxílio de Deus para viver as verdades contidas no Credo, no dia a dia da nossa vida cristã. Agradece aos pais, catequistas e à comunidade pelo apoio, interesse, ajuda, testemunho e oração na caminhada da catequese.

Após a acolhida, procede a assinalação da fronte e dos sentidos.

O catequista convida os catequizandos e os pais para se posicionarem em círculo diante do altar e de quem preside.

Quem preside: Queridos catequizandos, Cristo chamou a vocês para serem seus amigos. Lembrem-se sempre dele e sejam fiéis em segui-lo! Para isso, vocês são marcados com o sinal da cruz de Cristo, que é o sinal dos cristãos, sinal da nossa salvação. Esse sinal vai lembrá-los de Cristo e de seu amor por vocês.

(Enquanto quem preside pronuncia a fórmula, os pais, catequista e introdutores pronunciam o nome do catequizando e traçam o sinal da cruz nos sentidos, conforme segue).

Fronte: Recebe na fronte o sinal da cruz: o próprio Cristo te proteja como sinal de seu amor. Aprende a conhecê-lo e segui-lo.

Olhos: Recebe nos olhos o sinal da cruz, para que vejas a glória de Deus.

Ouvidos: Recebe nos ouvidos o sinal da cruz, para que ouças a voz do Senhor.

Boca: Recebe na boca o sinal da cruz, para que respondas à Palavra de Deus.

Ombros: Recebe nos ombros o sinal da cruz, para que carregues o jugo suave de Cristo.

Quem preside: **Oremos:** Deus todo-poderoso, que, pela cruz e ressurreição de vosso Filho, destes a vida ao vosso povo, concedei que estes catequizandos, marcados com o sinal da cruz, seguindo os passos de Cristo, conservem em sua vida a graça da vitória da cruz e a manifestem por palavras e atitudes. Por Jesus Cristo, Nosso Senhor, na unidade do Espírito Santo.

Todos: Amém.

Quem Preside: *(faz o sinal da cruz sobre todos dizendo):* Eu marco vocês com o sinal da cruz: Em nome do Pai e do Filho e do Espírito Santo, para que vocês tenham a vida eterna (RICA, n. 83-87).

Todos: Amém.
(Retornam aos seus lugares)

Canto do Glória: *(Sugestão: Glória a ti, Senhor, toda graça e louvor).*

Liturgia da Palavra:
Prossegue a liturgia da Palavra conforme a liturgia do dia. É importante que, na homilia, seja feita uma reflexão referente ao Credo. Como sugestão:

Entrega do Símbolo Apostólico (após a homilia)

Catequista: Queridos catequizandos, aproximem-se para receber da Igreja o Símbolo da fé.

(Novamente os catequizandos se posicionam, em círculo, diante do altar).

Quem preside: Caríssimos catequizandos! Parabéns pela caminhada de fé que vocês estão realizando! Hoje, em nome da Igreja, entrego-lhes o resumo da nossa fé, o Credo, que nos foi transmitido fielmente desde os apóstolos e que chamamos de Símbolo Apostólico ou Credo. Ele contém poucas palavras, mas reúne grandes mistérios. O Credo se compõe de fórmulas com as quais a Igreja, desde os seus primórdios, expressou e transmitiu a fé a todos os seus fiéis. Com toda a comunidade, rezamos por vocês.

Oração: Concedei, Senhor, a esses vossos catequizandos, a quem são revelados os desígnios do vosso amor, através deste símbolo da fé que vão receber, a graça de guardar no coração suas palavras e vivê-las por ações concretas em sua vida. Por Nosso Senhor Jesus Cristo, que é Deus na unidade do Espírito Santo. Amém.

(Terminada a oração, os catequistas ou introdutores entregam a cada catequizando o Credo).

Catequista: (Nome do catequizando), recebe o Credo, que contém o resumo da fé da Igreja.

Catequizando: Amém.

Terminado este rito, os catequizandos, voltados para a assembleia e com a mão direita levantada, rezam com toda a assembleia o Credo. Depois, retornam aos seus lugares, junto a seus pais.

A celebração eucarística prossegue como de costume.

Os sacramentos: sinais do amor de Deus

Objetivo: Identificar os sacramentos como sinais concretos que permitem fazer a experiência do encontro com Deus.

> **Catequista**, ao se preparar para este encontro, mantenha em mente o que segue:
> • Os sacramentos são sinais sensíveis, gestos e símbolos eficazes do amor de Deus. Assim como o aperto de mão e o abraço são sinais de afeto e amizade, nos sacramentos o sinal da cruz, a unção com óleo e a comunidade reunida são sinais concretos que nos permitem ir ao encontro de Deus.

Preparar: Bíblia, vela grande, mesa com toalha branca, tiras de papel – com formato de setas e nas quais devem estar escritos os sete sacramentos e uma citação bíblica correspondente a cada sacramento, como segue:

Batismo – A porta de entrada para a família de Deus (Lc 22,17-20; Mt 28,19).

Crisma – Sacramento da maturidade, fortalecimento no espírito, para assunção do compromisso do batismo (At 8,14-17).

Eucaristia – Sacramento do corpo e sangue de Cristo, alimento de Deus em nossa vida.

Penitência/reconciliação – arrependimento dos pecados e garantia do perdão de Deus (Lc 7,48).

Ordem – Sacramento de serviço à comunidade (At 6,1-6).

Matrimônio – Sacramento de amor, união indissolúvel entre homem e mulher, prevista desde o início da criação (Mc 10,1-9).

Unção dos enfermos – Sacramento da esperança e do restabelecimento (Tg 5,14-15).

Escrever no verso da seta a citação bíblica correspondeste ao sacramento.

Ambiente: Proporcionar uma recepção afetuosa aos catequizandos. Convidá-los a delinear um caminho com as sete setas, correspondentes aos sete sacramentos: no inverso da seta aparece uma citação bíblica; no verso, a indicação do sacramento correspondente.

Para você, catequista: Convide os catequizandos a percorrer o caminho e a ler o que está escrito nas setas. Em duplas, comentem o que está escrito em uma das setas e o que o texto bíblico indica.
Partilhar no grande grupo a reflexão feita.

Complemente a reflexão feita pelos catequizandos referente aos sacramentos e acrescente que sacramento é um encontro com Jesus Cristo, por meio de um sinal. Os sacramentos atingem todas as etapas e todos os momentos importantes da vida do cristão: dão à vida de fé do cristão origem e crescimento. Sacramento é um sinal, uma manifestação visível de uma graça invisível.

Jesus, por amor, encontrou meios de continuar conosco, nos momentos mais decisivos e importantes da nossa vida. Antes de voltar para junto do Pai, Jesus encarregou os apóstolos de continuarem sua missão: "Toda autoridade me foi dada no céu e na terra. Ide, pois, e ensinai a todas as nações; batizai-as em nome do Pai, do Filho e do Espírito Santo. Ensinai-as a observar tudo o que vos prescrevi. Eis que estou convosco todos os dias, até o fim do mundo" (Mt 28,18-20). Os sacramentos são sinais do amor de Deus, são sinais concretos da presença do reino de Deus, revivem entre nós o mistério pascal. Cristo é o sacramento do Pai. Ele nos faz conhecer o Reino do Pai. E a Igreja é o sacramento de Jesus Cristo, pois nasce para continuar a obra do Filho de Deus, permitindo que a sociedade seja construída sob os alicerces do amor e da justiça. Os sete sacramentos são gestos concretos e eficazes da presença do amor de Deus no mundo. Os sacramentos têm uma ação infinita e expressam a totalidade do mistério pascal. Os sacramentos da Igreja são sete: batismo, crisma, eucaristia, reconciliação, ordem, unção dos enfermos e matrimônio.

São diferentes modos de nos encontrarmos pela fé em Jesus Cristo. Portanto, esses sacramentos são sete encontros com Cristo em nossa vida. Os sacramentos da iniciação cristã são: sacramento do batismo, da crisma e da eucaristia. No início do cristianismo, o adulto depois do catecumenato recebia esses três sacramentos numa mesma ocasião. São sacramentos medicinais ou de cura: reconciliação/confissão e unção dos enfermos. Eles restabelecem a saúde do corpo e da alma. São sacramentos de serviços: ordem e matrimônio. Eles estão ao serviço da comunidade e da família. São sacramentos do amor-união-comunhão. A eucaristia é a síntese, o centro dos sacramentos. Os sete sacramentos abrangem todas as etapas e momentos importantes da vida do cristão.

Recordar – O que nossa vida está dizendo?
▶ O que simboliza a água na vida das pessoas e do planeta?

Escutar – O que o texto está dizendo?
Canto de aclamação
Ler Jo 7,37-38
▶ Quem está falando no texto?
▶ Do que Jesus fala? A que Jesus se referia?

Meditar – O que o texto diz para mim?
▶ Vou meditar sobre o convite de Jesus: "Quem tem sede , venha a mim e beba"

Rezar – O que o texto me faz dizer a Deus?
- Cantar bem suave: És água viva...
Em silêncio, vou louvar a Deus porque ele quer ser Água Viva para mim.
- O catequista convida a repetir juntos três vezes a invocação: "Senhor, nós te adoramos neste sacramento".
- Rezar juntos o Pai-nosso, colocar a mão direita no ombro de quem está perto, com a mão esquerda voltada para o centro do círculo, em forma de concha, como acolhida e bênção de Deus.

Contemplar – Olhar a vida como Deus olha
- Em atitude de contemplação, vou perceber que os sacramentos são gestos concretos do amor de Deus, para mostrar que ele me ama ao longo da vida: infância, juventude, idade madura e velhice.
- Os sacramentos são sinais da presença de Jesus Cristo em minha vida, água revigorante para os momentos de cansaço e desânimo, mas também água de vida para os momentos de alegria e gratidão. Eu te louvo, Deus, porque os sacramentos abrem o meu coração à ação do Espírito Santo, que cura e transforma aqueles que recebem e vivem os sacramentos.

Compromisso – O que a Palavra de Deus me leva a fazer?
- Convidar os catequizandos para fazer memória do próprio batismo. Para realizar esse registro, solicitar a ajuda dos pais ou avós.

O que eu penso agora?
Depois de todas as considerações construídas neste encontro, o que penso?
- Os sacramentos são sinais do amor de Deus, são sinais concretos da presença do Reino de Deus, em minha vida.
- Os sacramentos são gestos concretos do amor de Deus, para mostrar que ele me ama, ao longo de todas as etapas da minha vida.

Lembrete: Convidar três catequizandos para ensaiar o texto bíblico do próximo encontro.

O batismo, fonte de vida e missão

Objetivo: Identificar o batismo como fundamento da vida no seguimento de Jesus.

Catequista, ao se preparar para este encontro, mantenha em mente o seguinte:
- Pelo batismo, somos libertados do pecado e regenerados como filhos de Deus, tornamo-nos membros de Cristo, incorporados à Igreja e feitos participantes de sua missão.
- O sacramento do batismo marca o início da vida cristã. É o sinal sagrado mediante o qual a pessoa é incorporada a Cristo e à Igreja. Trata-se de um sacramento que supõe a fé e a esta conduz ; um novo nascimento que nos faz filhos no Filho de Deus, consagra para a missão de Jesus Sacerdote, Profeta e Servidor.

Preparar: Bíblia, vela grande ou círio, mesa com toalha branca, jarra com água, bacia, toalha de mão, frasco com óleo, veste branca, pequenas velas – o suficiente para cada catequizando –, uma túnica ou manto branco ou vermelho para caracterizar Jesus, uma túnica para caracterizar Nicodemos e cadeiras para a encenação. Preparar a encenação com antecedência.

Ambiente: Colocar sobre uma mesa com toalha branca a Bíblia aberta, flores, círio ou vela grande acesa, jarra com água, bacia, toalha de mão, frasco com óleo e veste branca. As cadeiras serão dispostas em círculo. Acolher os catequizandos para o momento da celebração e manifestar alegria pela presença.

Para você, catequista: Pelo batismo começamos a fazer parte de uma comunidade de fé, na qual cada sacramento deve ser sinal e realização da presença de Jesus Cristo. Mergulhamos na vida de Jesus, somos incorporados à Igreja e participantes de sua missão; incorporamo-nos a Jesus Cristo, tornamo-nos filhos e filhas de Deus e irmãos de Jesus. Pelo batismo recebemos a vida nova de Jesus e a força viva do Espírito Santo. Assumimos ainda o compromisso de viver a fé unidos com os irmãos, na luta por uma vida melhor. O batismo transforma-nos em morada da Santíssima Trindade, liberta-nos do pecado e nos dá força para lutar contra o mal. Quando recebemos o sacramento do batismo, passamos de criaturas para filhos amados de Deus.

Em sentido figurado, nossa vida cristã é um permanente batismo, pois devemos sempre nos purificar e professar nossa fé em Jesus e na sua Igreja, como atitude de permanente conversão no seguimento de Jesus Cristo, na vivência fraterna dentro da comunidade eclesial. Portanto, o batismo é para quem tem fé em Jesus Cristo, é para quem se compromete com os outros e vive a fé numa comunidade. Com o batismo nos tornamos participantes da missão sacerdotal, real e profética de Jesus Cristo.

O batismo é o fundamento de toda a vida cristã, a porta da vida no Espírito que abre o acesso aos demais sacramentos. Pelo batismo, somos lavados do pecado e adotados como filhos de Deus, tornando-nos irmãos de Cristo.

Na celebração do batismo usamos símbolos. Batizar significa "mergulhar", "emergir", pois na Igreja primitiva havia um grande número de pessoas adultas que se convertiam do paganismo, e um dos modos como se batizava era precisamente mergulhando a pessoa, como sinal de purificação. Com o passar do tempo, o número de pessoas adultas que se convertiam foi diminuindo, dando espaço a maior número de batizados de crianças, filhos dos que já tinham sido batizados. Por isso, o modo de se batizar foi-se adaptando de tal forma que não fosse necessário mergulhar um recém-nascido numa piscina ou num rio. O "mergulho" na água simboliza o sepultamento do catecúmeno na morte de Cristo, da qual o catecúmeno ressuscita como nova "criatura" (2Cor 5,17).

A luz tira as pessoas da escuridão, indica caminhos. A vela significa que o cristão recebe a luz de Cristo, que é luz do mundo (Mt 5,13-16). O cristão torna-se luz do mundo no seguimento de Jesus, como legítima testemunha diante da comunidade.

O óleo é usado em muitas ocasiões na vida humana. Ele nos acompanha desde o nascimento até a morte, como alimento, remédio, combustível, lubrificante, para iluminar, para fins terapêuticos, estéticos e nos perfumes. O óleo tem o caráter de dar força, resistência, agilidade, sabor, curar e conservar.

A veste branca significa que somos revestidos como filhos e filhas de Deus.

Todos os símbolos são acompanhados por palavras e, no momento principal do batismo, proferem-se as palavras: "Eu te batizo em nome do Pai e do Filho e do Espírito Santo" (cf. Mt 28,19). O batismo é o mais belo e o mais magnífico dom de Deus.

Recordar – O que nossa vida está dizendo?
▶ Relatar o resultado da pesquisa referente ao próprio batismo, solicitado no encontro anterior.

Escutar – O que o texto está dizendo?
Canto de aclamação
Encenar o texto: Jo 3,1-6
Canto que trate de um novo nascimento, de vida nova
Personagens:
1) Narrador

2) Jesus
3) Nicodemos
2) *(No centro da sala, Jesus só, sentado, pensativo).*
1) Havia entre os fariseus um homem chamado Nicodemos, que era um judeu importante.
3) *(Entra em direção a Jesus).*
1) Uma noite, Nicodemos veio ter com Jesus, e lhe disse:
3) "Rabi, sabemos que tu és um Mestre vindo da parte de Deus. Realmente, ninguém pode realizar os sinais que tu fazes, se Deus não está com ele".
2) "Eu garanto a você: se alguém não nasce do alto, não poderá ver o Reino de Deus".
3) "Como é que um homem pode nascer de novo, se já é velho? Poderá entrar outra vez no ventre de sua mãe e nascer?"
2) "Eu garanto a você: ninguém pode entrar no Reino de Deus, se não nasce da água e do Espírito. Quem nasce da carne é carne, quem nasce do Espírito é espírito" *(Jesus faz uma pausa, e prossegue, em outro tom).* Não se espante se eu digo que é preciso vocês nascerem do alto.

Depois de um momento de silêncio, proclamar o texto novamente.

Meditar – O que o texto diz para mim?

▶ Coloque-se no lugar de Nicodemos e perceba o que causam as palavras de Jesus: "Ninguém pode entrar no Reino de Deus se não nascer da água e do Espírito".

Perceba!
O batismo é o ponto de partida na vida cristã. O cristão recebe a plenitude da vida em Cristo quando vive a fé e se engaja numa comunidade cristã, participando de sua vida e missão. No momento em que somos batizados, passamos a pertencer à comunidade cristã que é a Igreja. O batismo é o primeiro dos sacramentos. Convida-nos a viver de acordo com os ensinamentos de Jesus, que se encontram na Palavra de Deus, nos Evangelhos. O batismo é um novo nascimento.

Rezar – O que o texto me faz dizer a Deus?

▶ Os catequizandos, um por um, se aproximam da mesa, tocam com a mão na água e fazem o sinal da cruz, lembrando o sinal da cruz que lhes foi traçado no dia do batismo.
▶ A seguir rezam:
Oração: Olhai, ó Pai, para nós, vossos filhos e filhas. Que o Espírito Santo nos dê, por esta água, a graça do Cristo, a fim de que, criados à sua imagem, sejamos lavados da antiga culpa, pelo batismo, e que, renascidos pela água e pelo Espírito Santo, vivamos uma vida nova. Por Cristo, Nosso Senhor, Amém!

O que eu penso agora?
Depois de todas as considerações construídas neste encontro, o que penso?
• Qual a importância do batismo em minha vida?
• Como posso viver plenamente o meu batismo?

Contemplar – Olhar a vida como Deus olha
▶ Vou considerar que a graça do batismo nos torna filhos de Deus, irmãos e irmãs de Jesus Cristo, membros da Igreja. O batismo é uma dádiva divina que é preciso fazer frutificar ao longo de toda a vida.

Compromisso – O que a Palavra de Deus me leva a fazer?
▶ O batismo é a porta de entrada para os demais sacramentos. Vou divulgar a importância do batismo na minha rua ou comunidade.
▶ Vou reler o texto Jo 3,1-6 e falar com Deus a respeito de minhas dificuldades e esperanças. Em seguida vou escrevê-las em forma de diálogo.
▶ Como podemos divulgar a importância do batismo na comunidade? E na internet? Como fazer isso de modo sério e não sensacionalista, para que todo o louvor seja para Deus?

Celebração da renovação das promessas do batismo

Observações: A celebração da renovação das promessas do batismo almeja trazer presente a graça recebida no sacramento do batismo e renovar os compromissos das pessoas batizadas. Pretende ajudar os catequizandos a assumir, com mais consciência, o seguimento de Jesus, no dinamismo que este sacramento favorece. A celebração também tem por objetivo ajudar a comunidade, especialmente os pais e padrinhos, a reafirmar diante de Deus sua pertença à Igreja e a participação na sua missão evangelizadora no mundo.

Preparar para a celebração:
- cruz processional;
- livro da Palavra;
- círio pascal;
- velas menores para todos os catequizandos;
- água em um recipiente grande (caso não se tenha condições de realizar a celebração junto à pia batismal);
- símbolos do batismo: óleo, água, veste branca, vela;
- recipiente com água e ramo para aspersão;
- crachá para os catequizandos, dando o sentido do nome recebido no batismo.

Considerações:

A celebração será cuidadosamente preparada com os catequizandos e também com os pais e padrinhos. Ela poderá ser tema de um dos encontros específicos realizados com os pais.

Orientar os catequizandos para que vivenciem os diferentes ritos que serão realizados, favorecer a compreensão dos símbolos utilizados, motivar para a importância e a beleza desse momento.

Fazer a preparação também com a equipe de liturgia, a equipe de canto, quanto possível com quem vai presidir a celebração e com quem vai atuar nos diversos momentos.

A celebração seja realizada em uma celebração eucarística com a presença da comunidade, que será avisada da data e horário, convidada a participar e motivada para renovar, junto com os catequizandos, seus compromissos batismais.

No limiar da igreja, os catequizandos recebem o crachá e a vela. A comunidade é acolhida com especial atenção aos pais e padrinhos. Na igreja, seja reservado lugar para pais, padrinhos e catequizandos.

O celebrante, os ministros, coroinhas com a cruz, velas, livro da Palavra, símbolos do batismo aguardam o momento da procissão de entrada.

Canto: A assembleia, enquanto aguarda, pode cantar um refrão meditativo como: Banhados em Cristo, somos uma nova criatura!

As coisas antigas já se passaram, somos nascidos de novo! Aleluia! Aleluia! Aleluia!

Procissão de entrada:
A assembleia é motivada a receber, com canto próprio, a procissão de entrada. Coroinhas e catequizandos conduzem a cruz processional, o livro da Palavra, o círio pascal e símbolos do batismo: água, óleo, veste branca, vela, seguidos pelos ministros, diáconos e celebrantes.

Quem preside, procede aos ritos iniciais, com saudação e acolhida.

Quem preside:
O batismo nos fez cristãos, filhos de Deus, irmãos de Jesus e membros da Igreja. Somos uma comunidade de irmãos, uma família. Com carinho estamos acompanhando a catequese dos que se preparam para receber a crisma, ajudando-os para que prossigam na sua caminhada de fé. Hoje vamos com eles renovar os compromissos batismais. Banhados em Cristo, somos novas criaturas! Revestidos de sua luz, queremos renovar o compromisso de viver os ensinamentos de Jesus e o mandamento do amor.

Junto à água: (Ao redor da pia batismal ou junto a uma grande e bonita bacia, com água). Quem preside ou outra pessoa motiva, faz a memória de acontecimentos da vida ligados ao significado da água no batismo. Pode perguntar: para que serve a água? Para dar vida, purificar, morrer, gerar, transformar. Promove a participação na reflexão.

Oração sobre a água

Quem preside:
Ó Deus, pelos sinais visíveis dos sacramentos realizais maravilhas invisíveis. Ao longo da história da salvação, vos servistes da água para fazer-nos conhecer a graça do batismo. Já na origem do mundo, vosso Espírito pairava sobre as águas para que elas recebessem a força de santificar.

Todos: Fontes do Senhor, bendizei o Senhor!

Quem preside:
Nas próprias águas do dilúvio, prefigurastes o nascimento da nova humanidade, de modo que a mesma água sepultasse os vícios e fizesse nascer a santidade. Concedestes aos filhos de Abraão atravessar o Mar Vermelho a pé enxuto para que, livres da escravidão, prefigurassem o povo nascido da água do batismo.

Todos: Fontes do Senhor, bendizei ao Senhor!

Quem preside: Vosso Filho, ao ser batizado nas águas do Jordão, foi ungido pelo Espírito Santo. Pendente da cruz, do seu coração aberto pela lança, fez correr sangue e água. Após sua ressurreição, ordenou aos Apóstolos: "Ide, fazei meus discípulos todos os povos, e batizai-os em nome do Pai e do Filho e do Espírito Santo".

Todos: Fontes do Senhor, bendizei o Senhor!

Quem preside: Olhai agora, ó Pai, a vossa Igreja, e dai-nos, por esta água, a graça de Cristo e a força do Espírito Santo para que, lavados pelo batismo, possamos sempre renascer para uma vida nova.

Todos: Amém.

Aspersão da assembleia (enquanto se canta o Ato Penitencial).

Liturgia da Palavra: (Segue a liturgia da Palavra conforme o domingo ou festa).

Após a homilia, um catequista convida os catequizandos a se colocarem ao redor do círio pascal. Convida os catequistas a distribuir as velas e a ajudar os catequizandos a acendê-las no círio.

Renovação dos compromissos batismais:

Quem preside: Queridos catequizandos, o círio pascal é sinal de Cristo ressuscitado, vivo entre nós e luz do mundo. Orientados por essa luz, vocês querem caminhar. A luz de Cristo ressuscitado ilumina a Igreja e o caminhar de cada cristão. No batismo, das mãos de nossos pais e padrinhos recebemos essa luz. Hoje, conscientes e decididos, nós mesmos buscamos essa luz. Pela fé, somos convidados a viver como filhos da luz e espalhar a luz pelo nosso testemunho cristão.

(Enquanto se acendem as velas, cantar): "Sim eu quero que a luz de Deus que um dia em mim brilhou..." ou outro canto.

Renúncia e Profissão de fé

Quem preside: A palavra "renuncio" que vocês vão proferir significa: lutar contra, combater, abandonar, dizer não, não querer... "Creio" significa: aceito, quero, professo minha fé. Por isso pergunto: Para viver a liberdade de filhos e filhas de Deus, vocês renunciam ao pecado?

Catequizandos: Renuncio!

Quem preside: Para viver como irmãos e irmãs, vocês renunciam a tudo o que causa desunião?

Catequizandos: Renuncio!

Quem preside: Para seguir Jesus Cristo, vocês renunciam ao demônio, autor e princípio do pecado?

Catequizandos: Renuncio!

Quem preside: Creem em Deus, Pai todo-poderoso, criador do céu e da terra?

Catequizandos: Creio!

Quem preside: Creem em Jesus Cristo, seu único Filho, nosso Senhor, que nasceu da Virgem Maria, padeceu e foi sepultado, ressuscitou dos mortos e subiu ao céu?

Catequizando: Creio!

Quem preside: Creem no Espírito Santo, na santa Igreja católica, na comunhão dos santos, na remissão dos pecados, na ressurreição dos mortos e na vida eterna?

Catequizandos: Creio!

Quem preside convida a assembleia a professar a fé, rezando com os catequizandos o Credo.

Quem preside: Oremos: O Deus todo-poderoso, Pai de nosso Senhor Jesus Cristo, que nos fez renascer pela água e pelo Espírito Santo e nos concede o perdão de todo o pecado, guarde-nos em sua graça para a vida eterna, por Cristo Jesus, Nosso Senhor.

Todos: Amém!

Quem preside: Esta é a nossa fé que sinceramente professamos, razão de nossa alegria em Cristo Jesus.

Catequizandos: Amém.

Quem preside: Deus tornou vocês luz em Cristo. "Vocês são a luz do mundo", disse Jesus (cf. Mt 5,14). Caminhem sempre como filhos da luz, para que, perseverando na fé, possam ir ao encontro do Senhor com todos os santos no Reino celeste.

Todos: Amém!

A comunidade canta um canto referente ao batismo. Prossegue a celebração eucarística com as preces da comunidade.

Domingo: dia do Senhor

Objetivo: Relacionar o domingo com a celebração do Mistério Pascal de Cristo e da Igreja.

> Catequista, ao se preparar para este encontro, mantenha em mente as seguintes questões:
> - Qual o significado do domingo para você?
> - Por que ir à missa aos domingos?

Preparar: Bíblia, mesa com toalha branca, vela, flores para enfeitar o ambiente, uma flor branca para simbolizar a PAZ, aparelho para música, flores recortadas em três cores (azul, verde, vermelha) – suficientes para todos. Também preparar para todos cartões com as perguntas: 1) O que significa para você o tema: "Domingo: dia do Senhor"? 2) O que as pessoas fazem no domingo e o que é mais valorizado nesse dia? 3) Cite três motivos que alegram você quando chega o domingo.

Ambiente: Preparar criativamente um ambiente que fale de festa. Com fundo musical (música sacra), receber os catequizandos, dizendo a cada um: "Você é bem-vindo ao nosso encontro!" Depois que todos sentarem, distribuir a cada um a flor recortada, nas diferentes cores, tendo o cuidado de variar as cores. Solicitar que se agrupem por cor, entregar para cada um o cartão com as perguntas e animar para que respondam em tempo hábil. Encerrado o tempo, partilhar na assembleia o que comentaram em cada grupo. Com as flores recortadas, propor a criação de um símbolo no centro da sala e comentar o significado.

Para você, catequista: Complemente, com sua própria vivência, a reflexão dos catequizandos. O Evangelho de são Lucas nos conta que, depois da morte de Jesus, no primeiro dia da semana, as mulheres foram bem cedo ao sepulcro onde Jesus havia sido sepultado. Estavam cheias de saudade, pois amavam Jesus. Foram fazer uma visita à sepultura, levar perfumes, como era costume, para ungir o corpo de Jesus. Mas, levaram um susto! Encontraram o sepulcro vazio (cf. Lc 24,1-4). Elas ficaram apavoradas e sem poder conter as lágrimas. Ao mesmo tempo, alguém lhes falou que Jesus não estava ali, havia ressuscitado. Num misto de medo e alegria, saíram correndo para avisar aos discípulos o que tinha ocorrido. Estes vieram ao sepulcro e verificaram a veracidade do fato.

No mesmo primeiro dia da semana, dois discípulos, tristes com a morte de Jesus, desanimados e decepcionados, iam para Emaús. Jesus se aproximou deles e, sem que o reconhecessem, caminhou junto, ajudou a compreender o que aconteceu, explicou as Escrituras e se revelou a eles, quando estavam jantando (cf. Lc 24,13-35).

Também no primeiro dia da semana, os apóstolos estavam numa sala, de portas fechadas e com medo. Jesus apareceu no meio deles e disse: "A paz esteja com vocês!" (Jo 20,19). Em outras palavras: "não fiquem tristes, não se desesperem. Estou vivo, sou eu! Comigo, sintam-se vencedores". E foi precisamente a partir do que aconteceu no "primeiro dia da semana" que os discípulos perceberam que tudo se havia renovado e, desse dia em diante, a vida se tornou mais forte do que

> O Catecismo da Igreja Católica nos ensina que devemos guardar o domingo, contudo, a missa rezada no sábado após o pôr do sol tem o mesmo valor litúrgico:
> O mandamento da Igreja determina e especifica a lei do Senhor. "Aos domingos e nos outros dias de festas de preceito, os fiéis têm a obrigação de participar da missa". "Satisfaz ao preceito de participar da missa quem assiste à missa celebrada segundo o rito católico no próprio dia de festa ou à tarde do dia anterior" (CIC, 2180).

a morte. Assim, no testemunho dos apóstolos, os cristão passaram a dar um sentido muito profundo ao primeiro dia da semana, como o "Dia do Senhor". Primeiro, porque lembra o início da criação: no primeiro dia, Deus criou a luz (cf. Gn 1,3-5). Agora, no despontar do sol do primeiro dia da semana, desponta o novo Sol, a nova luz – Jesus ressuscitado. O domingo é o dia do começo da nova vida, com Jesus vivo entre nós. Para os cristãos, esse dia se tornou memorável e inesquecível, o mais importante da semana, e passaram a chamá-lo "Dia do Senhor" ou domingo. Quando falamos "Senhor", é Jesus Cristo ressuscitado. Por isso, o primeiro dia da semana é do Senhor, luz que nunca mais se apaga. Para os discípulos e discípulas, a ressurreição de Jesus os encheu de júbilo, porque perceberam que começara um tempo novo. Assim, o domingo se tornou para os cristãos dia da memória da Páscoa do Senhor, isto é, da sua morte e ressurreição. Fazemos essa memória na celebração da eucaristia: "Anunciamos, Senhor, a vossa morte e proclamamos a vossa ressurreição...", diz a Oração Eucarística da Missa. O Domingo é também o dia especial para a meditação da Palavra de Deus. Jesus continua a falar-nos também mediante a Palavra proclamada nas assembleias dominicais e a alimentar-nos com seu Corpo e Sangue, na eucaristia. É dia de agradecer, louvar e pedir forças para a nova semana. O domingo é também dia do repouso, bastante apropriado para o revigoramento das energias, encontro com as pessoas, com a comunidade, dia de visitar amigos, doentes, dia de lazer.

O Catecismo da Igreja Católica diz: "O dia da ressurreição de Cristo é ao mesmo tempo 'o primeiro dia da semana', memorial do primeiro dia da criação, e o 'oitavo dia', em que Cristo, depois do seu 'repouso' do grande sábado, inaugura o dia 'que o Senhor fez', o 'dia que não conhece ocaso'. A Ceia do Senhor é o seu centro, pois é aqui que toda a comunidade dos fiéis se encontra com o Senhor ressuscitado, que os convida ao seu banquete (CIC, 1166).

Recordar – O que nossa vida está dizendo?
▶ Como as pessoas, as famílias costumam passar o domingo?
▶ O que fazem no domingo?

Escutar – O que o texto está dizendo?
▶ Canto de aclamação
Ler Lc 24,1-12
▶ Em que dia e a que hora as mulheres foram ao túmulo de Jesus?
▶ O que encontraram e como ficaram?
▶ Quem apareceu e o que disseram?
▶ O que as mulheres lembraram e o que fizeram?
▶ A quem foram contar o acontecimento?

Meditar – O que o texto diz para mim?
▶ Deixe ressoar, de maneira bem especial, as palavras que os dois homens que estavam na sepultura de Jesus disseram: "Por que vocês estão procurando entre os mortos aquele que está vivo"?
▶ Converse tranquilamente com Deus a respeito do que diz o texto: "No primeiro dia da semana, bem de madrugada, as mulheres foram ao túmulo".

Rezar – O que o texto me faz dizer a Deus?
▶ Em silêncio, vou louvar e agradecer a Deus pelo Mistério da morte e ressurreição de Jesus, manifestação do grande amor de Deus, e porque temos o domingo para, em comunidade, celebrar esse mistério.
Oração: Nós vos agradecemos, Deus nosso Pai, porque nos destes de modo especial o domingo para celebrarmos nossa fé e pedirmos a vossa bênção sobre a semana, em que podemos estudar, trabalhar, rezar e viver momentos de lazer.
▶ Agradecemos, Deus nosso Pai, por vivermos comprometidos na construção do vosso Reino e por conseguirmos cumprir com a vossa vontade.
Agradecemos, Pai, pelo pão nosso de cada dia, que nos tendes dado e por perdoardes as nossas ofensas, assim como nós também temos perdoado a quem nos tem ofendido.
▶ Agradecemos, Pai, por terdes nos libertado das tentações e nos livrado de todo o mal. Porque, Pai, vosso é o Reino, vosso é o poder e vossa é a glória, para todo o sempre manifestada em nossas vidas.
▶ Pai, somos gratos, hoje e sempre porque temos o primeiro dia da semana para encontrar nossos irmãos de fé e celebrar o mistério de amor da morte e ressurreição de vosso Filho, Jesus, que convosco vive para sempre, na unidade do Espírito Santo. Amém!

Contemplar – Olhar a vida como Deus olha

▶ Faça silêncio em seu coração e diga algumas vezes: Eu acredito que Jesus está vivo e que, com a presença dele, posso vencer todas as limitações e construir o bem no meu dia a dia.

> O que eu penso agora?
> - Depois de todas as considerações construídas neste encontro, o que penso?
> - Como posso reservar parte do domingo para que ele se torne um dia especial de avivamento e crescimento na fé?

Compromisso – O que a Palavra de Deus me leva a fazer?

▶ Vou convidar meus amigos e meus familiares para participar da Missa, no próximo domingo. Vou ouvir com atenção a Palavra de Deus, receber a eucaristia e firmar em meu coração a certeza de que Jesus está vivo e sempre presente.

> **Lembrete:** É possível, para o nosso grupo, propagar o valor da missa na comunidade e no blogue?

Eucaristia, memória e ação de graças

Objetivo: Perceber que a eucaristia é alimento e fonte geradora de vida.

> **Catequista**, ao se preparar para este encontro, mantenha em mente o seguinte:
> Eucaristia é chamada popularmente de missa, mas nossa Igreja lhe atribui ainda outros nomes, a saber: Ceia do Senhor, Fração do Pão (designação dada pelos primeiros cristãos), Assembleia Eucarística, Memorial, Santo Sacrifício (porque torna atual o único sacrifício de Cristo Salvador), Santa e Divina Liturgia, Comunhão. A eucaristia é ação de graças ao Pai, uma bênção pela qual a Igreja exprime o seu reconhecimento a Deus por todos os benefícios que dele provêm, por tudo o que ele realizou por meio da criação e da redenção. A missa é a maior, a mais completa e a mais poderosa oração da qual dispõe o católico. Entretanto, se não conhecemos o seu valor e significado e repetimos as orações de maneira mecânica, não usufruiremos os imensos benefícios que a missa traz.

Preparar: Bíblia, vela, mesa com toalha branca, um pão para ser partilhado, uma jarra com suco de uva, copinhos – o suficiente para todos –, flores, quebra-cabeça com nomes que lembram aspectos da eucaristia, envelopes contendo as palavras para formar frases. As frases podem ser as que seguem:

Eu sou o pão vivo, que desceu do céu.
Fazei isto em memória de mim.
Eucaristia é Aliança de Amor.
A Igreja nasce da eucaristia.

A eucaristia cria a comunhão
e educa para a comunhão.
Eucaristia, o Pão da unidade.
Eucaristia, alimento e fonte geradora de vida.

Ambiente: Receber os catequizandos com música referente à eucaristia. Colocar sobre a mesa um pão, suco de uva, vela acesa envolvida com um pano branco, flores e a frase: "Eucaristia é alimento e fonte geradora de vida". Formar pequenas equipes, para montar o quebra-cabeça. Entregar um envelope contendo uma frase referente à eucaristia, para ser montada. Cada equipe lê a frase para o grande grupo e tece comentários sobre seu conteúdo.

Para você, catequista: Se for necessário, faça ponderações sobre os comentários dos catequizandos. Há pessoas que se preparam com muita alegria para datas importantes, celebrações, comemorações nas quais acontece um encontro alegre, uma festa. A eucaristia contém todo o tesouro espiritual da Igreja, isto é, o próprio Cristo, nossa Páscoa. A eucaristia é o resumo e a súmula da nossa fé. O Catecismo da Igreja Católica afirma que a riqueza inesgotável desse sacramento expressa-se nos diferentes nomes que lhe são dados. Cada um desses nomes evoca alguns dos seus aspectos. Chama-se:

Eucaristia, porque é ação de graças a Deus. A palavra 'eucaristia" (cf. Lc 22,19; 1Cor 11,24: Mt 26,26; Mc 14,22) lembra as bênçãos judaicas que proclamam as obras de Deus: a criação, a redenção e a santificação.

Ceia do Senhor, porque se trata da ceia que o Senhor comeu com os discípulos na véspera da sua paixão e da antecipação do banquete nupcial do Cordeiro na Jerusalém celeste.

Fração do Pão, porque esse rito, próprio da refeição dos judeus, foi utilizado por Jesus quando abençoava e distribuía o pão como chefe de família, sobretudo na última ceia. É por esse gesto que os discípulos o reconhecerão depois da sua ressurreição e é com essa expressão que os primeiros cristãos designarão as suas assembleias eucarísticas. Querem com isso significar que todos os que comem do único pão partido, Cristo, entram em comunhão com ele e formam um só corpo nele.

Assembleia eucarística, porque a eucaristia é celebrada em assembleia de fiéis, expressão visível da Igreja.

Memorial, porque recorda a paixão e ressurreição do Senhor.

Santo Sacrifício, porque atualiza o único sacrifício de Cristo Salvador e inclui a oferenda da Igreja; ou ainda Santo Sacrifício da Missa, Sacrifício de louvor (Hb 13,15), Sacrifício espiritual, Sacrifício puro e santo, pois completa e ultrapassa todos os sacrifícios da Antiga Aliança.

Santa e divina Liturgia, porque toda a liturgia da Igreja encontra o seu centro e a sua expressão mais densa na celebração desse sacramento; no mesmo sentido se chama também celebração dos *Santos Mistérios*. Fala-se igualmente do *Santíssimo Sacramento*, porque é o sacramento dos sacramentos. E, com esse nome, se designam as espécies eucarísticas guardadas no sacrário.

Comunhão, pois é por esse sacramento que nos unimos a Cristo, o qual nos torna participantes do seu corpo e do seu sangue, para formarmos um só corpo; chama-se ainda as *coisas santas*, *Pão dos anjos*, *Pão do céu*, *remédio da imortalidade*, *viático*...

Santa Missa, porque a liturgia em que se realiza o Mistério da salvação termina com o envio dos fiéis (*missio*), para que vão cumprir a vontade de Deus na sua vida quotidiana.

Recordar – O que nossa vida está dizendo?
▶ Quais são os laços que unem uma família, um grupo de amigos, ou um time de futebol?

Escutar – O que o texto está dizendo?
Canto de aclamação

Ler Mc 14,22-25
> ▶ O que o texto está falando?
> ▶ O que fez Jesus enquanto ceavam?
> ▶ O que Jesus disse?

Meditar – O que o texto diz para mim?
> ▶ Vou refletir o que Deus me revela de si mesmo nesse texto bíblico e perceber que a eucaristia contém sempre, simultaneamente, palavra e sacramento; é uma proclamação e uma celebração da obra de Deus. A eucaristia é a grande ação de graças ao Pai pela criação, pela redenção e santificação da humanidade, por meio de seu Filho Unigênito. A eucaristia é reveladora do grande amor de Deus em minha vida.

Rezar – O que o texto me faz dizer a Deus?
> ▶ Após um momento de silêncio, vou dar graças a Jesus Cristo pela eucaristia, ceia de Jesus antes de sua paixão e também anúncio do banquete eterno.

Todos: Senhor Jesus Cristo, tu és o pão que vivifica.
Tu és o pão que nos faz irmãos, tu és o pão que nos dá o Pai.
Tu és o caminho que nós escolhemos, tu és o caminho que conduz através do sofrimento,
Tu és o caminho que conduz à alegria.
É digno e justo cantar-te, bendizer-te, louvar-te, dar-te graças e adorar-te
Em toda a parte e até onde se estende o teu domínio" (São João Crisóstomo).

> ▶ Ao som de uma música referente à eucaristia, em clima de oração, o catequista partilha pequenos pedaços de pão e um pouco de suco de uva.
> Em seguida, faz preces referentes à partilha e todos rezam: "Senhor, dá-nos a generosidade na partilha".

Contemplar – Olhar a vida como Deus olha
> ▶ Vou contemplar Jesus partilhando o pão na última ceia e perceber que é necessário partilhar com generosidade os dons e serviços a mim confiados.

Compromisso – O que a Palavra de Deus me leva a fazer?
> ▶ Ajudar materialmente alguém que necessita e dar um bom conselho, fazer uma visita a um necessitado e convidar familiares e vizinhos para participar da missa dominical.

O que eu penso agora?
Depois de todas as considerações construídas nesse encontro, o que penso?
- Por que a missa é "a mais completa e a mais poderosa oração da qual dispõe o católico"?
- Como posso valorizar sempre mais a santa missa e a minha participação nela?

Celebração – Ritos e gestos na Liturgia eucarística

Observações: Este momento tem por objetivo proporcionar aos catequizandos, aos pais e à comunidade compreensão dos símbolos e ritos vivenciados na celebração da eucaristia e perceber que "celebrar" é expressar em gestos, símbolos e palavras a vida de fé. Celebrar é tornar célebre, inesquecível a ação que o Pai realizou em Jesus e, com ele, esta ação continua pela força e animação do Espírito Santo. É também ter a convicção de que os ritos, os gestos, os símbolos e o espaço litúrgico têm significado quando compreendidos.

Preparar para a celebração:
Mesa com toalha branca, em frente do presbitério (onde a assembleia possa ver), para colocar os objetos da missa que serão explicados.
Os objetos para a missa: cálice, patena, cibório com as partículas, galhetas com água e vinho, corporal, sanguíneo, manustérgio, pala, túnica, estola (das cores litúrgicas), casula (opcional) e missal.
Os objetos para a procissão: cruz processional; duas velas; círio pascal e livro da Palavra.

Considerações:
Com antecedência, comunicar aos catequizandos, aos pais e à comunidade que será feita uma detalhada e significativa explicação dos ritos, gestos, símbolos e dos objetos utilizados na celebração da eucaristia, antes do início da missa.
Comunicar com clareza a data e o horário em que se realiza essa explicação. Convidar e motivar para a importância de conhecer de perto e entender os símbolos, ritos usados na celebração da eucaristia e o espaço litúrgico, tudo para ajudar a vivenciar melhor a celebração do Mistério central da fé cristã.
A equipe de liturgia e canto prepara com antecedência a celebração, ensaia os cantos, prepara as leituras, as pessoas que vão cantar ou rezar o salmo e as preces da assembleia.
Organizar a procissão de entrada, envolvendo pessoas da comunidade;
Prever uma acolhida bem calorosa a todas as pessoas, na entrada da igreja, e criar ambiente alegre, com música suave;
Ornamentar o ambiente com flores. Deixar o altar e a mesa da Palavra livres.
Criar alguma simbologia no ambiente para que a comunidade perceba algo diferente nesta celebração.
Dispor para a comunidade um folheto com breve explicação dos ritos, símbolos e objetos da celebração.
Para que não se torne demasiado longa, nessa celebração não serão explicadas detalhadamente as diversas orações da missa, as respostas da assembleia e os serviços litúrgico, tais como: leitores, cantores, acólitos, ministros.

Acolhida e motivação

Quem coordena ou anima dá as boas-vindas à assembleia, fala da alegria pela presença dos catequizandos e familiares e da importância desse momento de esclarecimentos e compreensão, que favorecem uma autêntica vivência dos símbolos da celebração eucarística, a missa.
Anuncia o canto de entrada.

Procissão de entrada

A procissão de entrada ocorrerá com a cruz processional, as velas, o livro da Palavra, os coroinhas, ministros, diáconos e o celebrante.

Quem preside faz o sinal da cruz e saúda a comunidade, motiva para a explicação que será feita.

Um catequista, sacerdote, ministro ou um membro da equipe da liturgia profere a explanação para a assembleia. À medida que profere a explicação, quem está com a palavra apresenta os símbolos presentes e o espaço litúrgico.

1) Símbolos

Deus sempre se comunica por meio de sinais sensíveis. Na missa, temos um dos mais privilegiados lugares em que Deus, em Jesus Cristo e pelo Espírito Santo, comunica sua presença amorosa e salvadora. Por isso, a missa é cheia de sinais e símbolos e é o momento privilegiado para a celebração do Mistério da nossa fé. Vemos, nesta mesa, tudo o que é usado numa celebração da eucaristia.

- A **cruz processional**, que vai à frente da procissão de entrada, acompanhada de duas velas acesas, é colocada ao lado do altar. A cruz é o sinal do mistério do amor de Deus.
- **O círio pascal** e as velas são usados durante todo o tempo pascal. O círio representa o próprio Cristo, Luz do mundo. As velas acesas sempre representam nossa fé em Jesus, luz que ilumina as trevas. A vela acesa ilumina e se consome. É também sinal da vida doada aos outros.
- O **missal** é o livro que contém as orações para cada parte da missa.
- **Lecionário e evangeliário** são os livros que contêm o Evangelho e as demais leituras para serem proclamadas na liturgia da Palavra.
- O **cálice** é próprio para se colocar o vinho; a **patena** é própria para se colocar a hóstia maior; **o cibório** contém as partículas para a comunhão da comunidade; **as galhetas**, uma com água, outra com vinho, são recipientes para conservar estas espécies antes da consagração; a toalha (manustérgio) serve para secar as mãos.
- A **toalha** cobre a parte superior do altar; no **corporal** são colocados o pão e o vinho – depois transubstanciados no corpo e sangue de Jesus; o **sanguíneo** é como um guardanapo para purificação do cálice; e a **pala** cobre o cálice com vinho.
- A **túnica e a estola** vestem quem preside a celebração e representa o próprio Cristo. A **estola** é o símbolo do sacerdócio e acompanha a cor do tempo litúrgico: advento e quaresma: **cor roxa**; tempo do Natal e da Páscoa: **cor branca**; Pentecos-

tes, festa de mártires e Sexta-feira-santa: **vermelho** e tempo comum: **cor verde**. A casula é usada conforme a festividade que se celebra.

Todos esses objetos, alguns comuns no cotidiano das pessoas, lembram uma refeição. Lembram a ceia na qual Jesus entregou sua vida e se entregou totalmente por amor. Na celebração da eucaristia, a ceia renova o sacrifício da cruz.

2) Local da celebração, o espaço litúrgico
São quatro os elementos fundamentais no local para a celebração da eucaristia: o altar, a mesa da Palavra, a cadeira da presidência e o espaço da assembleia.

- A **mesa do altar** – O centro da nossa fé é o sacrifício de Cristo, sua total entrega por nós, confirmada pela ressurreição e o dom do Espírito Santo. Essa entrega de Jesus continua hoje, sobre o altar, todas as vezes que celebramos a missa. Assim, o ponto de convergência e atenção na celebração eucarística é o altar.
- A **mesa da Palavra** ou ambão – Antes de fazer a memória da morte e ressurreição de Jesus, no rito eucarístico, Deus fala e comunica seu amor pelas leituras, pelo salmo e pela proclamação do Evangelho. É a presença de Cristo na Palavra.
- O **espaço da assembleia** – A comunidade se reúne em assembleia. Não é uma simples reunião de pessoas. É comunhão de pessoas cristãs, que se encontram para ouvir a Palavra de Deus e celebrar a eucaristia. Isso significa que todo o espaço, à disposição dos bancos, deve favorecer a participação, oferecer bem-estar e clima para a concentração e oração.
- A **cadeira da presidência** – Quem preside a liturgia é o Cristo, na pessoa do presidente da assembleia litúrgica. O sacerdote é o sinal da presença invisível de Cristo. O sacerdote atua em nome de Cristo, ao presidir a celebração, ao rezar em nome da assembleia, ao explicar a Palavra de Deus. Por isso há uma cadeira onde o sacerdote preside. Ele senta diante da assembleia, como representante do verdadeiro presidente e mestre, o Senhor Jesus. Para visualizar esse ministério, a Igreja recomenda que se destaque a cadeira de quem preside.

3) A celebração da eucaristia
A missa é constituída de quatro ações rituais: ritos iniciais, rito da Palavra, rito eucarístico e ritos finais. Cada um é um conjunto de pequenos ritos, com seu significado, e que exigem compreensão e atitude espiritual correspondente. O rito da Palavra e da eucaristia são centrais. Os ritos iniciais e finais são como a moldura de um quadro. A celebração da eucaristia, a missa, é ação de graças de Jesus Cristo ao Pai. Ele fez isso entregando sua vida até a morte, morte de cruz, e entregando a si mesmo em alimento.

Os ritos iniciais compreendem:
a) **Procissão de entrada** com a cruz processional, o lecionário, os coroinhas, os ministros, as pessoas e outros elementos, tais como: círio, água benta, bandeiras, cartazes com dizeres e outros motivos da celebração. A assembleia fica em pé, em sinal prontidão, normalmente cantando. A procissão sempre lembra que estamos a caminho do seguimento de Jesus e ao encontro com o Pai.

b) Sinal da cruz e saudação de quem preside a celebração – É o momento em que, em nome de Jesus, quem preside acolhe, saúda e ressalta o motivo ou tema da celebração. O sinal da cruz no início da missa significa que esta é obra da Santíssima Trindade.
c) Ato penitencial – A assembleia é convidada a pedir perdão e purificar o coração, para celebrar o Mistério de Jesus.
d) Glória – Nos domingos ou solenidades, cantado ou rezado, é hino de louvor, gratidão, alegria. No centro desse hino, aparece a pessoa de Jesus, e com ele e o Espírito Santo damos glória ao Pai.
e) Oração do dia – O presidente faz um convite: "Oremos". Convida a assembleia para se conectar com o que está sendo celebrado. Por isso é importante que, após o convite, haja um breve silêncio para que os fiéis se unam ao acontecimento do dia.

Rito da Palavra – Liturgia da Palavra
É o momento do diálogo entre Deus e seu povo. Na missa, a mesa da Palavra e a da eucaristia têm a mesma importância. A mesa da Palavra é uma estante, chamada ambão, feita do mesmo material do altar, onde é proclamada a Palavra de Deus. É simbólico porque evoca a presença viva de Deus falando para seu povo. Por isso, é o lugar para onde se volta a atenção de todos os fiéis, no momento das leituras. O rito da Palavra não é um conjunto de vocábulos, uma leitura de fatos, acontecimentos. É o próprio Deus que, para comunicar seus segredos, dialoga com a assembleia.
a) Primeira Leitura – geralmente do Primeiro Testamento.
b) Salmo responsorial – ou salmo de resposta, no ambão, como as leituras e, de preferência, cantado.
c) Segunda Leitura – do Segundo Testamento e proclamada aos domingos e festas.
d) Aclamação ao Evangelho – para a aclamação do Evangelho, normalmente cantada, a assembleia permanece em pé, em sinal de prontidão e escuta.
e) Proclamação do Evangelho – é a Boa Notícia de Jesus. Quando é anunciado o Evangelho, enquanto se responde: "Glória a vós, Senhor", ao convite do anúncio, são traçadas três cruzes: na testa, nos lábios e no coração, para significar: O Senhor purifique os pensamentos, as palavras e os sentimentos, para ouvir sua Palavra.
f) Homilia – Com a homilia, o diálogo entre Deus e seu povo continua, por meio de quem preside ou de quem faz a homilia. É o momento de a comunidade confirmar o compromisso com o Senhor, que vai ter como resposta a profissão de fé. A assembleia permanece sentada para escutar melhor.
g) Profissão de fé – Movida pela Palavra proclamada, ouvida, entendida e acolhida no íntimo de cada pessoa, toda a assembleia, em pé, faz sua profissão de fé, rezando o credo que resume toda a fé católica.
h) Preces dos fiéis – Pelas preces dos fiéis, a assembleia se une a Cristo, suplicando ao Pai pelas necessidades e intenções da comunidade. A assembleia em pé responde a cada prece.

Liturgia Eucarística
"Façam isto em memória de mim", disse Jesus, durante a última ceia. A liturgia eucarística acompanha as ações de Jesus naquela ceia. É realizada no altar, que

representa o próprio Cristo e que deve ser usado somente para o rito da eucaristia.

a) Preparar a mesa e apresentar as oferendas – todos são convidados a sentar, para acompanhar a preparação das oferendas. Pão e vinho, frutos da terra e do trabalho humano, são os elementos essenciais. Pão e vinho simbolizam toda a realidade da vida humana: alegrias e sofrimentos, conquistas e fracassos, abundância e carência, força e fraqueza. A assembleia reconhece que tudo vem de Deus, por isso bendiz alegre e acompanha com um canto próprio, enquanto faz o gesto da partilha em favor da comunidade. Outros gestos – colocar uma gota de água no vinho enquanto o celebrante lava as mãos, preparando-se espiritualmente para a oração eucarística. O celebrante faz a oração sobre as oferendas e convida a assembleia para rezar: "Orai, irmãos..." Todos se levantam e permanecem em pé.

b) Prefácio – o prefácio se inicia com um diálogo do celebrante com a assembleia e apresenta os motivos da ação de graças, terminando com o canto do Santo. Só Deus é Santo e fonte de toda a santidade.

c) Oração Eucarística – o núcleo central da oração eucarística é a ação de graças. É feita a súplica para que o Pai envie o seu Espírito, para a transubstanciação do pão e do vinho no corpo sacramental de Jesus, seguida da narrativa da instituição da eucaristia a da proclamação do "Eis o mistério da fé", que, embora não compreendamos, sentimos. Jesus novamente se entrega como alimento. Fazem-se as orações pela Igreja, pelos mortos e conclui-se com a elevação e oferta ao Pai, por Cristo, com Cristo e em Cristo, ponto alto dessa ação de graças. Toda a assembleia responde: "Amém!". Toda a oração eucarística é proclamada pelo presidente, que fala em nome da assembleia, que participa e intervém com aclamações. É momento de lembrar, agradecer, louvar o Pai pelas maravilhas que fez na pessoa de Jesus, principalmente pelo Mistério de sua morte e ressurreição.

e) Rito da fração do pão e da comunhão – com a seguinte sequência: *convite ao Pai-nosso*, oração que Jesus ensinou e que nos leva ao compromisso com o Pai para que façamos acontecer o Reino de Deus no meio de nós; *oração pela paz*, para dissipar o medo e a tristeza; *abraço da paz*, gesto próprio dos primeiros cristãos, importante para sentirmos a presença do outro; *fração do pão*, acompanhada pelo canto do Cordeiro de Deus, pede que o Senhor tire todo o pecado do mundo; *comunhão de toda a assembleia*, participar da Páscoa de Jesus é tornar-se um só com ele em sua entrega, sua morte e ressurreição, é receber a força renovadora do Espírito, dispondo-se com alegria a continuar no mundo a missão de Jesus. Quem comunga faz o gesto de aproximar-se, receber o corpo e sangue de Cristo e confirmar a adesão com o "Amém"; e a *conclusão* dos ritos da comunhão, com a oração depois da comunhão.

Ritos Finais

A comunidade é convidada a permanecer com Jesus e ser enviada em missão. Quem ouviu a Palavra e comungou do Corpo do Senhor, agora parte para continuar a missão de Jesus. São dados os avisos, as comunicações da comunidade e é feita a saudação a pessoas por datas importantes. Seguem-se a bênção final, em nome da Trindade, e a despedida. A vivência eucarística se prolonga no cotidiano da vida dos cristãos.

Conclusão da explicação
Encerrada essa parte, o animador agradece a pessoa que fez a explicação. Se for oportuno, dá oportunidade para a assembleia fazer perguntas, comentários e complementações. Faz o encaminhamento e o convite para a celebração da eucaristia, a missa, agora com mais clareza e sentido.

Quem preside inicia a celebração eucarística com os ritos iniciais.

PURIFICAÇÃO E ILUMINAÇÃO

Comunidade de fé: lugar de vida e de perdão

Objetivo: Entender que o perdão traz vida nova.

> **Catequista**, ao se preparar para este encontro, mantenha em mente:
> Todos nós, de algum modo, já passamos por sofrimentos. Nos momentos de dor, é inevitável perguntar: por que eu? E procuramos uma explicação. Muitas vezes nos sentimos culpados ou culpamos desesperadamente outras pessoas. Nesses momentos, raiva, confusão e vergonha se misturam. Superar isso exige não explicar a dor, mas sentir que a comunidade pode dar-nos apoio e o perdão perante nossos limites.

Preparar: Bíblia, duas velas, cruz e folhas de papel sulfite, cadeiras em círculo e um painel.

Ambiente: Acolher os catequizandos com alegria, preparar mesa com toalha branca, Bíblia aberta, duas velas acesas e a cruz. Sentados em círculo, conversar sobre o ato de perdoar.

> **Para você, catequista:** Recomende que, em duplas, os catequizandos desenhem ou escrevam na folha de papel sulfite uma atitude ou atividade que represente o ato de perdão. Ao concluir-se a atividade, expor ao grande grupo as atitudes de perdão registradas pela dupla. Acrescente reflexões sobre o tema. Em seguida, as duplas fixam suas conclusões no painel.
>
> Todas as vezes que perdoamos, o olhar compassivo de Deus se volta para nós. Dar e acolher o perdão significa corrigir os desvios e reconhecer nossas faltas diante de Deus e das pessoas. Zaqueu reconheceu seus erros e propôs-se a mudar de vida, reparando todo o mal que cometeu: "Senhor, dou a metade dos meus bens aos pobres"(cf. 19,8). Em nossas comunidades, o amor e o perdão devem abafar o preconceito, a rejeição e o egoísmo. Onde há perdão, amor, comunhão e bem-querer há alegria. Podemos aprender das primeiras comunidades cristãs, que viviam a união, a partilha do pão, o amor, o perdão, a comunhão, o testemunho cristão (cf. At 2,42-47). As pessoas eram atraídas para a comunidade cristã pelo estilo de vida que os cristãos levavam. O amor a Deus e ao próximo eram os pilares da vida cristã. Havia perdão entre eles. Era uma comunidade em que havia festa e alegria. Em nossas comunidades, é bom cultivar o espírito da alegria e da ajuda mútua, porque somos aceitos e

perdoados pelo Pai. A misericórdia de Deus penetra no coração de quem sabe perdoar. O amor e o perdão estão envolvidos com o termo "misericórdia", que ultrapassa os limites dos seres humanos. Quem ama consegue perdoar e mudar suas atitudes na forma de acolher e conviver com as pessoas. Só o amor e o perdão são capazes de criar formas novas de convivência, dando sentido e perspectivas de esperança para uma comunidade. O termo "conversão" cria um coração novo e recria valores capazes de superar todo tipo de egoísmo e de fechamento individual. Não consegue viver bem quem não cultiva a misericórdia, o perdão e o amor. A incapacidade para perdoar e amar é fonte de incompreensões e tristeza. Experimentamos a bondade de Deus quando temos um coração arrependido e aberto para ele e para o irmão. Longe de Deus não existe verdadeira alegria, porque isso significa estar longe de nós mesmos. Ao cultivar o amor e o perdão, garantimos dias melhores e menos violentos.

Recordar – O que nossa vida está dizendo?
▶ As duplas se entrevistam com as seguintes perguntas:
▶ Você conhece pessoas que realizam trabalhos comunitários? Quem é e o que faz?
▶ Em que momentos você recebeu e deu o perdão?
▶ Entre nós, existe o perdão e o bem-querer?

Escutar – O que o texto está dizendo?
Canto de aclamação
Ler Mt 18,21-22
▶ O que o texto está dizendo?
▶ Qual a pergunta que o apóstolo Pedro faz para Jesus?
▶ Quantas vezes Jesus diz que se deve perdoar?

Meditar – O que o texto diz para mim?
▶ Como analiso a resposta de Jesus ao apóstolo Pedro e como aplico essa mensagem em minha vida? Qual a importância de perdoar sempre? Quero, a exemplo de Pedro, receber com gratidão o perdão de meus pecados e ter coração generoso, para perdoar sempre as pessoas que me ofendem, como Jesus nos perdoa.

Rezar – O que o texto me faz dizer a Deus?
▶ Depois de ouvir a conversa de Jesus e Pedro, converse com Deus, fale de suas dificuldades de perdoar e peça-lhe que lhe conceda a graça de saber sempre perdoar.
▶ Momento de silêncio.

Oração individual:
Meu Deus, eu me arrependo, de todo o coração,
de vos ter ofendido, porque sois tão bom e amável.
Prometo, com a vossa graça, nunca mais pecar.
Meu Jesus, misericórdia!
Todos rezam a oração do Pai-nosso.
Ao terminar a oração, o catequista pronuncia pausadamente: "Perdoai-nos as nossas ofensas, assim como nós perdoamos a quem nos tem ofendido" (3x).

Contemplar – Olhar a vida como Deus olha
▶ A comunidade que vive a sua fé é uma comunidade que vive o amor, a misericórdia e o perdão de Deus. Repita mentalmente muitas vezes para gravar em seu coração: Perdoai-nos os nossas ofensas, assim como nós perdoamos a quem nos tem ofendido.

Compromisso – O que a Palavra de Deus me leva a fazer?
▶ Leia para os seus pais e irmãos o que está na carta aos colossenses (Cl 3,2-15) e pergunte-lhes se eles conhecem outro texto bíblico que fale de perdão. Anote em seu caderno: livro, capítulo, versículo e o tema do texto bíblico que seus familiares indicaram e traga as anotações para o próximo encontro.
Benção de despedida: "Que o Deus do perdão, do amor e da misericórdia seja tua proteção. Vai em paz".
▶ Em seguida, o catequista motiva para o abraço da paz.

O que eu penso agora?
• Depois de todas as considerações construídas neste encontro, o que penso?
• Todas as vezes que perdoo, o olhar compassivo de Deus se volta para mim. Vou dar e acolher o perdão, e reconhecer minhas faltas diante de Deus e das pessoas.

Jesus veio para perdoar e salvar

Objetivo: Corresponder ao amor misericordioso de Jesus, que perdoa e salva.

Catequista, ao se preparar para este encontro, mantenha em mente o seguinte:
- Por causa do pecado, o ser humano não conseguiu sentir o amor de Deus. Jesus sobrecarregou-se de nossos pecados, de nossos males e veio devolver a nossa união com o Pai; veio restaurar a nossa imagem e semelhança com Deus. Jesus, no alto da cruz, fez uma oração de perdão: "Pai, perdoa-lhes, porque não sabem o que fazem" (Lc 23,34).

Preparar: Bíblia, vela, flores, canetas coloridas, papeletas retangulares, em que estejam escritas palavras que revelem pecado: mentira, preguiça, ofensa, intolerância, egoísmo; frasco de vidro com água pura, cadeiras dispostas em círculo e mesa revestida com toalha branca.

Ambiente: Receber os catequizandos com alegria. Sobre a mesa revestida com toalha branca terão sido colocados os elementos supracitados, próprios da preparação e ornamentação da mesa para o encontro. As papeletas não compõem a mesa, mas ficam à mão, para uso no momento apropriado.

Para você, catequista: O catequista inicia o encontro, relatando a conversa de duas amigas:
   Interagir com o grupo a respeito das atitudes de Jonas e Marly. O que desaprovamos tanto em Jonas como em Marly? Como dá para perceber, ambos merecem o perdão. Por quê?
   Em seguida, mergulhando na água papeletas com as palavras escritas que revelam pecado, observe que a água limpa vai lavando a tinta, deixando o escrito invisível. Faça referência ao perdão, que lava o pecado.
   Observe que o arrependimento de nossas faltas deve ser sincero, com a decisão de abraçar o caminho do bem. Quando pecamos e nos arrependemos de coração sincero, somos perdoados. Deus nos concede seu perdão e nossos pecados são diluídos pela misericórdia divina. Em toda a Bíblia, em especial nos Evangelhos, encontramos a prova da misericórdia de Deus, sempre pronto a perdoar e a reatar o amor com seus filhos e filhas.

A encarnação de Jesus e sua morte de cruz restabeleceram a harmonia entre Deus e a humanidade. A bondade divina transcorre nessas duas realidades. A gruta de Belém e o Calvário revelam claramente o amor misericordioso de Deus pela humanidade, "pois o Filho do Homem veio procurar e salvar o que estava perdido" (Lc 19,10).

Essa gratuidade de Jesus em perdoar transparece nos ensinamentos da Igreja, nos conselhos e, especialmente, nas parábolas contadas por Jesus, a fim de que seus ouvintes melhor entendessem sua misericórdia, como, por exemplo, a do filho pródigo (Lc 15,11-32), a da ovelha perdida (Lc 15, 4-7), a da mulher adúltera... Na época, aquela que cometesse adultério deveria ser julgada e condenada ao apedrejamento. O julgamento era feito por um grupo de homens, e geralmente os mais velhos começavam a atirar as pedras.

Para Jesus, ninguém pode julgar e condenar, porque ninguém está livre de pecar. A pessoa para Jesus está acima de toda a lei. Jesus não disse que a mulher não tinha pecado, mas questionou a hipocrisia de quem estava julgando. Há pessoas que julgam e não querem ser julgadas. Acusar o outro é atirar pedras.

- Ana, estou até sentindo raiva e sei que isto não é bom. Mas estou sentindo raiva dele.
- De quem, Marly, do Jonas? Você não estava de namoro firme com ele?
- Eu? Veja, Ana. Ele namora comigo e está sempre com outras meninas. Então eu fico sabendo e brigo, brigo com ele! Então o Jonas vem pedir-me perdão. Eu perdoo, mas fico bem triste.
- Marly, ter amizade com todas é algo maravilhoso; mas namorar com todas é não ter responsabilidade e respeito com você. Entendo que você fique magoada – disse Ana.
- Ele não aprende, Ana, e eu tenho dificuldade em perdoar. Esses dias o encontrei com outra. Já viu como fiquei! Lá veio ele pedindo perdão.

▶ Se você estivesse no lugar de Ana, o que você diria a Marly?
▶ Qual a atitude de Marly perante Jonas?
▶ Que atitude Jonas deve ter perante Marly?
▶ Qual a atitude de Jonas perante às demais meninas?

Recordar – O que nossa vida está dizendo?
▶ Você já ficou indignado ao ler ou ouvir uma notícia de algum julgamento feito por alguém, com má intenção?

Escutar – O que o texto está dizendo?
Canto de aclamação
Dialogar o texto Jo 8,1-11

▶ Com o auxílio de sua Bíblia, os catequizandos dialogam o texto. Em seguida, uma pessoa do grupo o relê.
▶ Aonde Jesus foi e para onde voltou ao amanhecer?
▶ Quem ia ao seu encontro? Por quê?
▶ O que fizeram os escribas e fariseus e o que disseram a Jesus?
▶ Por que fizeram isso?
▶ O que Jesus fez e disse?
▶ Qual a atitude dos escribas e fariseus?
▶ Como Jesus dialogou com a mulher?

Meditar – O que o texto diz para mim?
▶ Vou reler o texto e perceber a atitude compassiva de Jesus em ser misericordioso e perdoar.

Rezar – O que o texto me faz dizer a Deus?
▶ Após breve momento de silêncio, individualmente rezar: Meu Deus, eu me arrependo de todo o coração de vos ter ofendido, porque sois tão bom e amável. Prometo, com a vossa graça, esforçar-me para ser bom. Meu Jesus, misericórdia!
O catequista reza ou canta as invocações e os catequizandos repetem: **Senhor, tende piedade de nós.**
1) Pelas vezes que não usamos de misericórdia com o nossos semelhantes;
Todos: Senhor, tende piedade de nós.
2) Pelas vezes que julgamos as pessoas sem saber o que se passa em seu coração;
Todos: Cristo, tende piedade de nós.
3) Pelas vezes que, por proveito próprio, não nos comprometemos com a justiça;
Todos: Senhor, tende piedade de nós.
Todos: Concedei-nos, Senhor, os dons do perdão e da paz, para que, purificados, possamos vos servir de coração tranquilo. Por Cristo, Nosso Senhor. Amém.

Contemplar – Olhar a vida como Deus olha
▶ Vou contemplar a dimensão do amor vivido e pregado por Jesus, um amor misericordioso e compassivo de Deus com a mulher pecadora e perceber que ele tem essas mesmas atitudes cada vez que eu luto para evitar o pecado.

Compromisso – O que a Palavra de Deus me leva a fazer?
▶ Todas as noites, vou concentrar-me, rever as virtudes boas que pratiquei no decorrer do dia e perceber o bem que deixei de realizar. Em seguida vou rezar o ato de contrição.

Decorar o ato de contrição: Meu Deus, eu me arrependo de todo o coração de vos ter ofendido, porque sois tão bom e amável. Prometo, com a vossa graça, esforçar-me para ser bom. Meu Jesus, misericórdia!

> **O que eu penso agora?**
> Depois de todas as considerações que surgiram no correr deste encontro, o que penso?
> - Qual a importância de perdoar?
> - Como podemos sentir o perdão de Deus em nossas vidas?
> - Como perdoar àqueles que nos fazem mal?

O perdão nos dá vida nova

Objetivo: Perceber que o perdão que damos e recebemos nos dá vida nova.

> **Catequista**, ao se preparar para este encontro, mantenha em mente as seguintes questões:
> - Qual a importância do perdão?
> - Que tipo de filho de Deus eu quero ser?

Preparar: Bíblia, vela, cruz, projetor de luz, mesa com toalha branca, flores – de preferência brancas –, duas jarras com água limpa, um vidro com óleo, tinta para tingir a água ou uma pequena taça de café, folhas secas e folhas verdes.

Ambiente: Dispor a sala com as cadeiras em forma de círculo e, no centro, uma mesa com toalha branca. Sobre esta, ornamentada com folhas secas e verdes, pano branco, uma luz que projeta claridade sobre a cruz, duas jarras com água limpa e um frasco com óleo, colocar a Bíblia.

Para você, catequista: Receba os catequizandos com alegria, pronuncie o nome de cada um e solicite que formem um círculo ao redor da mesa. Convide dois catequizandos para tentar fazer a mistura do óleo com a água limpa da jarra e interaja com o grupo a respeito do efeito obtido, que torna a água suja, sem vida. Todavia, à semelhança do óleo que se separa da água, o perdão dá vida limpa, dá vida nova. Ouvir atentamente os catequizandos e orientá-los para a ideia de que fomos criados à imagem e semelhança de Deus. Como pessoas, somos sujeitos ao pecado, às falhas que transformam a beleza de nossa alma de folhas verdes a secas. Mas o perdão de Deus recupera-nos para a vida da graça e nos torna semelhantes à água cristalina e à folha com vida.

Jesus, em seu anseio de nos conservar transparentes como a água e como toda a seiva divina, à semelhança das folhas verdes, quer ensinar-nos o amor e a misericórdia, mediante a parábola do filho pródigo. Deus Pai revela sua misericórdia e confirma que o ser humano está acima de todas as coisas e que quer salvá-lo e fazê-lo feliz. Uma pessoa que despreza o perdão de Deus não tem a dimensão do amor vivido e pregado por Jesus e por isso se perde na vida, destrói-se, torna-se infeliz, mas, empurrada pelo sofrimento, volta e reencontra o abraço acolhedor de Deus, o sentido de sua vida e a felicidade, à semelhança do "Filho pródigo". Falhamos em tantos aspectos e de tantas maneiras, não assumimos a nossa vocação cristã. O perdão é uma dinâmica da vida! Para perdoar, é preciso antes de tudo amar a vida. O ato de perdoar ao próximo nos ensina um novo jeito de viver.

A nossa capacidade de perdoar depende de nossa capacidade de amar. Quanto mais decidimos amar as pessoas, mais poderemos perdoar suas falhas, mesmo as que se repetem sempre, pois o perdão faz bem tanto para aquele que o recebe quanto para o que o dá. Muitas vezes damos e recebemos o perdão, mas não refletimos sobre os nossos próprios erros, e, então, corre-se o risco de cometer as mesmas falhas. O ser humano precisa, na verdade, de um silêncio interior, de uma pausa para pensar em suas próprias atitudes, gestos e palavras diante da vida. Só assim, cada indivíduo evoluirá em todos os aspectos da vida: pessoal, profissional, emocional, mental e, principalmente, espiritual.

É necessário conhecer nossos erros, corrigindo-os por meio do sacramento da reconciliação, oferecido pela Igreja, mediante a confissão. Na confissão é necessário seguir os seguintes passos:

1. Exame de consciência – examinar nossa vida e perceber nossas falhas (Lc 15,17);

2. Arrependimento – reconhecer humildemente os pecados e os erros que fizemos. Sentir pesar pelos erros, pedir perdão e desejar mudar (Lc 15,18).

3. Bom propósito – decisão de mudar de vida e fazer algo para reparar o mal (Lc 15,10);

4. Confissão – acusação dos próprios pecados e humilde pedido de perdão a Deus (Lc 15,21);

5. Penitência – gestos e palavras de perdão que o sacerdote dá em nome da Igreja;

6. Cumprir o que o sacerdote pede (orações ou alguma ação concreta) (Lc 15,22-24). Rezar o ato de contrição, que pode ser a oração que segue ou outra: Meu Deus, eu me arrependo de todo o coração de vos ter ofendido, porque sois tão bom e amável. Prometo, com a vossa graça, esforçar-me para ser bom. Meu Jesus, misericórdia!

O importante, nesse momento, é expressar humildemente o sentimento de perdão e arrependimento, confiando nossa vida à misericórdia de Deus. A confissão é o sacramento da misericórdia de Deus. Ela nos oferece gratuitamente o perdão. Deus quer que o pecador viva e se converta. Ele é Pai bondoso e generoso. Ele é amor que nunca tem fim, que nos compreende, perdoa e nunca nos esquece.

Recordar – O que nossa vida está dizendo?

▶ Você já viu em alguma reportagem de TV ou em algum filme pessoas que não sabem dar e receber o perdão?

Escutar – O que o texto está dizendo?
   Canto de aclamação
   Dialogar com os catequizandos o texto: Lc 15,11-32.
   ▶ Em seguida um catequizando relê o texto.
   ▶ Que fez o filho mais novo?
   ▶ Qual foi a atitude do pai com o filho mais novo?
   ▶ O que aconteceu com o filho mais novo?
   ▶ Qual foi a atitude do pai quando ele voltou?
   ▶ Como agiu o filho mais velho?
   ▶ O que o pai respondeu?
   ▶ Qual a ideia principal presente neste texto?

Perceba!
O dinamismo da conversão e da penitência foi maravilhosamente descrito por Jesus na parábola do "filho pródigo", cujo centro é o pai misericordioso que mostra como retornar ao lar, receber o amor e o perdão de nosso Pai celestial e viver em harmonia com ele.

Meditar – O que o texto diz para mim?
   ▶ Que sabedoria de vida posso aprender com a parábola do filho pródigo?
   ▶ Deus é amor (1Jo 4,8). Ele deseja perdoar-nos. Ele se alegra quando lhe pedimos perdão. No amor supremo de Deus, não há espaço para o rancor.
   ▶ A confissão é um presente de Deus para tornar mais concreta a sensação de sentir-se perdoado, de recomeçar, de brilhar como luz do mundo.

Rezar – O que o texto me faz dizer a Deus?
   ▶ As invocações que seguem podem ser rezadas alternativamente e todos repetem: **Pai, espera por mim!**
Oração: Pai, tu que me entregaste toda riqueza do teu Reino e todo amor do teu coração, não percas a paciência comigo, e, se eu acabar virando filho pródigo, ingrato e esquecido de tua bondade, **Pai, espera por mim!**
1. Quando eu ficar cansado de mim mesmo por não apreciar o dom da vida que me deste;
2. Quando eu preterir a tua amizade, a tua graça e a aliança que selaste comigo no sangue de Cristo por prazeres que jamais poderão substituir a beleza do teu amor;
3. Quando os falsos amigos se dispersarem e me abandonarem numa estrada de amargura;
4. Quando meus sonhos de prazer e de grandeza se desfizerem e eu ficar na solidão, na presença apenas de mim mesmo e com medo de enfrentar o futuro;

5. Quando o desespero levar-me à desonestidade, à droga, à violência;
6. Quando eu me decidir a levantar-me, arrependido de meu desvios e com saudade de tua casa, que nunca deixou de ser minha;
7. Quando o desejo apaixonado de teu abraço invadir o meu coração e eu, apesar de minha ingratidão, for cobrar o beijo do teu perdão e da tua misericórdia;
Todos: Espera por mim, Pai, porque eu voltarei!

Contemplar – Olhar a vida como Deus olha
▶ Vou colocar-me nas mãos de Deus e, a exemplo do filho pródigo, conversar com Deus em meu coração, contando minhas faltas e me sentindo amado por ele.

Compromisso – O que a Palavra de Deus me leva a fazer?
▶ A partir da parábola do filho pródigo, em duplas, realizar durante a semana uma das atividades que seguem:
1. Criar uma notícia para o blogue;
2. Partindo da inspiração da parábola do filho pródigo, elaborar uma poesia, uma música *rap* ou outra forma poética contada ou historiada do filho pródigo, para publicar no blogue;
3. Fazer comentários para o *twitter* referentes ao cuidado com a vida.

O que eu penso agora?
Depois de todas as considerações construídas neste encontro, o que penso?
- A confissão é o sacramento da misericórdia de Deus.
- Qual a importância de confessar os pecados?
- Como posso sentir-me perdoado por Deus?

Celebração do sacramento da Reconciliação

Observações: A celebração do sacramento da reconciliação almeja proporcionar aos catequizandos, pais, padrinhos, catequistas, introdutores e à comunidade a experiência da misericórdia de Deus, a alegria do perdão e o desejo de participar desse sacramento frequentemente e vivê-lo intensamente.

Preparar para a celebração:
- pano vermelho;
- crucifixo grande;
- duas velas;
- círio pascal;
- incenso;
- velas para todos (se houver caminhada luminosa);
- folha de cantos condizentes à celebração da reconciliação;
- aparelho para música;
- um vaso de folhagem, como símbolo de vida e esperança;
- local (ou locais, caso haja mais sacerdotes) para a confissão individual;
- cenário com pano vermelho transpassado no crucifixo;
- vaso de folhagem e a frase: "Vós sois bom e misericordioso", ou outra nesse sentido.

Considerações:
- Escolher o horário para realizar a celebração que favoreça a participação dos pais, familiares, padrinhos e introdutores. Convidá-los e animá-los a participar.
- Se a celebração for realizada à noite, é oportuno fazer uma breve caminhada luminosa.
- Além dos encontros de catequese que esclareceram e proporcionaram a vivência do perdão e do amor misericordioso de Deus sobre este sacramento, elaborar a celebração tendo o cuidado de favorecer aos catequizandos um momento de fé, oração e nova compreensão sobre este sacramento.
- Integrar-se com a equipe de liturgia e canto para preparar juntos a celebração. Combinar com quem vai presidi-la para que haja sintonia em todos os momentos.
- Organizar uma equipe de acolhida que receba as pessoas e favoreça para que todos sejam bem acomodados.
- Os participantes são acolhidos no local da celebração, com música condizente ao momento e que favoreça o recolhimento. Se for à noite, diminuir um pouco a luz no local, para criar ambiente orante.

Canto

Acolhida	O amor de Deus Pai, que nos acolhe e perdoa sempre, a graça de Jesus Cristo, que morreu numa cruz para nos salvar e a luz do Espírito Santo, que nos santifica, esteja convosco.
Quem preside:	

Todos: Bendito seja Deus, que nos reuniu no amor de Cristo.

Quem preside: Boas-vindas a todos! Que bom que estamos aqui para o encontro entre nós e com Deus Pai, que nos ama e perdoa sempre de forma mais profunda pelo sacramento da reconciliação. Celebrar esse sacramento é confirmar a fé em Deus Pai de misericórdia e a disposição de mudar de vida.

Oração: Deus, Pai de ternura e misericórdia, olha com bondade para todos os que aqui estão com o coração contrito e sincero. Ajuda-os a reconhecer e confessar seus pecados e receber o perdão, pelo sacramento da reconciliação. Que o Espírito Santo ilumine com sua luz profunda os seus corações, para perceberem o que os afasta do caminho de volta para o Pai, para que vivam segundo a Palavra de Jesus, vosso Filho amado, que convosco e o Espírito Santo vive para sempre.

Todos: Amém!

Tocar a cruz, trazendo presente a vida
Quem preside ou um catequista encaminha este gesto:

Em nosso cotidiano, presenciamos muitas situações de sofrimento e de morte, que são consequência do pecado nosso e de toda a humanidade. Jesus carregou sobre si todas as nossas iniquidades e pecados e, pela morte de cruz, nos libertou e salvou. Num gesto de agradecimento, e também trazendo junto à cruz de Jesus os sofrimentos que vivemos, os pecados nossos e de nossos irmãos, vamos tocar o crucifixo, fazendo nossa oração pessoal (música para acompanhar este gesto).

Canto: (apropriado, como: Pai, em tuas mãos entrego o meu espírito)

Liturgia da Palavra
Realizar solene entrada da Palavra, com velas, incenso e um símbolo de vida nova e esperança, como: água, folhagem.

Primeira Leitura: 2Cor 5,14-19

Salmo 51 (50) (rezado ou cantado)

Catequista:	Jesus apresenta Deus como um Pai misericordioso, sempre pronto a perdoar e acolher, com amor misericordioso, a volta do filho que se afastou da casa do Pai.

Canto de aclamação: (a escolher)

Evangelho: Lc 15,11-32 (o Evangelho poderá ser encenado)

Homilia

Exame de consciência.
Quem preside convida à reflexão, à luz da Palavra de Deus, para que se faça um exame de consciência. Faz-se um momento de silêncio, com música de fundo. Algumas mensagens do Evangelho poderão ser lembradas para confrontar nossa vida com o maior mandamento, as bem-aventuranças e o seguimento de Jesus.
Pode-se ainda refletir sobre:
Minha vida com Deus: confiança, escuta atenta, fidelidade, vida de oração, Leitura Orante, seguimento dos ensinamentos de Jesus, participação das celebrações da comunidade;
Minha vida com os outros: respeito, solidariedade, paciência, acolhida, aceitação mútua, caridade, mútua-ajuda;
Minha vida em relação às coisas criadas: cuidado, generosidade, preservação, desprendimento, partilha, liberdade.
(Momento de silêncio e reflexão).

Quem preside:
Oração: (de mãos estendidas sobre a comunidade) Ó Deus, nosso Pai, Jesus nos revelou o quanto és bom e misericordioso, mostras o teu amor na acolhida, no perdão e revelas alegria com aqueles que, arrependidos, voltam para receber de ti vida nova. Concede-nos reconhecer nossos pecados e com sincero arrependimento confessá-los para receber o teu perdão. Nós te pedimos por Jesus Cristo, na unidade do Espírito Santo.
Todos: Amém!

Ato de Contrição:	Meu Deus, porque sois infinitamente bom, eu vos amo de todo o meu coração. Pesa-me por vos ter ofendido e, com o auxílio de vossa divina graça, proponho firmemente emendar-me e nunca mais vos tornar a ofender. Peço e espero o perdão das minhas culpas, por vossa infinita misericórdia, Amém!

Pai-nosso

Confissão individual

Quem preside anime e motive a comunidade a dirigir-se ao(s) sacerdote(s) para a confissão individual. Enquanto todos se dirigem à confissão, a comunidade reza, canta, intercalando momento de silêncio e música. Dependendo do número de pessoas, todos esperam para que todos façam sua confissão individual.
Enquanto todos esperam, a comunidade reza:
Salmos 32(31); 63(62); 130 129); Lc 15,3-7; Mt 18,15-20; Mt 18,21-35; intercalando cantos.

Bênção e despedida

Crisma, sacramento da maturidade cristã

Objetivo: Compreender que a crisma unge, confirma e consolida o cristão na fé.

> **Catequista**, ao se preparar para este encontro, mantenha em mente o seguinte:
> - O sacramento da confirmação tem o sentido de consolidar, firmar o cristão na fé.
> - A crisma, ou confirmação, é o sacramento pelo qual o batizado é fortalecido com o dom do Espírito Santo, para que, por palavras e obras, seja testemunha de Cristo, propague e defenda a fé. A crisma é para nós o que Pentecostes foi para os apóstolos (cf. At 2,1-12).

Preparar: Bíblia, uma grande vela ou o círio pascal envolto em pano vermelho, uma mesa com toalha branca, frasco com óleo e a frase: "A crisma é o sacramento da maturidade cristã". Providenciar uma caixinha bonita, com cartões contendo os sete dons do Espírito Santo e a citação bíblica do referido dom (o suficiente para todos os catequizandos), como segue: *Sabedoria*: para conhecer a Deus e saber distinguir entre o caminho do bem e do mal (Sl 48,1-3); *Inteligência*: para compreender o projeto de Deus revelado em sua palavra e ver tudo com os olhos de Deus (Pr 3,5-7); *Ciência*: para colocar todo saber a serviço dos irmãos (1Cor 13,1-3); *Conselho*: para ter a capacidade de ajudar os outros a conhecer Jesus e de nos fazer sábios diante da vida (2Tm 4,1-5); *Fortaleza*: para nos dar firmeza, coragem e perseverança no bem, diante das propostas sedutoras da sociedade (2Tm 1,6-9); *Piedade*: maneira de amar a Deus no serviço do Reino, de imitar Jesus, manso e humilde de coração (2Pd 1,3); *Temor de Deus*: para colocar Deus no centro de nossa vida e não os ídolos do ter, do poder e do prazer (Jo 14,15-20). Conforme o número de catequizandos, pode-se repetir alguns dons.

Ambiente: Preparar bem o ambiente, de forma que a estética, a ordem e a limpeza manifestem a seriedade e a importância do encontro e o respeito aos catequizandos. Com fundo musical (música sacra), receber os catequizandos, dizendo a cada um: "Você é bem-vindo ao nosso encontro!" Zelar para que a mesa, previamente preparada e organizada com os elementos que ficarão sobre ela, esteja em lugar adequado. Ter à disposição a caixinha que contém os cartões com citações bíblicas. Em lugar de destaque, fixar a frase: "A crisma é o sacramento da maturidade cristã".

Para você, catequista: Convide os catequizandos a falar o que sentem às vésperas de receber o sacramento da crisma. Faça alusão à caixinha que contém os cartões com referências aos dons do Espírito Santo, presentes de Deus para nós. Os dons são qualidades para viver bem com Deus e com o próximo. Pela força de Deus, somos chamados a crescer na maturidade da fé. Essa força de Deus é o Espírito Santo agindo em nós, que exige um cultivo progressivo na vida de fé, num autêntico crescimento e seguimento de Jesus na comunidade cristã. Na Igreja, a experiência de nossa vida de fé é celebrada no sacramento da crisma. O Espírito Santo, recebido no batismo, é dado novamente ao cristão na crisma, para fortalecê-lo em sua caminhada no amadurecendo da fé, para ser apóstolo de Jesus Cristo, defender e difundir a fé cristã. É a crisma que confirma o resultado de uma opção consciente do crismando na vida cristã, em função daquilo que ele recebeu no seu batismo, quando foi introduzido na comunidade cristã. Pelo batismo, recebemos o Espírito Santo e nos tornamos filhos de Deus. Pela graça da crisma, o Espírito Santo consolida a fé que recebemos no batismo. "Eu coloquei você como luz para as nações, para que leve a salvação até aos extremos da terra" (cf. At 13,47). O sacramento da confirmação tem o sentido de consolidar, firmar o cristão na fé. Não devemos confundir a crisma (um sacramento) com o crisma (óleo para ungir).

O crisma é um dos três óleos que o bispo benze todo ano, na missa da Quinta-feira Santa. Os outros dois são: o óleo dos catecúmenos (usado no batismo) e o óleo dos enfermos (usado na unção dos enfermos). O óleo (azeite) significa o efeito fortificante da graça de Deus. Além da bênção especial e diferente que cada óleo recebe, o crisma é misturado com bálsamo. No crisma, o bálsamo simboliza a "fragrância" da virtude, o bom odor que deverá desprender-se da vida daquele que põe em movimento as graças da confirmação. Os gestos e os símbolos que acompanham o sacramento da crisma são muito significativos. A *imposição das mãos* é um gesto bíblico de bênção ou de consagração. Jesus cura os doentes e abençoa as crianças pela imposição das mãos, por meio das quais passa toda a sua força divina. O bispo marca o crismando na fronte com o *sinal da cruz*, dizendo: "(nome do crismando), recebe, por este sinal, os dons do Espírito Santo".

No sacramento da crisma, aqueles que renasceram pelo batismo recebem o dom do Espírito Santo, são enriquecidos por ele com uma força especial. A pessoa crismada, marcada pelo sacramento da crisma, permanece unida à Igreja estreitamente e é convidada a difundir e defender a fé por palavras e atos, como verdadeira testemunha de Jesus Cristo. No Primeiro Testamento, em Isaías lê-se: "Repousará sobre ele o espírito do Senhor, espírito de sabedoria e discernimento, espírito de conselho e fortaleza, espírito de conhecimento e temor do Senhor" (Is 11,2-3).

Reflexão sobre os Dons do Espírito Santo
Is 11,1-3

a) Sabedoria – Ela nos leva ao verdadeiro conhecimento de Deus e a buscar os reais valores da vida. O homem sábio ou a mulher sábia é aquele(a) que pratica a justiça, tem um coração misericordioso, ama intensamente a vida, porque a vida vem de Deus.

b) Inteligência – Este dom nos leva a entender e a compreender as verdades da salvação, reveladas na Sagrada Escritura e nos ensinamentos da Igreja. Deus é Pai de todos; em Jesus, Filho de Deus, somos irmãos.

c) Ciência – A capacidade de descobrir, inventar, recriar formas, maneiras para salvar o ser humano e a natureza. Suscita atitudes de participação, de luta e de ousadia, ante a cultura da morte.

d) Conselho – É o dom de orientar e ajudar a quem precisa. Ele permite dialogar fraternalmente, em família e comunidade, acolhendo o diferente que vive em nosso meio. Esse dom capacita a animar os desanimados, a fazer sorrir os que sofrem, a unir os separados.

e) Fortaleza – É o dom de tornar as pessoas fortes, corajosas para enfrentar as dificuldades da fé e da vida. Ajuda os jovens a ter esperança no futuro, os pais a assumirem com alegria seus deveres, as lideranças a perseverarem na conquista de uma sociedade mais fraterna.

f) Piedade – É o dom da intimidade e da mística. Coloca-nos numa atitude de filhos buscando um diálogo profundo e íntimo com Deus. Acende o fogo do amor: amor a Deus e amor aos irmãos.

g) Temor de Deus – Esse dom nos dá a consciência de quanto Deus nos ama. "Ele nos amou antes de tudo". Por isso, precisamos corresponder a esse amor.

Esses dons se transformam em fraternidade, solidariedade, justiça, por meio de uma vivência comunitária nos grupos de reflexão, grupos de oração, estudo bíblico, na participação das celebrações dominicais e na prática da caridade.

Recordar – O que nossa vida está dizendo?
   Você já observou a reação de alguém que está às vésperas de um acontecimento importante? Como se prepara para o acontecimento?

Escutar – O que o texto está dizendo?
   Canto de acolhida da Palavra
   Ler Rm 8,9-13
   O que Paulo diz a respeito do Espírito de Deus, na carta aos romanos?
   Quais as considerações a respeito da presença do Espírito de Cristo em nós?

Meditar – O que o texto diz para mim?
   Como permito que o Espírito Santo me fortaleça na caminhada para que eu amadureça na fé e seja apóstolo de Jesus Cristo?

Rezar – O que o texto me faz dizer a Deus?

Catequista: Ao receber o Espírito Santo, nós nos abrimos inteiramente à graça sacramental, o próprio Deus se serve de nós como instrumento e age em nós. Por isso necessitamos pedir ao Espírito de Deus os seus dons (apresenta a caixinha, contendo os dons). Cada catequizando retira dela um dom, sobre o qual faz sua oração, e em seguida o lê em voz alta.

Oração:

Vinde Espírito Santo e dai-nos o dom da *Sabedoria*, para que possamos avaliar todas as coisas à luz do Evangelho, ler nos acontecimentos da vida os projetos de amor do Pai.

Dai-nos o *Entendimento*, uma compreensão mais profunda da verdade, a fim de anunciarmos a salvação com maior firmeza e convicção.

Dai-nos o dom do *Conselho*, que ilumina a nossa vida e orienta a nossa ação segundo vossa Divina Providência.

Dai-nos o dom da *Fortaleza*, sustentai-nos no meio de tantas dificuldades, fortalecendo-nos para que, com coragem, possamos anunciar o Evangelho.

Dai-nos o dom da *Ciência*, para distinguir o único necessário, das coisas meramente importantes. Dai-nos a *Piedade*, para reanimar sempre mais nossa íntima comunhão convosco e, finalmente, dai-nos vosso santo *Temor*, para que, conscientes de nossas fragilidades, reconheçamos a força da vossa graça. Vinde, Espírito Santo, e dai-nos um novo coração. Amém! (Inspirada na Carta de João Paulo II aos sacerdotes do mundo inteiro por ocasião da Quinta-feira santa de 1998).

Contemplar – Olhar a vida como Deus olha

Em atitude de reflexão vou contemplar o Espírito de Deus agindo em mim e purificando meu ser. Vou colocar-me nas mãos de Deus e dizer:

O Espírito de Deus repousa sobre mim e enviou-me a dilatar o seu reinado no mundo; levar a Boa-nova aos pobres do Senhor, levar consolação aonde haja pranto e dor; aos cegos, dar a luz, a eterna salvação; aos presos, libertar da escravidão.

O Espírito de Deus repousa sobre mim. O Espírito de Deus me deu sabedoria.

O Espírito de Deus enviou-me a proclamar o Reino da justiça, do amor e da alegria.

O Espírito de Deus enviou-me a proclamar o Reino da amizade, da paz e da harmonia.

(Frei Hermano da Câmara).

Compromisso – O que a Palavra de Deus me leva a fazer?

Durante a semana vou ler várias vezes o dom e a citação bíblica que recebi e elaborar uma oração, pedindo a Deus que fortaleça em mim esse dom.

Faça uma oração ao Espírito Santo, pedindo-lhe os sete dons. Reze a referida oração com a família.
Poderia publicar essa oração no blogue desse grupo?

O que eu penso agora?
Depois de todas as considerações construídas neste encontro, o que penso?
- Na Igreja, a experiência de vida de fé é celebrada no sacramento da crisma. O Espírito Santo, recebido no batismo, é dado novamente ao cristão na crisma, para fortalecê-lo em sua caminhada no amadurecimento na fé.
A crisma é o sacramento da maturidade cristã.

Lembrete: Convidar dois catequizandos para preparar a encenação da história de dois amigos, que consta no encontro seguinte.

Descerá sobre vós o Espírito Santo e sereis minhas testemunhas

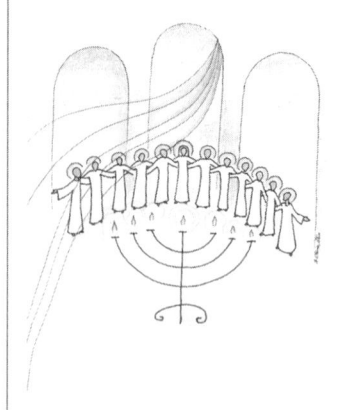

Objetivo: Receber o Espírito Santo como dom para testemunhar Jesus.

Preparar: Bíblia, uma grande vela ou um círio pascal, panos brancos, uma mesa com toalha branca, tiras de papel – o suficiente para cada catequizando e também para o catequista, com as palavras que sugerem o testemunho no seguimento de Jesus: alegria, sinceridade, justiça, diálogo, partilha, honestidade, humildade, paciência, fé, modéstia, bondade.

Ambiente: Dispor sobre a mesa revestida com toalha branca, a Bíblia, círio pascal ou uma grande vela.
Receber os catequizandos num clima de amizade e alegria, entregando a cada um uma tira de papel preparada, como já indicado.

Para você, catequista: Convide os catequizandos que se prepararam para representar a encenação da história dos "Dois amigos" para apresentá-la.

> Dois amigos
> – Pois é, Igor, às vezes eu penso que tudo isso é muito bonito, mas não é para mim!
> – Como assim, Arthur?
> – Sei lá, cara, tudo o que aprendemos nos encontros da crisma é muito legal, mas eu não vou conseguir ser um cristão católico perfeito.
> – Será, Arthur? Será que Deus iria pedir-nos algo além das nossas possibilidades?
> – Ih, Igor, você até pode. É um cara legal, é todo da Igreja. Acho até que você vai tornar-se santo, mas eu não, cara! Eu sou do jeito que eu sou.
> – Não, Arthur! Primeiro, porque sou diferente de você e, depois, porque eu não acredito que Deus peça para nós, seres humanos e imperfeitos, o impossível.
> – Então não sei, cara, não sei...
>
> Igor e Arthur discutem um tema sobre o qual falaremos neste encontro.
>
> - O que você pensa de Igor?
> - O que você diria para Arthur?

Jesus, ao deixar este mundo, fez uma promessa e um convite: "Descerá sobre vós o Espírito Santo, que vos dará força, e sereis minhas testemunhas até os confins do mundo" (At 1,8). Essa promessa de Jesus significa que o Espírito Santo dará a força necessária para continuar no mundo a missão de Jesus.

Encontramos, nos Evangelhos, o convite de Jesus aos apóstolos, aos discípulos, aos que o seguiam, a continuarem a transmitir aquilo que viram e ouviram, a fim de que tudo o que ele semeou gerasse frutos para a implantação do Reino de Deus. Era preciso que homens e mulheres testemunhassem seus ensinamentos, para que a humanidade sempre tivesse oportunidade de falar sobre Jesus de Nazaré.

Os apóstolos e muitos outros seguidores, ao receberem o Espírito Santo, encheram-se de coragem e partiram para o anúncio do Evangelho a todos os povos, testemunhando, pela sua prática, a fé em Jesus e o anúncio dos seus ensinamentos. Muitos, verdadeiros mártires, deram sua vida, derramaram seu sangue para testemunhar sua fé em Jesus. A pessoa que aceita o Espírito Santo sente-se impelida a buscar o bem comum, defender os fracos e necessitados, criar maneiras para que a vida seja digna para todos, promover a justiça, construir a paz, viver no seguimento de Jesus e testemunhar a fé.

Recordar – O que nossa vida está dizendo?

Convide os catequizandos para, em duplas, conversarem sobre a palavra que cada um recebeu e para que respondam a seguinte pergunta: Como você é capaz de testemunhar o que a palavra lhe evoca? Partilhar no grande grupo o que as palavras sugeriram.

▶ Você conhece pessoas na comunidade – escola, família – que dão testemunho, segundo o que sugeriram as palavras que acabamos de analisar?
▶ Você conhece alguma história semelhante à do Igor e Arthur?
▶ Complemente a reflexão feita pelos catequizandos.

Escutar – O que o texto está dizendo?

Canto de acolhida da Palavra
Ler At 1,6-8
▶ O que os discípulos perguntaram a Jesus?
▶ O que Jesus respondeu?
▶ Qual a palavra ou frase do texto que lhe chamou atenção?
▶ O que o texto fala sobre a descida do Espírito Santo?

Perceba!
O número "sete" na Bíblia tem sentido de infinito. Os dons do Espírito são estes sete e outras formas que Deus usa para se manifestar em nossa vida, nos pequenos acontecimentos, num gesto ou palavra. Quando pedimos um novo coração, pedimos que a pessoa do Espírito habite em nós. Estamos pedindo sua presença! Isto nos faz ter um novo sentido de vida e um novo coração.

Meditar – O que o texto diz para mim?
Mediante a mensagem do texto, quero implorar a presença do Espírito Santo, para superar minhas angústias e medos?

Rezar – O que o texto me faz dizer a Deus?
▶ Permanecer um instante em silêncio e sentir a presença de Deus.
▶ Fale ao Espírito Santo do seu desejo de ser testemunha de Jesus, por uma vida de fé coerente.
Oração: Vem Santo Espírito, enche os corações de vossos fiéis.
Vem agora fazer-nos felizes.
Tu vieste para que, com teu auxílio, pudéssemos inserir-nos na esperança da glória dos filhos de Deus.
Vem de novo, para que possamos também gloriar-nos na posse desta vida.
A ti cabe confirmar, consolidar, aperfeiçoar e levar a bom termo nossa existência. O Pai nos criou, o Filho nos resgatou, a ti cabe nos ensinar toda a verdade e levar-nos ao sumo bem, à visão do Pai, à abundância de todas as alegrias eternas. Amém!

Contemplar – Olhar a vida como Deus olha
▶ A mensagem que Jesus dirigiu aos discípulos: "O Espírito Santo descerá sobre vocês e dele receberão força para serem minhas testemunhas" é também dirigida a mim para que eu seja testemunho de alegria, sinceridade, justiça, diálogo, partilha, honestidade, humildade, paciência, fé, modéstia, bondade.

Compromisso – O que a Palavra de Deus me leva a fazer?
▶ Procure na internet o site www.servidoresdoaltar.org.br/2012/05/veni-creator-spiritus.html Para expressar a alegria pela presença do Espírito Santo, vou meditar o hino Veni Creator Spiritus, que significa "Vem, Espírito Criador".

▶ Em meu cotidiano como posso assumir como compromisso para minha vida as palavras: "O Espírito Santo descerá sobre vocês e sereis minhas testemunhas"?

O que eu penso agora?
Depois de todas as considerações construídas neste encontro, o que penso?
• Como ser testemunha de Jesus?
• Ser cristão é para todos? Por quê?

O Espírito de Deus nos unge e nos envia

Objetivo: Aprofundar o conhecimento do sacramento da crisma e descobrir o significado dos gestos, das palavras e dos símbolos.

> **Catequista**, ao se preparar para este encontro, mantenha em mente as seguintes questões:
> - O que significa a crisma?
> - O que acontece na cerimônia da crisma?
> - Que símbolos e gestos estão envolvidos na crisma e o que significam?

Preparar: Bíblia, velas, flores, faixa com a frase: "A crisma acentua o envio à missão", sandália, frasco com perfume, recortes de pezinhos em cartolina – o suficiente para cada catequizando –, com as perguntas: Qual o significado da palavra crisma? Qual o sentido da unção: no Primeiro Testamento? Na vida de Jesus? Na vida da Igreja? Na vida do crismado?
Providenciar também vídeo com o rito da crisma (pode ser a gravação de uma das crismas realizadas na comunidade).

Ambiente: Dispor as cadeiras em círculo e, no centro, panos coloridos, sobre os quais colocar a sandália e o frasco com perfume. Receber os catequizandos com alegria e entregar pezinhos recortados, já citados. Solicitar que, em duplas, pensem sobre possíveis respostas às perguntas registradas no pezinho. Com o auxílio do vídeo, mostrar o momento em que acontece o rito da crisma.

Para você, catequista: Retome as perguntas e acrescente: "Crisma" é uma palavra grega que significa óleo de ungir. Crismar é o ato de ungir com óleo sagrado a fronte do crismando, que se torna ungido, ou seja, enviado (cf. CIC 1289). No Primeiro Testamento, a unção simbolizava força, poder, cura, saúde, alegria, bom odor, beleza, consagração. Samuel ungiu Saul como rei de Israel (1Sm 9,25-10,1) e o pequeno Davi (1Sm 16,13).

A unção, no simbolismo bíblico, é rica de significados: o óleo é sinal de abundância e de alegria, ele purifica (unção antes e depois do banho) e amacia (unção dos atletas e dos lutadores); é sinal de cura, pois ameniza as contusões e as feridas e faz irradiar beleza, saúde e força.

A palavra "Cristo" significa "ungido," que quer dizer enviado, pois Cristo é o enviado do Pai para a nossa salvação. No batismo, recebemos o Espírito Santo e nos transformamos de criaturas de Deus em Filhos de Deus. Na crisma, dizemos com consciência: Quero ser Filho de Deus e assumir a minha missão de evangelizar.

Todos esses significados da unção com óleo, que aparecem no Primeiro e no Segundo Testamento, voltam a encontrar-se na vida sacramental. A unção antes do batismo, com o óleo dos catecúmenos, significa purificação e fortalecimento; a unção dos enfermos exprime a cura e o reconforto. Impregnados pela força do Espírito Santo, nós nos tornamos "templos do Espírito Santo" (1Cor 3,16).

O perfume do óleo usado na crisma significa que o cristão deve "exalar o bom odor de Cristo", ou seja, testemunhar Jesus Cristo, sendo alguém de perfume agradável no viver (cf. 2Cor 2,1416). Ser ungido é ser marcado com o selo, com o sinal da cruz, significando que o cristão pertence a Cristo (cf. Ef 1,13; 4,30). A unção é também sinal de consagração, pois o ungido é o enviado que deve realizar a missão de Jesus.

Como os atletas e lutadores eram ungidos com óleo, o crismado deve ser atleta e soldado de Cristo. O óleo é ainda sinal de abundância, de alegria, de purificação, de cura, de fortalecimento e de reconforto (cf. Sl 133[132]). O que vai acontecer no dia da crisma?

O sacramento da confirmação é administrado logo após a profissão de fé, dentro da celebração eucarística. Primeiramente o bispo impõe as mãos sobre os crismandos e faz a invocação do Espírito Santo.

A imposição das mãos é um gesto de autoridade, na qual se transmite uma responsabilidade dentro da Igreja. É o gesto bíblico pelo qual o dom do Espírito Santo é comunicado (cf. At 6,6-7; 8,14-17; 19,1-6).

O segundo gesto sacramental é a unção com o óleo do crisma. Cada crismando se aproxima, e o bispo faz o *sinal da cruz* na sua fronte, dizendo: "N, recebe, por este sinal, o Espírito Santo, o dom de Deus!" O crismando responde: "Amém!" O bispo ainda diz: "A paz esteja contigo!" o crismando responde: "E contigo também!"

O óleo usado na crisma é consagrado pelo bispo na missa dos santos óleos, na Quinta-feira santa. A unção com óleo possui vários significados: o óleo, repassado na fronte do crismando, significa que ele é carregado pela força do Espírito Santo – somos "templos do Espírito Santo" (1Cor 3,16); o perfume do óleo usado na crisma significa que o cristão deve "exalar o bom odor de Cristo", ou seja, deve, por onde passa, testemunhar Jesus Cristo. Ser ungido é ser marcado com o selo, com o sinal da cruz, significando que o cristão pertence a Cristo (cf. Ef 1,13; 4,30). A unção é também sinal de consagração, pois o ungido é o enviado que deve realizar a missão de Jesus. Como os atletas e lutadores eram ungidos com óleo, o crismado deve ser atleta e soldado de Jesus Cristo. O óleo é ainda sinal de abundância, de alegria, de purificação, de cura, de fortalecimento e de reconforto.

Perceba!

São efeitos do sacramento da crisma:
- A efusão plena do Espírito Santo, como foi outorgado aos apóstolos no dia de Pentecostes;
- o aumento e aprofundamento da graça santificante batismal;
- a graça sacramental específica, cujo efeito próprio são os 7 dons;
- o aprofundamento do caráter (marca) na alma, que identifica o seguidor de Cristo no combate contra o mal;
- enraiza mais profundamente na filiação divina;
- une mais solidamente a Cristo;
- dá uma força especial do Espírito Santo para difundir e defender a fé.

Recordar – O que nossa vida está dizendo?

▶ Apresentar a gravação de uma das crismas da comunidade ou gravuras e fotos referentes à celebração de uma crisma.

O que mais lhe chamou atenção na apresentação do vídeo e/ou nas figuras e fotos?

Escutar – O que o texto está dizendo?

▶ Um catequizando ergue a Bíblia, enquanto todos cantam o canto de aclamação.
Canto de aclamação
Ler Lc 4,14-21
▶ De quem o texto está falando?
▶ Aonde Jesus foi em um dia de sábado e o que fez?
▶ O que estava escrito no livro?

Meditar – O que o texto diz para mim?

▶ A unção significa escolha, predileção por parte de Deus, templo do Espírito Santo, testemunhas de Jesus Cristo, enviado para realizar a missão de Jesus. Na Sagrada Escritura, encontramos a unção de reis, sacerdotes e profetas para serem instrumentos na condução do povo e na missão de defender o direito e a justiça. Mediante os gestos e os símbolos da crisma, o que posso assumir como crismado em minha vida e na vida da comunidade?

Rezar – O que o texto me faz dizer a Deus?

▶ Em silêncio, vou louvar a Deus pelas boas obras que consigo realizar.
Rezar juntos o texto de Lc 4,18-19.
Em seguida, o catequista perfuma a fronte de cada catequizando e diz: "(nome), prepare seu coração para receber a unção e irradiar o perfume dos valores do Reino, por meio do testemunho e seguimento de Jesus".

Contemplar – Olhar a vida como Deus olha
> Vou colocar-me nas mãos de Deus e deixar que ele me nomeie para ser sua testemunha, sob as graças do Espírito Santo.
> A crisma deve ocorrer quando alguém deseja conscientemente, de vontade própria, assumir o compromisso da vida cristã na Igreja. Então ele se abre para que Deus derrame a sua unção pelo Espírito Santo.

Compromisso – O que a Palavra de Deus me leva a fazer?
> Mediante o Espírito Santo posso anunciar a Boa-nova, ser membro vivo da Igreja. Guiado pelo Espírito Santo, procurarei servir a todos, à semelhança de Jesus, que veio para servir e não para ser servido (cf. RICA, n.118).

Postar no blogue o significado dos gestos e das palavras usados na crisma.

O que eu penso agora?
Depois de todas as considerações construídas neste encontro, o que penso?
- Pelo batismo vou receber uma nova vida e me tornar membro de Cristo.
- Resta-me agora receber o Espírito Santo, que foi enviado pelo Pai, assim como aconteceu com os apóstolos no dia de Pentecostes.

Celebração da Crisma

Observações: O itinerário percorrido pela catequese tem agora, para a vida dos catequizandos, o seu momento importante, com a celebração do sacramento da crisma, não como conclusão de caminhada, mas como vivência e celebração da graça dos dons do Espírito Santo, para com mais vigor prosseguirmos no seguimento de Jesus Cristo como discípulos.

É importante indagar-se: Como realizar essa celebração para que se constitua um marco na vida das pessoas que se prepararam durante um longo tempo com tanto esforço, oração, reflexão e fé? A preparação espiritual pela oração ao Espírito Santo, Leitura Orante da Palavra de Deus, a motivação, a animação dos catequistas são ações para criar expectativa e alegria nos catequizandos e o desejo de bem celebrar esse sacramento.

Preparar para a celebração:
- crachás com o nome dos catequizandos, bem visível;
- lembranças da crisma, que serão entregues aos crismados;
- cruz processional;
- livro da Palavra;
- círio pascal;
- óleo do crisma;
- bacia com água, sabonete, limão e toalha para o bispo lavar as mãos depois da unção;
- lugar reservado para os crismandos e seus padrinhos.

Considerações:
- com antecedência, comunicar à comunidade data e horário da celebração da crisma e convidá-la a participar para manifestar apoio aos catequizandos que serão crismados; com esmero, preparar a celebração com os catequizandos, catequistas, a equipe de liturgia e de canto, leitores, coroinhas, ministros e com o padre;
- na entrada da igreja, organizar uma equipe para acolher os pais, os padrinhos e toda a comunidade;
- os catequistas de cada turma entregam o crachá aos seus catequizandos; também, no limiar da igreja, será preparada a procissão de entrada: cruz processional, livro da Palavra, o óleo do crisma, coroinhas, ministros, diácono, padre(s) e o bispo; conforme o número de crismandos, estes poderão participar da procissão.

Ritos iniciais:

Procissão de entrada com um canto apropriado
Se os crismandos entram em procissão, a comunidade é motivada a recebê-los com salva de palmas.

Quem preside:	Invocar a Santíssima Trindade e saudar cordialmente os catequizandos e toda a assembleia, com estas ou outras palavras: A todos vós que aqui viestes desejo que Deus vos cumule de toda a alegria e paz na fé, pela ação do Espírito Santo, e que ele esteja convosco.
Todos:	Bendito seja Deus, que nos reuniu no amor de Cristo.

A celebração eucarística prossegue com a liturgia própria do dia. Conforme o dia da crisma e em combinação com o bispo, outras leituras poderão ser utilizadas.

Liturgia da Palavra: entrada solene da Palavra.
Primeira Leitura: Is 11,1-4; 61,1-3; Ez 36,24-28
Salmo: 103(102) Rm 8,14-17; 8, 26-27; 1Cor 12,4-13.
Segunda leitura: At 1,3-8;
Evangelho: Jo 14,23-26; 14,15-17

Apresentação dos catequizandos

(Após a proclamação do Evangelho, o pároco ou catequista dirige-se ao bispo ou seu representante com estas ou outras palavras):
Caro Dom ...., aqui estão os nossos catequizandos que desejam receber o sacramento da confirmação.

Bispo:	Quais são eles?
Padre ou catequista:	Queiram ficar de pé os crismandos.
Bispo:	Como eles se prepararam para este momento? (Faz-se, neste momento, a memória da caminhada de preparação, tendo em vista o envolvimento dos pais, catequistas, introdutores, o padre e toda a comunidade nas celebrações, serviços pastorais, estudo, oração e reflexão, provocados pelos encontros e pela programação existente no manual proposto pela diocese.)
Bispo:	Em nome dessa comunidade, acolho com alegria esses crismandos. Deus, que os conduziu até aqui, lhes dê perseverança na continuidade dos encontros, com o aprofundamento dos Mistérios de Cristo, Nosso Senhor.
Todos:	Amém.

Homilia

Depois da homilia, dá-se o rito específico do sacramento da crisma.

Quem preside dirige-se aos crismandos e diz:	Pelo batismo, vocês receberam uma nova vida e se tornaram membros de Cristo. Resta-lhes agora receber como nós o Espírito Santo, que foi enviado pelo Senhor sobre os apóstolos no dia de Pentecostes. Vocês receberão a força do Espírito pela qual, mais plenamente configurados a Cristo, darão testemunho da paixão e ressurreição do Senhor e se tornarão membros ativos da Igreja, para a edificação do Corpo de Cristo na fé e na caridade (cf. RICA, 229).
Quem preside:	*(Tendo junto de si os presbíteros concelebrantes, de pé, com as mãos unidas e voltado para a assembleia, diz):* Roguemos, irmãos e irmãs, a Deus Pai todo-poderoso que derrame o Espírito Santo sobre estes filhos e filhas, a fim de confirmá-los pela riqueza de seus dons e configurá-los pela sua unção ao Cristo, filho de Deus. *(Todos rezam um momento em silêncio)*
Quem preside e os presbíteros concelebrantes impõem as mãos sobre todos os confirmandos, mas só quem preside diz:	Deus todo-poderoso, Pai de Nosso Senhor Jesus Cristo, enviai-lhes o Espírito Santo Paráclito; dai-lhes, Senhor, o Espírito de sabedoria e inteligência; o Espírito de conselho e fortaleza; o Espírito de ciência e piedade; e enchei-os do Espírito do vosso temor. Por Cristo, nosso Senhor.
Todos:	Amém! (cf. RICA 230ss.)

Unção com óleo do crisma

Cada confirmando, identificado pelo seu crachá, se aproxima, e o/a padrinho/madrinha (se houver) coloca a mão direita sobre o ombro do afilhado ou da afilhada. O bispo, com o óleo do crisma, marca o confirmando na fronte com o sinal-da-cruz, dizendo:

Bispo:	(Nome), recebe, por este sinal, o Espírito Santo, o dom de Deus.
Confirmando:	Amém.
Bispo:	A paz esteja contigo.

Confirmado: E contigo também.

Durante o rito da unção, a comunidade pode cantar. Depois, segue-se a oração dos fiéis. Concluída a oração dos fiéis, a liturgia eucarística segue normalmente.

NB. Antes de concluir-se a celebração, é importante manifestar agradecimento aos catequistas e introdutores, pais, padres e a todos os que colaboraram. Animar os neocrismados para continuarem o processo de aprofundamento e conhecimento da doutrina cristã com encontros que seguem conforme programação da catequese.

MISTAGOGIA

O "Selo do Espírito Santo": somos consagrados

Objetivo: Perceber que Deus nos consagrou e nos deu a segurança no Espírito Santo.

Catequista, ao se preparar para este encontro, mantenha em mente o seguinte:
- O Espírito Santo que os apóstolos receberam no dia de Pentecostes é o mesmo que recebemos no sacramento da crisma. Por isso nos é outorgada a mesma autoridade que os apóstolos tinham ao anunciar a Palavra de Deus.
- O dia em que nos crismamos é sem dúvida o dia de nosso Pentecostes, quando o Espírito Santo nos é enviado para transformar-nos e santificar-nos.
- "Deus nos marcou com seu selo".

Preparar: Bíblia aberta, mesa com toalha branca, um vaso com terra e outro com flores, círio pascal ou uma grande vela, aparelho para música (ou convidar alguém para tocar um instrumento e cantar) e cadeiras dispostas em círculo. Confeccionar bandeirinhas – o suficiente para toda a turma –, prendendo-as em uma varinha. Cada dupla irá receber um par de bandeiras com o mesmo número.

Ambiente: Receber os catequizandos em clima de festa, com música ambiente gravada ou executada ao vivo por alguém da comunidade, para tocar e cantar hinos com mensagens de alegria e vitória. Com as cadeiras em círculo no centro da sala, dispor, em local adequado, a mesa, organizada de forma a conter sobre ela os elementos materiais já citados (círio aceso) e que a isso se apropriam.

Para você, catequista: Faça a memória da celebração da crisma. Parabenize os catequizandos pelo exemplo de fé e testemunho dado diante da comunidade e consigo mesmos. Recorde os momentos fortes da celebração – comunhão, leituras, unção... Convide-os para observar os selos, os envelopes de correspondências com selos, os papéis carimbados e acrescente: Quando vemos envelopes de correspondências seladas ou carimbadas, o que isto significa? Qual o símbolo do selo? Do carimbo? O carimbo e o selo servem para o reconhecimento, para a prova ou atestado de autenticidade de um documento. O selo é símbolo de autoridade, de sua "propriedade" sobre um objeto. O selo é um símbolo próximo ao da unção. Com efeito, é Cristo que "Deus marcou com seu selo" (Jo 6,27) e é nele que também o Pai nos marca com seu selo. Por indicar o efeito indelével da unção do Espírito Santo nos sacramentos do batismo, da confirmação e da ordem, a imagem do selo tem sido utilizada em certas tradições teológicas para exprimir o caráter indelével impresso por esses três sacramentos, os quais, portanto, não podem ser suprimidos. Pela unção do crisma, o confirmando recebe "a marca", o selo do Espírito Santo.

Um olhar sobre a celebração do sacramento da confirmação nos anima a assumir com entusiasmo aquilo que já somos pelo batismo – discípulos e missionários de Cristo. Os sacramentos revivem em nós o Mistério pascal (Jesus que, com a sua morte e ressurreição, nos dá a graça de participar da sua condição de filhos de Deus). Os sacramentos são sinais concretos da presença do Reino de Deus. "Deus nos fortalece e nos unge em Cristo. Deus marcou-nos com o seu selo e colocou em nossos corações o penhor do Espírito" (cf. 2Cor 1,21-22). Esse selo do Espírito Santo marca a pertença total a Cristo, a mobilização a seu serviço para sempre, mas também a promessa da proteção divina.

O batismo, a confirmação e a eucaristia constituem o conjunto dos "sacramentos da iniciação cristã, cuja unidade deve ser salvaguardada. Nascidos para a vida da graça pelo batismo, é pelo sacramento da crisma que recebemos a maturidade da vida espiritual. Ou seja, somos fortalecidos pelo Divino Espírito Santo, que nos torna capazes de defender a nossa fé, de vencer as tentações, de procurarmos a santidade com todas as forças da alma. Pelo batismo nascemos; pela crisma crescemos na vida da graça; e pela eucaristia, alimento de nossa vida cristã, continuamente nos reforçamos na caminhada para Deus. A Igreja afirma que, na celebração do sacramento da crisma, concede ao crismando o Espírito Santo, como foi outorgado antigamente aos apóstolos por ocasião do Pentecostes.

O Espírito Santo que os apóstolos receberam no dia de Pentecostes é o mesmo que recebemos no sacramento da crisma. Por isso nos é outorgada a mesma autoridade que os apóstolos tinham ao anunciar a Palavra de Deus. O dia em que nos crismamos é sem dúvida o dia de nosso Pentecostes, quando o Espírito Santo nos é enviado para transformar-nos e santificar-nos.

As transformações pela ação do Espírito Santo são nitidamente vistas na Bíblia. Observe: Vamos dar o exemplo do apóstolo Pedro. Antes do dia de Pentecostes, ele era um pescador de pouca instrução, medroso, incrédulo e infiel. Quando se passou o dia de Pentecostes, melhor dizendo, logo ao sair do cenáculo onde o Espírito Santo desceu sobre os apóstolos, Pedro realizou um discurso que prova o poder do Espírito Santo (At 2,14-41). Se às vezes se fala da confirmação como o "sacramento da maturidade cristã", nem por isso se deve confundir a idade adulta da fé com a idade adulta do crescimento natural, nem se esquecer de que a graça batismal é uma graça de eleição gratuita e imerecida, que não precisa de uma "ratificação" para tornar-se efetiva. A idade do corpo não constitui um prejuízo para a alma.

A confirmação imprime também na alma um caráter espiritual, um selo indelével; é por isso que só se pode receber este sacramento uma vez. Esse caráter abre-nos mais à ação do Espírito Santo; permite-nos crescer na relação filial com o Pai; enraíza-nos mais profundamente na Igreja; dá-nos luz, força e amor para viver e testemunhar Jesus Cristo no cotidiano. Tal é a disposição da pessoa crismada, que os que dela se aproximam podem distinguir: aqui está um cristão que fala e age como tal (cf. CIC 1303). Pela confirmação, sacramento da maturidade cristã, o batizado assume, de forma consciente, sua fé, e reafirma o compromisso de se tornar, pelo próprio esforço e pela graça de Deus, uma "nova criatura" (Gl 6,15).

Recordar – O que nossa vida está dizendo?

▶ Com um fundo musical, o catequista convida cada catequizando para pegar uma das bandeirinhas que se encontram sobre a mesa e se reportar ao dia e hora da confirmação, quando o selo do Espírito Santo marcou a pertença total dos catequizandos a Cristo e mobilizou-os para o seu serviço. Escrever na bandeirinha uma mensagem de afeto e ânimo para um colega de turma que tem a bandeirinha com o número correspondente. Cada um lê para a turma a mensagem recebida. Após cada anúncio, cantar um refrão com mensagem de amizade, perseverança, vitória, alegria.

Escutar – O que o texto está dizendo?

Canto de aclamação da Palavra
Ler 2Tm 2,19
▶ O catequista lê o texto. Em seguida solicita uma leitura em conjunto.
▶ O que Paulo escreveu a Timóteo?
▶ O que o texto diz a respeito do selo?
▶ Quais os conselhos que Paulo profere?

Perceba!

Consagração é também uma decisão de reservar-se para Deus, para o Sagrado. Colocar um selo era uma ação que na antiguidade significava, sobretudo, marcar, separar. Até hoje, é comum os vaqueiros selarem (ou marcarem) o gado. Desse modo, fica claro que aquele boi ou aquela vaquinha tem dono, não são animais comuns. Também, as nações, diante de um evento importante, erguem monumentos, como marcos que separam esse acontecimento dos outros dias e fatos comuns. Como selados por Deus, somos separados ou reservados para viver a plenitude da vida que Cristo deseja para nós.

Meditar – O que o texto diz para mim?

▶ Vou considerar o que eu posso assimilar do texto para minha vida.

Rezar – O que o texto me faz dizer a Deus?

▶ Com os olhos fechados, vou louvar a Deus porque ele me marcou com seu selo e colocou em meu coração a garantia do Espírito.

▶ Rezar juntos:
É nosso dever e salvação
dar-vos graças, sempre em todo o lugar,
Senhor, Pai santo, Deus eterno e todo-poderoso,
Por Cristo, Senhor nosso.
No batismo nos concedeis o dom da fé,
fazendo-nos participantes
do Mistério pascal de vosso Filho.
Pela imposição das mãos
e a unção real do crisma,
nos confirmais com o selo do Espírito Santo,
para celebrar o milagre de Pentecostes.
Ungidos pelo Espírito,
e alimentados no banquete eucarístico,
nos tornamos imagens do Cristo Senhor,
para anunciar ao mundo a certeza da salvação,
e dar, na Igreja, o testemunho da fé redentora.
Reunidos, aqui,
reconhecemos em vós a fonte de todo o bem
e o fundamento de nossa paz.
Enquanto esperamos a plenitude eterna,
proclamamos a vossa glória (Prefácio da missa da crisma).

Contemplar – Olhar a vida como Deus olha

▶ Vou lembrar o momento em que recebi a unção do crisma e me sentir criatura amada, marcada, selada por Deus.

Compromisso – O que a Palavra de Deus me leva a fazer?

▶ Com uma das ferramentas da mídia, vou enviar a todos os meus colegas crismados uma mensagem de ânimo, esperança e de parabéns por ocasião da crisma. Podemos preparar como grupo um fotoblog do evento da crisma? Podemos divulgar tais fotos no *Facebook*, *Instagram* e em outros espaços virtuais?

O que eu penso agora?
Depois de todas as considerações construídas neste encontro, o que penso?
• Os sacramentos são sinais concretos da presença do Reino de Deus. "Deus nos fortalece e nos unge em Cristo. Na crisma nos marcou com um selo e colocou em nossos corações o penhor do Espírito" (cf. 2Cor 1,21-22). Este selo do Espírito Santo marca a pertença total a Cristo, a mobilização para o seu serviço para sempre, mas também a promessa da proteção divina.

Celebração: Espírito Santo, Dom de Deus

Celebração da Palavra

Observações:
A celebração tem como finalidade:
• Proporcionar uma vivência mais profunda do Espírito Santo, o dom de Deus em nossa vida e sua ação na Igreja.
• Gravar no coração dos catequizandos o ensinamento recebido quanto ao Espírito Santo, seus dons concedidos na crisma e a maneira de vivê-los.
• Saborear a presença e ação do Espírito Santo, pela oração.
• Realizar a celebração com a comunidade presente, para favorecer, pela oração, maior sensibilidade à ação do Espírito Santo, animar e responsabilizar o grupo dos catequizandos a prosseguir, com a força do Espírito, a vida de cristãos plenamente iniciados na fé.
• Meditar sobre os dons do Espírito Santo, tendo como subsídio, o que segue:

Preparar para a celebração:
• a cruz processional e duas velas;
• livro da Palavra;
• bandejas com um cartão de lembrança contendo o Hino do *Veni Creator* impresso para ser oferecido aos catequizandos. O cartão poderá ter no verso breve explicação do *Veni Creator*;
• sete velas, cada uma com uma tira de papel com um dom do Espírito Santo escrito:
• Sabedoria, Entendimento, Conselho, Fortaleza, Ciência, Piedade e Temor de Deus.
• música referente ao Espírito Santo, em tom suave, enquanto a comunidade chega e aguarda o momento do início da celebração.

Considerações:
• com antecedência e com as pessoas envolvidas, catequistas e catequizandos, equipe de liturgia e canto, quem preside preparar: os cantos, as leituras e o rito dos diversos momentos.
• convidar a comunidade para esta celebração, comunicar a data e o horário da mesma.
• preparar o local da celebração com esmerado cuidado, ornamentar, mesmo de forma simples, mas diferente dos demais dias em que a comunidade se reúne;
• reservar o lugar para os pais e catequizandos;
• a comunidade, conforme vai chegando, será acolhida na porta da igreja e será indicado o lugar reservado para os pais e os catequizandos.

Celebração

Catequista: Acolhe e saúda a comunidade, anuncia o canto de entrada.
Procissão de entrada: Cruz processional com duas velas, livro da Palavra, sete catequizandos com sete velas representando os sete dons do Espírito Santo, que serão

colocados aos pés da mesa da Palavra, catequistas com bandejas contendo os cartões de lembrança com o hino do *Veni Creator*, coroinhas, ministros, diáconos e celebrante.

Quem preside: (Convida ao canto do sinal-da-Cruz. Saúda a comunidade com estas ou outras palavras):
Irmãs e irmãos: Os catequizandos da crisma continuam o caminho do seu crescimento na fé. Receberam o sacramento da confirmação pelo qual estão mais plenamente configurados a Cristo e para dar testemunho do seu amor. Receberam o dom do Espírito Santo, representado nos sete dons.
É motivo de alegria celebrar, com a comunidade, o dom do Espírito Santo concedido aos crismandos no sacramento da crisma e pedir para todos nós os dons do mesmo Espírito.

Liturgia da Palavra:
(As leituras poderão ser as da liturgia do dia ou leituras referentes ao Espírito Santo).

Antes da proclamação do Evangelho:
Cantar ou rezar a Sequência do Espírito Santo, nesta ou em outra tradução:

Vinde, Espírito Criador!
Vinde Espírito Criador, a nossa alma visitai,
e enchei os corações com vossos dons celestiais.
Vós sois chamado o intercessor de Deus, excelso dom sem par,
a fonte viva, o fogo, o amor, a unção divina e salutar.
Sois o doador dos sete dons e sois poder na mão do Pai,
por ele prometido a nós, por nós seus feitos proclamai.
A nossa mente iluminai, os corações enchei de amor,
nossa fraqueza encorajai, qual força eterna e protetor.
Nosso inimigo repeli, e concedei-nos a vossa paz,
se pela graça nos guiais, o mal deixamos para trás.
Ao Pai e ao Filho Salvador por, vós possamos conhecer,
que procedeis do seu amor, fazei-nos sempre firmes crer.
Amém.

Canto de aclamação ao Evangelho
Homilia: Após a oração do Credo os catequizandos são convidados a se posicionar ao redor do altar. Sete catequizandos erguem as velas, cada uma com um dom do Espírito Santo, enquanto a comunidade canta.
Canto referente ao Espírito Santo

Oração dos sete dons:
Enquanto se reza cada dom, a vela correspondente será erguida diante da assembleia.

Catequista: O dom da Sabedoria
Vinde, Espírito de Sabedoria! Ajude-nos a buscar sempre a Deus, para que ele seja o centro da nossa vida. Instruí o nosso coração, para que saibamos estimar e amar os bens celestes e antepô-los a todos os bens da terra. Senhor, para que possamos ser dirigidos por vós, dai-nos o dom da Sabedoria.
Glória ao Pai.

Catequista: O dom do Entendimento
Vinde, Espírito de Entendimento! Iluminai a nossa mente, para que possamos entender, conhecer, amar e abraçar as verdades da fé, mereçamos alcançar o pleno conhecimento de vós, Espírito Santo, do Pai e do Filho, Jesus. Senhor, para que penetremos nas profundezas da vossa revelação, dai-nos o dom do Entendimento.
Glória ao Pai.

Catequista: O dom do Conselho
Espírito do Conselho, iluminai-nos e guiai-nos em todos os caminhos, para que possamos sempre conhecer e fazer vossa santa vontade. Tornai-nos dóceis às vossas inspirações e guiai-nos sempre pelo caminho do seguimento de Jesus Cristo. Senhor, para que sejamos iluminados e guiados em nossas decisões, dai-nos o dom do Conselho.
Glória ao Pai.

Catequista: O dom da Fortaleza
Espírito de Fortaleza, fortalecei o nosso coração diante das adversidades e dai-nos alma e vigor necessários para resistir a todos os inimigos da nossa fé, viver em nossa caminhada o Mistério de vossa vida, paixão, morte e ressurreição.
Glória ao Pai.

Catequista: O dom da Ciência
Espírito de Ciência ajudai-nos a distinguir entre o bem e o mal e proceder com retidão na presença de Deus. Fazei-nos ver a provisoriedade dos bens deste mundo, para que somente usemos deles para vossa maior glória e o bem das pessoas.
Glória ao Pai.

Catequista: O dom da Piedade
Espírito de Piedade, tomai posse do nosso coração; inclinai-o a crer com sinceridade em vós, a amar-vos santamente. Senhor Deus, com toda a nossa alma possamos buscar-vos sempre como nosso Pai e Senhor da nossa vida. Criai em nós, Espírito de Piedade, o amor e a ternura filial.
Glória ao Pai.

Catequista: O dom do Temor de Deus
Vinde Espírito do Temor de Deus, Preenchei o mais íntimo de nosso coração: para que possamos sempre recordar vossa presença, de modo a evitarmos tudo o que vos desagrada e prejudica a vida em nós e nos irmãos.
Glória ao Pai.

Pai-nosso e canto ao Espírito Santo

Quem preside: Queridos catequizandos: A comunidade quer oferecer a vocês uma lembrança para marcar o acontecimento importante que vocês estão vivendo, o dom do Espírito Santo recebido na crisma. É uma oração ao Espírito Santo, chamada *Veni Creator*. Esse gesto quer significar que a comunidade confia em vocês. Que, rezando constantemente esta oração, busquem junto de Deus a graça de testemunhar a fé em todos os momentos.

(*Entrega o cartão a cada crismado e diz*): Que o Espírito Santo guie sua missão de crismado.
No final, a comunidade manifesta a alegria, batendo palmas.
Os catequizandos rezam juntos o hino do *Veni Creator*.

Oração conclusiva:
Oremos: Ó Deus, proteção de vosso povo, concedei a esses catequizandos e a toda a comunidade aqui reunida a força, a sabedoria, todos os dons e virtudes divinas, para seguir o caminho do Evangelho de Jesus. Tornai-nos generosos no serviço do Reino, felizes pela filiação divina e alegres por vivermos na vossa Igreja. Por Cristo, na unidade do Espírito Santo. Amém.

Bênção: Deus Pai de bondade, que vosso Espírito Santo acompanhe esses vosso filhos, para que sigam o caminho de Jesus. Que a vossa bênção os livre de todo o mal. Em nome do Pai e do Filho e do Espírito Santo. Amém.
Canto final

Autenticidade cristã na era da tecnologia

Objetivo: Perceber que os meios de comunicação só são eficazes quando contribuem para favorecer a vida das pessoas e a evangelização.

> **Catequista**, ao se preparar para este encontro mantenha em mente o seguinte:
> - Os meios de comunicação só são eficazes quando contribuem para favorecer a vida das pessoas e a evangelização.
> - Os meios de comunicação permitem transmitir para além-fronteiras a mensagem de Jesus Cristo, que é de grande importância para a humanidade.

Preparar: Bíblia, cadeiras em círculo, mesa com toalha branca, vela, *notebook*, telefone celular e a frase: "Os meios de comunicação, quando usados sabiamente, contribuem para favorecer a vida das pessoas e a evangelização".

Ambiente: Receber os catequizandos com canto referente à boa comunicação, de preferência utilizando o *notebook*. Colocar a Bíblia em lugar de destaque e a frase: "Os meios de comunicação, quando usados sabiamente, contribuem para favorecer a vida das pessoas e a evangelização".

Para você, catequista: Para iniciar o encontro, vamos refletir sobre a seguinte história:
- Como os jovens de hoje fazem uso da *internet*?

> Rafael estava sempre navegando pela *internet*: em sites de relacionamentos, bate-papo *online*, *chats*, fóruns, jogos, *e-mails*. Ficou tão viciado que praticamente não saía mais de casa. Não participava de festas de aniversário e deixou até de ir ao estádio de futebol. Muito preocupada com o comportamento do filho, sua mãe proibiu o uso do computador. Rafael passou, então, a frequentar uma *lan house* que ficava próxima à sua escola. Foi lá que ele conheceu Igor, que era coordenador de um grupo de jovens da sua paróquia, e que tinha uma proposta de usar o computador como instrumento de estudo, oração e ação. Hoje, Rafael continua usando a *internet*, mas tem um grande círculo de amigos e todos participam de movimentos humanitários (Fonte: CNBB, CF 2013).

- Você concorda que a *internet* pode ajudar-nos a ser pessoas comunicativas, criar grande círculo de amigos, evangelizar e fazer o bem?

• Você acha inteligente que o jovem, na atualidade, necessite contrariar padrões de comportamento que certos jovens acham normal, "maneiro", se quiser realmente caminhar na direção dos valores anunciados por Jesus?

Os meios de comunicação têm favorecido a vida das pessoas onde quer que elas se encontrem. Hoje, os artefatos tecnológicos ocupam posição central na comunicação humana. Na verdade, temos nas mãos excelente instrumento para nos comunicarmos e evangelizarmos, ser presença também no mundo digital.

Comunicar o Evangelho por meio da cibernética significa não só inserir, mas também testemunhar com coerência, no próprio perfil digital e no modo de comunicar, escolhas, preferências, juízos que sejam profundamente coerentes com o Evangelho, mesmo quando não se fala explicitamente dele. O papa emérito Bento, ao falar do Dia Mundial da Comunicação, convidou os jovens a fazer bom uso da *internet*. Existe ali excelente espaço para aprofundamento de temas importantes para a vida, de anúncio da Boa-nova da Palavra de Deus e possibilidade de nos trazer qualidade de vida humana e cristã. Fala também dos perigos que podem acontecer, caso a internet seja seja usada de forma irresponsável e sem critérios maduros e críticos. As redes na *internet* podem oferecer extraordinárias potencialidades, mas também a complexidade de suas aplicações.

Entre os perigos, é importante estar atento a quem está do outro lado da linha, pois pode ser mal-intencionado. Isso para dizer que o contato virtual não pode e nem deve substituir o contato humano, o calor humano. Quem comunica algo acaba sendo envolvido naquilo que comunicou. A *internet* é uma rede capaz de interligar todos os computadores do mundo. O que faz a *internet* tão poderosa assim é um processo da informática que atende pelas siglas TCP/IP (Protocolo de Controle de Transferência/Protocolo *Internet*). Todos os computadores que entendem essa linguagem são capazes de trocar informações entre si. Assim podem conectar-se com máquinas de diferentes tipos, sejam eles PC's, Mac's e Unix.

A *internet* é organizada na forma de uma teia. São máquinas de alta capacidade, com grande poder de processamento e conexões velozes, conhecidas como servidores, controladas por universidades, empresas e órgãos do governo. Sendo bem usada, poderá contribuir, e muito, com o bem da humanidade. Ela é eficiente na transmissão de informações, criando uma nova rede social de intercâmbios pessoais. Isso não só na troca de dados de diálogo, mas também como instrumento de partilha e de fraternidade.

O estilo cristão digital deve ser honesto, aberto, responsável e respeitoso. Aqui entra a comunicação do Evangelho, que supõe testemunho, coerência, escolhas e preferências. Para isso temos de estar atentos às maldades contidas no mundo digital, às inverdades, que são transmitidas com tanta facilidade.

A verdade do Evangelho requer resposta livre e coerente no anúncio. Por isso, os cristãos devem unir-se confiantes e criativos na relação digital, anunciando Jesus Cristo com respeito e discrição. A verdade, que é Cristo, deve ser a resposta autêntica ao desejo humano de relacionamento. Tais tecnologias possibilitam a utilização de novos meios de comunicação, com o aumento vertiginoso da quantidade de informações e o surgimento, sobretudo, das comunidades virtuais.

Há hoje uma infinidade de opções para que os indivíduos se comuniquem e interajam uns com o outros, seja pelos meios tradicionais de comunicação, seja pelas novas tecnologias digitais. Cabe perguntar se, apesar de o jovem lidar com as novas tecnologias e suas ferramentas, principalmente a *internet*, de forma tão dinâmica, terá estrutura e maturidade suficientes para ir além do caminhar na busca de informações. Ao navegar por *links, sites,* hipertextos etc, saberá o jovem diferenciar o certo do errado? Terá sabedoria para realizar suas escolhas, selecionar as informações com equilíbrio, de forma a norteá-lo para uma autonomia verdadeira? Percebeu-se em todas as pesquisas um uso significativo da *internet*, das mídias digitais e suas ferramentas, tanto para pesquisas escolares como para entretenimento: MP3, *website*, salas de bate-papo, pesquisas diversas, participação em votação de programas etc.

Os meios de comunicação permitem transmitir para além-fronteiras a mensagem de Jesus Cristo, que é de grande importância para a humanidade.

Recordar – O que nossa vida está dizendo?

▶ O catequista convida três catequizandos a representar o fato que segue:
1) Narrador; 2) Karoline; 3) Pai de Karoline.

1) Os pais de Karoline se encontravam no salão do clube, onde, orgulhosos, preparavam-se para receber os convidados para a festa de 15 anos dela. Como Karoline estava demorando para chegar, um telefonema esclareceu o mal-entendido.
2) – Alô, pai, onde vocês estão?
3) – Eu e sua mãe estamos aqui no salão, filha, conforme combinamos. E você, onde está?
2) – Aqui na porta do salão, pai!
3) – Mas onde? Em que porta?
2) – Na porta do salão de beleza, pai, onde eu disse que, ao estar arrumada, esperaria por vocês.

Revendo o acontecido, o que ajudou a tranquilizar Karoline e seus pais?
▶ Qual a importância da tecnologia na evangelização?
Canto de aclamação
Ler Mc 4,1-9

Escutar – O que o texto está dizendo?

▶ O que o texto está narrando?

▶ Quais as personagens que aparecem no texto?
▶ Que recurso Jesus usou para evangelizar?
▶ O que Jesus disse à multidão?

Meditar – O que o texto diz para mim?
▶ Com o auxílio do discurso de Jesus, vou deixar cair em meu coração a Boa-nova do Reino e propagar o Evangelho, fazendo bom uso da tecnologia.

Rezar – O que o texto me faz dizer a Deus?
Oração:
▶ Senhor, nós vos damos graças pelas ferramentas tecnológicas que nos ajudam a comunicar vossa Palavra. Iluminai as pessoas que acessam nossas páginas em busca de apoio e auxílio para servir melhor às suas comunidades.
Protegei quem se dispõe a enriquecer nosso blogue, com suas contribuições.
Abençoai as pessoas que nos visitam e fazem desse blogue um verdadeiro instrumento de formação de evangelizadores e de educadores na fé.
Que o sol do vosso amor aqueça todos os corações, para a glória do vosso Reino. Isto vos pedimos, por intercessão de Maria, nossa Mãe comunicadora da fé. Amém!

Contemplar – Olhar a vida como Deus olha
▶ Vou deixar que as palavras de Jesus penetrem em meu coração e, cheio de fé, evangelizar, fazendo bom uso da cibernética.

Compromisso – O que a Palavra de Deus me leva a fazer?
▶ Elaborar um texto referente ao bom uso da *internet*, para postá-lo no blogue da turma, com mensagens relativas a critérios adotados para usar, de forma responsável, as mídias digitais e suas ferramentas, com o propósito de evangelização e aprofundamento dos conteúdos mistagógicos, das pesquisas escolares e do entretenimento.
▶ Postar no blogue do grupo comentários sobre o encontro.

O que eu penso agora?
Depois de todas as considerações construídas neste encontro, o que penso?
• Quais os cuidados que devo ter ao navegar por *links*, *sites*, hipertextos?
• Que sabedoria devo usar para realizar as escolhas, selecionar as informações com equilíbrio, de forma a norteá-las para uma autêntica adesão aos valores cristãos?

Identidade, vocação e projeto de vida

Objetivo: Perceber a importância que um projeto tem em minha vida.

> **Catequista**, ao se preparar para este encontro, mantenha em mente o seguinte:
>
> Todo ser humano é um ser em crescimento e se desenvolve fazendo opções que podem contribuir para a elaboração de um projeto de vida. Projetar a vida é dar sentido ao futuro e construir a história no momento presente. A relação íntima com Deus transforma nossa vida, o sonho de felicidade em algo possível, que nos incentiva a continuar.

Preparar: Bíblia, vela, aparelho para música, estrelas recortadas – o suficiente para toda a turma – com uma palavra em cada ponta: observo, penso, sinto, quero, faço; folhas de papel com roteiro de questões para completar.
Eu sou (nome)...
Eu fico muito feliz quando...
Uma coisa que eu gosto de fazer é...
Gosto de pessoas que...
Um dos meus pontos fortes é...
Daqui a cinco anos eu desejo...
Uma qualidade que sinto ter é...
Um limite que me incomoda...
Um sonho para o momento presente...

Ambiente: Receber os catequizandos, convidá-los a realizar uma atividade que possa ajudá-los a pensar sobre si mesmos e despertá-los para o futuro. Distribuir para cada catequizando a folha com as frases a serem completadas e propor-lhes tempo para realizar a atividade. A seguir, no grande grupo, fazer comentários a respeito das questões respondidas. Entregar a cada um uma estrela recortada com uma palavra em cada ponta: observo, penso, sinto, quero, faço. Perguntar o que essa estrela sugere. As palavras escritas em cada ponta, o que dizem? As palavras contidas nas pontas da estrela estão indicando atitudes que direcionam o presente e o futuro de uma pessoa, a partir do que somos, do que gostamos de fazer e do que queremos ser e realizar.

Para você, catequista: Falar do que somos, do que gostamos, dos sonhos e projetos que temos não seria um modo de falar da identidade e de nosso projeto de vida? O que significa ter identidade? Ter um projeto de vida?

Diante da sociedade fazemos um documento – identidade – que nos distingue, nos identifica com um número no qual constam alguns dados pessoais. Com esse documento, somos reconhecidos como cidadãos, com direitos e deveres. Porém, a identidade de uma pessoa não se refere apenas a um documento, mas a um conjunto de caracteres próprios e exclusivos dela, com o qual se pode diferenciá-la de outras pessoas. A identidade e o projeto de vida é um processo de construção constante, que a pessoa vive ao longo da vida e que tem, na adolescência e na juventude, um tempo privilegiado.

Como construir a identidade? É pergunta que muitos fazemos. Ela se constrói na convivência, nos desafios que permitem tomada de decisões, no participar de eventos da comunidade, de grupo de amigos, de grupos de jovens. Isso permite que a pessoa se perceba como sujeito único, tomando posse da sua realidade individual e, portanto, consciência de si mesmo. No grupo, é possível estabelecer a diferença entre "eu" e o "outro".

> Ser cristão significa seguir os ensinamentos de Jesus. O cristianismo é um projeto de vida.

A pessoa é muito mais ela mesma quanto mais descobre quem é o outro. Nessa descoberta, a pessoa vai tomando consciência de suas possibilidades e limites, de seus desejos e sonhos e vai construindo seu projeto de vida. O desejo, o querer construir um projeto de vida remete a pessoa a olhar modelos, a identificar-se, a inspirar-se em alguém, a seguir seu próprio modo de ser.

Quem é o modelo, a inspiração, o modo de ser do jovem cristão? Jesus Cristo. Ele é o referencial de todo o cristão. O modo de ser de Jesus, a consciência de sua missão, seu carinho e atenção à vontade do Pai, seus ensinamentos e seu extremo amor em dar a própria vida para nos libertar e salvar, tudo isso é o modelo, a luz que mostra e direciona a construção de um projeto de vida. Pensar em projeto de vida pode ser comparado a alguém que deseja construir uma casa ou realizar algum evento.

É de bom senso que primeiramente essa pessoa planeje o que deseja alcançar e organize tudo do que precisa para realizar esse projeto. É assim na vida. Ao se tratar da nossa vida cristã, Jesus mesmo disse que é preciso colocar um bom fundamento, para que a casa não caia a qualquer vento (Mt 7,24-25).

Na Primeira Carta aos Coríntios, encontramos: "Ninguém pode colocar um alicerce diferente daquele que foi posto, Jesus Cristo" (1Cor 3,11). Isto significa que é preciso fazer da Palavra de Deus fundamento e alicerce de todo o projeto de vida e ter Jesus Cristo, Palavra viva de Deus, como referencial. Jesus tinha clareza de sua identidade, do seu projeto de vida e da sua missão – "Quem dizem os homens que eu sou?" (Mc 8,27). Com alegria, firmeza e autenticidade Jesus viveu esse projeto.

Algumas indicações são importantes para se construir um projeto de vida: conhecer a si mesmo, seus valores, tendências, gostos, qualidades e também limites e dificuldades; buscar na oração o discernimento das escolhas que a pessoa pode fazer; e assumir a sua própria história de vida. Na trajetória que fazemos, é evidente que Deus cuida de nós; mesmo permitindo o sofrimento, ama-nos intensamente, concede sua graça, sua força e luz por meio dos sacramentos, da vida em comunidade, da família, do grupo de amigos e da solidariedade de pessoas.

Existem situações em que somos desafiados a buscar alternativas e que são oportunidades de formar nossa identidade e alicerçar um projeto de vida. É importante exercitar pequenas renúncias para fortalecimento de nossa vontade e tomada de decisões, visando sempre à prática do bem. É o que nos sugere a seguinte história:

Maria Eduarda, que sempre estudou em escola pública, um dia ficou sabendo de um curso voltado para formação de jovens protagonistas. Aos poucos, foi descobrindo sua habilidade de falar em público e ajudar os outros. Organizou uma equipe, elaborou um projeto de Teatro Solidário. A equipe montou peças teatrais interessantes e que eram apresentadas em espaços diversos. O acesso ao teatro era um quilo de alimento não perecível. Com essa arrecadação, Maria Eduarda e os colegas fizeram cestas básicas, que foram distribuídas para pessoas carentes da comunidade. Um empresário, vendo o projeto de Maria Eduarda e sua equipe, a convidou para ser estagiária em sua empresa. Hoje Maria Eduarda tem ajudado muito a sua família, está cursando o segundo ano de Direito e sonha em ser promotora de justiça para ajudar os que mais necessitam (cf. CNBB, CF 2013).

Recordar – O que nossa vida está dizendo?
- O que você pensa sobre a iniciativa de Maria Eduarda?
- Qual foi a preocupação de Maria Eduarda?
- Qual a importância de um projeto de vida?
- Você já tem um projeto de vida?
- Responder as questões que seguem e fazer comentários no grande grupo.

Eu sou (nome)...
Eu fico muito feliz quando...
Uma coisa que eu gosto de fazer é...
Gosto de pessoas que...
Um dos meus pontos fortes é...
Daqui a cinco anos eu desejo...
Uma qualidade que sinto ter é...
Um limite que me incomoda...
Um sonho para o momento presente...

Canto de aclamação
Ler Lc 4,14-21

Escutar – O que o texto está dizendo?
- De onde Jesus voltou e para onde foi?
- O que Jesus fez na sinagoga?
- O que estava escrito na passagem do profeta Isaías (Is 4,18-19)?
- O que fez Jesus após a leitura?
- Qual a atitude de quem estava presente?
- O que Jesus disse?

> **Perceba!**
> Em diversos momentos de nossa vida, ouvimos a leitura dos Evangelhos. Essas leituras não falam conosco; falam de nós, pois desejamos ter Jesus como nosso modelo. Recebemos a graça do Espírito Santo e a sua unção não para termos ataques de histeria ou transes místicos, mas a mesma coragem de Cristo em sermos Filhos do Amor de Deus.

Meditar – O que o texto diz para mim?
- Em silêncio, vou ler novamente a passagem do profeta Isaías que Jesus leu, com o intuito de que o projeto de vida de Jesus inspire e ilumine o projeto que quero construir para minha vida.

Rezar – O que o texto me faz dizer a Deus?
- Vou louvar e agradecer a Deus porque Jesus mostrou a quem ele queria dedicar sua vida.
- Vou pedir que o Espírito Santo, que está em mim e me ungiu no sacramento da crisma, me anime e me ajude a levar a Boa Notícia de conforto, esperança e de fé. (momento de silêncio)

Oração: Senhor nosso Deus, Jesus mostrou-nos um projeto de vida que tinha como motivo principal ajudar as pessoas mais necessitadas, anunciar a Boa Notícia para os desanimados, recuperar a vista, libertar os oprimidos para que se sentissem livres, libertar os presos das amarras do mal, ajudar-nos a sermos capazes de dedicar nosso tempo, qualidades e possibilidades às pessoas que mais necessitam e que são filhas amadas dele. Isto vos pedimos, ó Pai, por Jesus Cristo, que nos mostrou como realizar esse projeto, na unidade do Espírito Santo. Amém!

Contemplar – Olhar a vida como Deus olha
- Vou contemplar Jesus lendo na sinagoga e em seguida dizendo: "Hoje se cumpriu esta passagem da Escritura que vocês acabam de ouvir".
- Quero deixar que essa mensagem ressoe no meu coração, para que eu tenha forças de realizar meu projeto de vida, segundo o que a Palavra me inspira.

Compromisso – O que a Palavra de Deus me leva a fazer?

▶ Vou pensar e registrar no meu caderno ao menos dois objetivos ou metas que desejo alcançar nos próximos três anos.

O que eu penso agora?
Depois de todas as considerações construídas neste encontro, o que penso?
• Qual a importância de um projeto pessoal para a minha vida?
• A que diferentes aspectos de minha vida devo dar atenção ao elaborar meu projeto de vida?
• Como o Espírito Santo pode guiar-me nesse processo de elaboração?
* É importante que eu faça por escrito o meu projeto de vida, definindo o que eu desejo ser ou alcançar (minhas metas e objetivos).
Veja um possível roteiro para construir um projeto de vida:
Iniciar fazendo-se algumas perguntas e procurar a resposta das mesmas, registrando-as para tê-las bem presente:
• Que qualidades, capacidades e dons eu tenho?
• Quais os meus desejos e sonhos?
• O que eu preciso melhorar?
A seguir, escrevo o que desejo alcançar (metas e objetivos) nas seguintes dimensões:
Dimensão profissional:
• Quais as profissões que mais admiro?
• Dentre elas, com qual eu me afino (me identifico)?
Dimensão social:
• O que de concreto posso fazer para contribuir com uma sociedade mais justa e humana? (Ex.: ser coerente, responsável, verdadeiro, honesto, justo.)
Dimensão afetiva:
• Que decisões (ou que atitudes) concretas vou assumir na convivência com minha família, comunidade eclesial, colegas de escola, grupo da catequese, amigos, com Deus?
Dimensão espiritual:
• Quem é Jesus Cristo para mim?
• O que vou fazer para seguir seus ensinamentos?
Dimensão cultural:
• Quais as disciplinas ou assuntos que mais me interessam e o que vou fazer para aprofundar os conhecimentos sobre esses assuntos?
• Que cursos pretendo frequentar? O que pretendo estudar com mais cuidado?
Nota: De tempos em tempos, é necessário rever e, se necessário, ir modificando o projeto conforme as novas compreensões e descobertas que faço.

Etapas no desenvolvimento humano

Objetivo: Sensibilizar para que cada fase da vida seja vivida com responsabilidade, intensidade e serenidade.

> **Catequista**, ao se preparar para este encontro, mantenha em mente o seguinte:
> • O tempo da adolescência e da juventude é uma fase bonita da vida, porque é nela que se constrói o fundamento da vida adulta.
> • Embora seja um tempo de conflitos, incertezas e insegurança, é uma etapa de muitos sonhos, descobertas e realizações que se instalam na pessoa, numa busca interna para descobrir o que ela é e encontrar o seu lugar na sociedade.

Preparar: Bíblia, vela grande, flores, fotos e ou gravuras de revistas que representem pessoas nas diversas etapas da vida – o suficiente para toda a turma, a frase: "Vivendo o amor autêntico, cresceremos em todos os aspectos", um pano e cartões coloridos com as perguntas: 1) O que lembro da minha infância: casa, pessoas, paisagens e brinquedos, que me trazem agradáveis lembranças? 2) Do tempo de catequese e escola, de que acontecimentos bonitos eu me recordo?

Uma ficha com dados de vida como segue:
- Qual seu nome, local e data de nascimento?
- Qual o nome de seus pais e de seus avós?
- Com quem você vivia quando era criança?
- Que idioma vocês falavam em casa?
- Como e com quem você aprendeu esse idioma?
- Que significado ele tem para você?
- Como era a casa/cidade/comunidade em que você morava?
- Quais eram as suas brincadeiras favoritas?
- Qual o nome de sua escola? Como ela era?
- Quais os fatos de sua vida que marcaram sua história? Por quê?
- Quais foram os momentos mais difíceis? Por quê?
- Quais foram as pessoas mais significativas? Por quê?
- Como imagina seu futuro?

Ambiente: Receber o grupo com alegria. Entregar a ficha com os dados para preencher no final do encontro. Sobre uma mesa revestida com toalha branca, colocar os objetos previamente preparados e já citados (a vela grande deve estar acesa), à exceção das fotos e/ou gravuras, que estarão localizadas no chão sobre um pano colorido, no centro do círculo formado pelas cadeiras. Fixar em local de ampla visibilidade a frase mencionada.

Para você, catequista: O tempo da adolescência e da juventude é uma fase bonita da vida, porque nela se constrói o fundamento para a vida adulta. Embora seja um tempo de conflitos, incertezas e insegurança, configura-se como uma etapa de muitos sonhos, descobertas e realizações; instala-se na pessoa uma busca interna para descobrir o que ela é e encontrar o seu lugar na sociedade. Todos nós passamos por várias etapas na vida, tais como: fase pré-natal ou vida intrauterina; a infância, que vai mais ou menos até os 11 anos e que pode ser dividida em: 1ª infância, de 0 aos 6 anos; 2ª infância, dos 7 aos 10 anos; adolescência inicial, dos 11 aos 14 anos; adolescência média e superior, dos 13 aos 18 anos; juventude, dos 18 aos 29 anos; idade adulta, a partir dos 21 anos; e velhice, segundo a Organização Mundial da Saúde, dos 75 anos em diante.

Na fase **intrauterina**, embora imperceptível, o feto capta tudo o que se passa no seu exterior: sentimentos, tensões, alegrias e sofrimentos, principalmente da mãe. Tudo fica registrado no inconsciente e tem repercussões ao longo da vida. Hoje, os pais que têm esse entendimento, conversam com o bebê durante a gestação, manifestam carinho e cuidado. Isso ajuda o bebê a desenvolver-se com equilíbrio psíquico e emocional.

Na **1ª infância**, a criança desperta para o mundo. Vai descobrindo a si mesma, seu corpo e o ambiente que a cerca. É uma fase de total dependência. A criança precisa de afeto, carinho, proteção, segurança, alegria. É possessiva, quer tudo para si. Aprende vendo, tocando e fazendo. Na dimensão da fé, é importante falar com ela de Deus-amor.

A **2ª infância** é a fase da curiosidade. A criança vive o mundo da imaginação. Admira-se das coisas. Gosta de representar tudo por desenhos. É capaz de se admirar e contemplar. Também já é capaz de distinguir o certo do errado. Pode manifestar gestos de violência, como bater em outra criança. Ao mesmo tempo, manifesta carinho. Chama a atenção sobre si. Sente-se o centro das atenções. Precisa de muito movimento e de brincar bastante.

Adolescência inicial – Nessa fase todos os interesses, energias e atenções estão voltados para o mundo e para as pessoas. É a fase de se sentir importante. O adolescente tem facilidade de aprender, de memorizar, de fazer experiências e descobertas. Tanto as meninas quanto os meninos preferem estar com o mesmo sexo, mas gostam de se fazer notar e se sentem superiores. Vivem no mundo dos sonhos e das fantasias. Adoram questionar.

Adolescência média e superior – É a fase da busca da identidade, da liberdade, do despertar do amor e do desejo de realização pessoal. Nesse processo são reformulados os valores adquiridos na infância. O adolescente gosta de viver em grupo, para se autoafirmar, amar e ser amado. É a idade das grandes mudanças e transformações, tanto no plano físico, quanto no psíquico e no espiritual. Sentimentos e fortes emoções afloram constantemente. Os adolescentes, nessa fase, vivem a instabilidade em todos os sentidos. É um período de buscas para descobrir quem ele é e encontrar o seu lugar na sociedade.

Juventude. A vida humana é um caminhar feito de etapas. O namoro é uma etapa de procura, de amadurecimento, de conhecimento. Não é fácil ser jovem, nem namorar de um modo cristão. Mas, temos bons exemplos de namoro cristão entre os jovens. O namoro é certamente uma das mais significativas experiências da vida humana. Trata-se de amar e ser amado, acolher e ser acolhido, escolher e ser escolhido.

O namoro cristão é uma preparação para o casamento; um período extremamente importante na vida de dois jovens cristãos e de muita responsabilidade. Representa um período de transição de jovens a adultos, um homem e uma mulher, crentes no Senhor Jesus Cristo, sendo que ambos devem ter um bom nível de maturidade. Os dois mantêm exemplar ritmo de comunicação nesse relacionamento, orientam-se e se preparam para um futuro casamento cristão.

É a melhor fase de "curtir a vida", dançar, ouvir música, de ser independente, de sonhar, de ser romântico e de apaixonar-se. O namoro é o início de um futuro, de um ideal, de uma missão. O namoro é um tempo chamado hoje, mas com olhar para o amanhã. Começa nele a preparação para a missão de ser esposo(a), de assumir a paternidade, de unir definitivamente a vida com alguém.

O namoro é um tempo de autoconhecimento, de saída e doação de si. Esse é um período de conhecimento mútuo, conhecimento da alma, do coração. O namoro exige disciplina própria, vigilância constante. É um tempo no qual se obtém oportunidade de duas personalidades diferentes se harmonizarem, conhecerem-se mutuamente.

Embora o desejo seja que ambos se tornem íntimos em seu relacionamento, isso não quer dizer liberdade no aspecto físico e muito menos liberdade sexual entre o casal de namorados. A relação sexual está destinada a ser desfrutada apenas entre pessoas devidamente casadas (Hb 13,4; Gn 2,24; Ct 4,12; 1Ts 4,3-5; Cl 3,5-6; 1Cor 6,15-20; 1Tm 5,22; 2Tm 2,22).

O conhecimento das etapas do crescimento humano ajuda o jovem a entender e a assumir o namoro como um período necessário para um casamento fiel e feliz.

Recordar – O que nossa vida está dizendo?
▶ Convide os catequizandos a observar as fotos e gravuras das pessoas nas diferentes fases da vida e comente a respeito do que elas comunicam. Responder as perguntas do cartão colorido: 1) O que lembro da minha infância: casa, pessoas, paisagens e brinquedos, que me trazem agradáveis lembranças?

2) Do tempo de catequese e escola, de que acontecimentos bonitos eu me recordo? Após um tempo necessário para as respostas, solicite a partilha dessas perguntas no grande grupo. Comente sobre o crescimento físico, intelectual, afetivo e espiritual das pessoas nas diversas fases da vida.
▶ Que sonhos os adolescentes e os outros jovens acalentam dentro de si?
▶ Preencher a ficha com dados de vida mencionada no início deste encontro e, em seguida, partilhar as perguntas com o grupo. Elas podem ajudar no autoconhecimento.

Canto de acolhida da Palavra
Ler Ef 4,11-15

Escutar – O que o texto está dizendo?
▶ O que diz o texto a respeito de como Jesus se preparou para construir o Reino de Deus?
▶ Qual é a meta proposta?
▶ Em que consiste a maturidade do desenvolvimento do cristão de que o texto fala?
▶ Que frase do texto você destacaria?

Meditar – O que o texto diz para mim?
▶ Que palavra ou frase do texto tocou mais meu coração?
▶ O que o texto me indica para crescer em todos os aspectos rumo à maturidade?

Perceba!
Há escolhas de caminhos na vida que devem ser privilegiados. Existem muitos caminhos (estradas) que podemos percorrer durante a vida; porém nem todos levam a Deus, pelo contrário, levam à morte.
Há só um caminho que conduz a Deus: Jesus Cristo.
"Disse Jesus: Eu sou o Caminho, a Verdade e a Vida. Ninguém vai ao Pai senão por mim" (Jo 14,6).
Quero escolher esse caminho para chegar bem ao final da "JORNADA".

Rezar – O que o texto me faz dizer a Deus?
▶ Permaneça em silêncio, tomando consciência da presença de Deus.
▶ Depois de alguns instantes de silêncio, escreva em seu caderno sua oração. A oração que lhe brota do coração: de louvor, gratidão, ação de graças, de súplica, pedindo ajuda para o seu crescimento em todos os aspectos, de confiança na presença amorosa de Deus e também de perdão pelas próprias limitações e as limitações dos outros.

▶ Procure descobrir como Deus é bom e chama você para segui-lo e repita algumas vezes: "Feliz aquele que encontra segurança no Senhor" (Sl 33,9).

Canto suave com mensagem de vida nas mãos de Deus

Contemplar – Olhar a vida como Deus olha
▶ Vou contemplar atentamente a frase: "Vivendo o amor autêntico, cresceremos em todos os aspectos" (Ef 4,15) e perceber o que a mensagem me leva a concluir.

Compromisso – O que a Palavra de Deus me leva a fazer?
▶ A Palavra de Deus me convida a assumir meu crescimento em todos os aspectos em direção a Cristo, para tornar-me Igreja viva.
▶ Postar no blogue do grupo aspectos de crescimento na fé, para conhecer Jesus Cristo, tendo em vista os seguintes aspectos: preservar a unidade e respeitar a diversidade, discernir as falsas doutrinas, zelar pelos atos e atitudes tornando-me Igreja viva de Cristo.
▶ No crescimento, sou desafiado a zelar pelos meus atos e atitudes.

Família: fundamento da vida e vocação

Objetivo: Perceber a família como base essencial para a vida e vocação do ser humano.

Preparar: Bíblia, flores, mesa com toalha branca, estampa ou imagem da Sagrada Família, vela, um anel ou aliança, aparelho para música, corações recortados – em cada coração escrever uma palavra que sugira uma atitude: amor, oração, acolhida, fidelidade, perdão, diálogo, apoio, sinceridade, paciência, confiança, ternura, respeito, fé, partilha, sofrimento.

Ambiente: Receber os catequizandos com alegria e música ambiente referente a família, cumprimentando-os e chamando-os pelo nome. Dispor sobre uma mesa revestida com toalha branca uma estampa da Sagrada Família, a Bíblia aberta, vela acesa, um anel e/ou uma aliança, flores e os corações recortados com as palavras, já mencionadas, escritas.

Para você, catequista: Inicie seu encontro narrando a seguinte história:

A professora de português

A professora de português terminou a aula com um sentimento de preocupação. Tinha preparado um exercício: pesquisar palavras no dicionário. Com cuidado, selecionou algumas que fossem significativas para os alunos: amigo, casa, família, livro, música...

Os alunos não tiveram problema para encontrar o significado das palavras. A confusão veio pela definição dada à palavra família. Um dos alunos não concordou com o que dizia o dicionário Aurélio: "pessoas aparentadas, que vivem, em geral, na mesma casa, particularmente o pai, a mãe e os filhos. Pessoas do mesmo sangue". A família da qual ele fazia parte não era assim.

Será que o dicionário está errado? As famílias que conhecemos hoje são todas formadas por pai, mãe e filhos que têm o mesmo sangue? Que vivem na mesma casa?

Temos consciência de que, em nossa realidade, há famílias sem pai, ou sem mãe, e outras sem filhos. Famílias com filhos adotados. Famílias que não moram na mesma casa porque os filhos estudam na universidade em outras localidades. Há pais e mães que moram na mesma casa, mas com horários de trabalho ou estudo que não proporcionam momentos de encontro. Há pais que, para dar condições melhores de vida à família, se ausentam por longo tempo.

Isto faz pensar. A realidade atual é dinâmica e as mudanças sociais rápidas. Uma compreensão de família nos é dada pela Igreja quando afirma: "A família é a célula originária da vida social. É a sociedade natural onde o homem e a mulher são chamados ao dom de si no amor e no dom da vida. É a comunidade na qual, desde a infância, se podem assimilar os valores morais, em que se pode começar a honrar a Deus e a usar corretamente a liberdade. A vida em família é a iniciação para a vida em sociedade" (cf. CIC n. 2207). "A família antecede qualquer reconhecimento por parte da autoridade pública" (cf. C IC n. 457).

Estabeleça um diálogo orientando-se pelas questões: O que leva uma família a ser feliz? O que provoca o sofrimento numa família? Distribua os corações recortados e solicite que os catequizandos leiam a palavra escrita no coração que cada um recebeu e faça breve comentário a respeito dela. Interaja com o grupo, complementando os comentários. Acrescente que, em meio às dificuldades em que as famílias vivem, é importante refletir sobre valores que ajudam a viver como Deus deseja que a família viva.

Jesus é o grande defensor da família. Ele nasceu, cresceu, solidificou sua fé, preparou-se para a missão numa família – a família de Nazaré (apresentar a imagem ou a estampa da Sagrada Família). Jesus recomendou a fidelidade e a união entre marido e mulher. Quando os fariseus fizeram perguntas sobre o divórcio, Jesus lembrou o que diz a Escritura: "...Portanto, o que Deus uniu o homem não deve separar" (Mt 19,6). Jesus deseja que as famílias se assemelhem ao modelo de Deus Pai, quer que os pais se amem, gerem, criem, orientem e formem filhos felizes, cheios de ideais e sonhos. A Igreja, fiel ao ensinamento de Jesus, instituiu o sacramento do matrimônio, que concede aos esposos o dom do amor e as graças necessárias para criar e educar os filhos. Deus mesmo agraciou as pessoas com o dom do seu amor. Criou o homem e a mulher para que, pelo amor, novas vidas sejam geradas, como filhos amados de Deus.

É muito importante sonhar em construir uma família como Deus deseja. Os jovens podem realizar esse sonho, levando a sério sua formação cristã. A participação num grupo de jovens cristãos católicos pode facilitar uma preparação séria e consciente para o casamento, aos namorados e noivos. Mesmo que muitos jovens não possam contar com uma família unida, seja por qual motivo for, é possível que esses mesmos jovens se preparem para construir uma família na qual irão viver o amor, oração, a escuta da Palavra de Deus pela Leitura Orante, a acolhida, a fidelidade, o perdão, o diálogo, o apoio, a sinceridade, a paciência, a confiança, a ternura, a respeito e a fé. Jesus viveu o amor e a obediência à sua família humana, Maria e José, e viveu um profundo amor a Deus Pai. Jesus considera que sua família são aqueles que escutam a Palavra de Deus e a põem em prática, como encontramos em Mt 12,50.

Pode-se afirmar que a família é berço da vida, casa do amor e santuário da fé. Ela é lugar sagrado para se nascer, viver e morrer com dignidade. Não há outro lugar mais nobre para o ser humano desenvolver-se integralmente. Toda pessoa precisa ser acolhida, amada e orientada. Precisa sentir segurança. A família, por sua natureza e missão, responde a essas necessidades quando se propõe a viver o amor, o respeito, a responsabilidade e a fidelidade. Assim, torna-se guardiã da vida.

Vivemos numa época em que a família passa por profundas mudanças na sua estrutura e organização, mas o que não muda, e jamais mudará, é a sua importância para o ser humano. A família continua sendo o espaço primordial e fundamental para a formação da personalidade da pessoa. A família é um presente de Deus e o mais precioso bem.

O Papa João Paulo II disse que "o futuro da humanidade passa pela família" e destacou quatro compromissos: Ser formadora de comunidades, a Igreja doméstica (toda família cristã tem a condição e a missão de ser uma Igreja na casa onde reside); estar a serviço da vida; participar no desenvolvimento da sociedade; participar da vida e da missão da Igreja.

Para que a família possa ser formadora de comunidade, é preciso que o casal tenha tempo um para o outro, tempo para estar com os filhos, brincar, dialogar com eles para que os filhos possam conviver com os pais, que se privilegie tempo para rezar, passear, dialogar, chorar, fazer festa. É importante que cada membro da família se sinta amado e respeitado na sua individualidade. O amor permite o perdão e a reconciliação nos momentos de falhas e fraquezas.

Para que a família esteja a serviço da vida, é necessário o cuidado e a acolhida dos filhos desde o ventre materno. Isso significa garantir amor, alimentação, saúde, educação, formação profissional, religiosa, segurança financeira e tudo o que é necessário para a vida.

Para participar no desenvolvimento da sociedade, a família se integra nas várias obras sociais, para promover a justiça, a solidariedade, a honestidade e a verdade.

Para participar na vida e missão da Igreja, a família, a partir de sua vivência como Igreja doméstica, vive na escuta da Palavra de Deus, na fé e na oração.

Recordar – O que nossa vida está dizendo?
- Você concorda que a família é de grande importância para o ser humano?
- O que você pensa sobre sua família e as famílias da comunidade?

Escutar – O que o texto está dizendo?
Canto de aclamação
Ler Mt 12,46-50
- De que acontecimento o texto fala?
- O que os discípulos disseram a Jesus?
- O que Jesus respondeu?

Meditar – O que o texto diz para mim?

▶ A família de Jesus é caracterizada por aqueles que, como sua mãe Maria, guardavam a Palavra de Deus no coração e a praticavam em sua vida.

▶ Vou reler a frase proferida por Jesus e repeti-la várias vezes: "Aqui estão minha mãe e meus irmãos, pois todo aquele que faz a vontade do meu Pai que está no céu, esse é meu irmão, minha irmã e minha mãe" (Mt 12,49s).

Rezar – O que o texto me faz dizer a Deus?

▶ Em silêncio, vou deixar aflorar do meu coração a resposta que a Palavra de Deus provocou em mim a respeito da minha família. Vou agradecer, pedir e louvar a Deus pela minha família.

Oração da Família

Senhor Jesus Cristo, vivendo em família santificaste a família humana.

Vem viver em nossas famílias e assim seremos uma comunidade de amor, de vida, de diálogo, partilha, perdão, afeto, respeito, fidelidade e santidade. Eu te louvo, Deus, pelas coisas lindas que acontecem em nossas famílias.

Senhor Jesus Cristo, afasta de nossas famílias a tentação da infidelidade, do desrespeito, do egoísmo, da indiferença, da falta de perdão e da desunião.

Ajuda, Senhor Jesus, para que os adolescentes e jovens possam contar com uma família que os oriente no teu seguimento, eduque-os na verdade e na justiça, ajude-os a encontrar o caminho que os faça felizes.

Enfim, Senhor Jesus, fica conosco em nossas famílias, para nos dar coragem nas lutas cotidianas, conforto no sofrimento, luz para os momentos de discernimento, força contra tudo o que quer nos levar para o mal.

Que Maria, tua Mãe e nossa Mãe, ampare nossas famílias com amor de mãe! Amém.

Contemplar – Olhar a vida como Deus olha

▶ Vou deixar que Palavra de Deus interrogue minha vida, me dê luzes para a minha vivência em família.

▶ Utilizando meus dados de vida registrados no encontro anterior, vou escrever um pequeno poema que retrate um momento importante da história de minha vida na família. Vou partilhar esse registro no próximo encontro.

> **O que eu penso agora?**
> • Depois de todas as considerações construídas neste encontro, o que penso?
> • A valorização da vida em família leva à percepção de nós mesmos. Ela nos remete à necessidade de amar os que conosco convivem. Ela é uma necessidade do nosso momento evolutivo.

Compromisso – O que a Palavra de Deus me leva a fazer?
▶ Se possível, elabore uma síntese sobre o encontro de hoje: "Família: fundamento da vida e vocação", para publicá-la no blogue do grupo de catequese.
Reze com sua família todos os dias a oração: "Permanecei em nossa família, Senhor, e abençoai nosso lar hoje e sempre. Amém!".

Sexualidade e responsabilidade

Objetivo: Compreender que a sexualidade compreende o ser humano em sua totalidade.

> **Catequista**, ao se preparar para este encontro, mantenha em mente o seguinte:
> - A pessoa manifesta sua sexualidade pelo agir normal do seu ser homem ou mulher.
> - Qual a visão de sexualidade e sexo que prevalece nas pessoas?

Preparar: Bíblia, mesa com toalha branca, velas, flores, papéis, canetas e tiras de cartolina – o suficiente para todo grupo. Dispor cadeiras em círculo.

Ambiente: Mesa revestida com toalha branca, sobre a qual estarão colocados os elementos anteriormente citados. As cadeiras formam um círculo. Receber os catequizandos com alegria e solicitar que formem equipes de três e busquem na mesa o material para produção de textos.

Para você, catequista: Vamos fazer um passeio por uma ilha. Imagine que você é a pessoa responsável pelo bem-estar do povo dessa ilha e deseja realizar um ótimo governo para os habitantes que ali vivem. Incentive a formação de duas equipes e faça parte de uma delas. Cada pessoa do grupo destacará e registrará cinco valores que considera essenciais para a felicidade de todos os habitantes da ilha. A seguir, nomeia-se em cada grupo um secretário para fazer um resumo dos valores e destacar os que coincidiram. No grande grupo, são relatados os valores mais citados e registrados pelos dois secretários, com destaque para os que receberam maior número de incidência. Registrem-se os valores de maior incidência em uma cartolina. Desse conjunto de valores, o catequista pergunta: Por que todo o grupo social necessita de valores para bem viver? Qual a importância dos valores apresentados para a harmonia do povo da ilha? Após interagir com o grupo, o catequista acrescenta que há valores que interferem na vida pessoal e comunitária. A sexualidade, por exemplo, é um valor de vida que merece toda nossa atenção.

Quando falamos em sexualidade, há algumas balizas, valores de vida que merecem toda a nossa atenção. O próprio corpo é um valor, uma baliza. É preciso amá-lo e cultivá-lo em nós e nos outros. Não gostar da gente é, na maioria das vezes, não gostar do nosso corpo, da nossa casa, que deve ser motivo de muita ternura, quando há verdadeira harmonia, quando as relações são de amizade, quando o outro não é objeto, mas sujeito, quando não se "tem" somente o corpo, mas quando se "é" corpo, quando a vida não é rotina, quando os valores que moram em nós têm chance de crescer em nossa vida.

A sexualidade compreende o ser humano em sua totalidade. Ela é uma dimensão fundamental do ser humano. Deus criou o ser humano, homem ou mulher, "sexuado", em todo o seu ser, no cabelo, na voz, na maneira de pensar e agir etc. Cada fibra do seu ser, o seu "eu" pessoal traz o caráter masculino ou feminino. Não são só os órgãos genitais que definem a sexualidade. Esta é definida, na sua parte física, por glândulas de secreção interna – a hipófise, o hipotálamo, a glândula pituitária, a tiroide, a suprarrenal etc., pelo espírito e pela personalidade.

A sexualidade, vista como um dom de Deus, é um convite para sermos, acima de tudo, "enamorados da vida". Por isso é bom conversarmos sobre a sexualidade como busca da própria identidade. A adolescência é um dos momentos mais decisivos e importantes da vida. É o período da vida em que as escolhas que são feitas conduzem à felicidade ou à infelicidade. E é precisamente porque a adolescência é o momento do nascimento e do desabrochar da liberdade, que é ponto estratégico.

> Sexualidade é a dimensão totalizante e integradora que abrange todo o nosso ser. A pessoa é masculino ou feminino em todo seu ser. No modo de ser, pensar e agir. O amor, o pensamento, cada fibra de nós possui a marca da sexualidade. Portanto, toda a minha pessoa, o meu eu, é sexuado: feminino ou masculino. Sexualidade é o conjunto de sensações e sentimentos que me impulsionam na busca do outro. É minha sexualidade que me move para o amor. O meu amor a Deus passa pela estrutura da sexualidade. Eu amo como mulher, ou como homem

Durante a vida há escolhas que são irrevogáveis, caminhos que não permitem volta, opções que são irreversíveis. Nessas tomadas de decisões, está em jogo o futuro feliz, ou um futuro infeliz. E acontece que a pessoa só dispõe de uma vida. Perdê-la é perder tudo. A vida adulta de amanhã será aquela que o adolescente hoje preparou. Do uso da liberdade presente nascerá um projeto de vida que levará a felicidade ou a infelicidade. Por isso, é necessário escolher as orientações, quando se começa a sair da infância "fácil" para entrar pelos caminhos da maturidade "difícil". Nessa transição, há pessoas despreparadas que adotam comportamentos como consumir bebidas alcoólicas e drogas ou assumir determinados comportamentos sexuais, sem estarem de fato conscientes dessas atitudes e, portanto, preparadas para as possíveis consequências dessas escolhas.

É preciso refletir sempre os "porquês" das nossas escolhas, especialmente quando exigem responsabilidades pessoais e sociais.

A vida humana é marcada por etapas e decisões. Uma decisão, para dar certo, precisa de discernimento e preparação. Nessa lógica está o namoro. As consequências de um namoro desordenado são muitas, a saber: gravidez precoce, doenças sexuais, criança abandonada, prática do aborto. Um namoro precoce demais é desaconselhável; porém, quando demorado demais, pode acabar em prejuízo e até em injustiça. Confundimos namoro com o "ficar", a prática do sexo precoce, ou como um passatempo no qual existe envolvimento íntimo, mas sem maturidade, preparação, afeto do coração. Atropelamos as etapas e somos vítimas da imaturidade, das paixões, do egoísmo próprio e do dos outros.

No namoro encontram-se duas histórias, duas consciências, dois futuros, duas necessidades, duas diferenças, dois mistérios que irão se olhar, se acolher, dialogar, sorrir, desabafar, confidenciar, confiar, decidir e conviver. O namoro é porta de entrada em direção à vida, ao amor, à família, à paternidade.

Dessa maneira, é muito pobre restringirmos este assunto ao estritamente "sexual" ou "genital". A genitalidade é apenas um aspecto da sexualidade da pessoa. Os órgãos genitais, portanto, são para geração de novas criaturas; não são meros instrumentos de prazer, nem seu uso é indispensável para comprovar a sexualidade da pessoa. Alguém que nunca praticou um ato genital não deixa de ser homem ou mulher, no verdadeiro sentido da palavra.

Quando a pessoa acredita que sua sexualidade depende exclusivamente do uso dos genitais, ela pode, para tentar afirmar sua sexualidade perante os outros, desordenar totalmente o uso dos seus órgãos sexuais, acabando por se tornar um escravo da própria genitalidade, sem jamais conseguir preencher suas verdadeiras necessidades, que certamente são mais amplas que a mera genitalidade. Ela pode torna-se uma pessoa doente, emocional e espiritualmente, pelo uso inadequado e fora de tempo da sua genitalidade. Isso se chama genitalismo.

O exercício da genitalidade foi ordenado por Deus para acontecer dentro de um contexto de amor e responsabilidade que se realiza no matrimônio. Dentro do matrimônio, um cônjuge representa para o outro o sinal e o instrumento do amor de cada um por Deus, que deve ser crescente, fiel e definitivo.

A outra forma de realizar esse amor crescente, fiel e definitivo por Deus; é a opção pelo celibato. "Quem se une ao Senhor, forma com ele um só espírito" (1Cor 6,17). O celibato dispensa totalmente a prática da genitalidade, uma vez que não há uma opção exclusiva por uma esposa ou esposo. Mas não anula a sexualidade da pessoa que opta por ele. Jesus nunca se casou; entretanto, mesmo sendo Deus, é verdadeiro homem. Ele realizou plenamente sua sexualidade amando a Deus em todas as criaturas e todas as criaturas em Deus. Foi virgem e inteiramente casto, perfeitamente masculino.

Você já deve ter percebido que, a essa altura da vida, é necessário dispor de marcas ou balizas de orientação, que facilitam a definição dos rumos a serem tomados. A afetividade e a sexualidade não podem prescindir da preparação e da vivência familiar. A família é lugar de afetividade, cuidado, limite e confrontos. Crescemos e aprendemos. Lugar de amar, brigar, gritar, reparar, pedir desculpas, beijar, abraçar. Lugar para criar raízes e asas.

Em sua vida, inclusive na vida sexual, você é responsável por uma vida feliz ou infeliz. O grande convite da sexualidade é de sermos, pois, enamorados da vida em todos os seus aspectos.

Recordar – O que nossa vida está dizendo?
- ▶ Roda de conversa
- ▶ Você já percebeu a forma como alguns cantos, livros, propagandas e revistas tratam a sexualidade e o sexo?
- ▶ Como é visto e explorado o corpo humano?
- ▶ Num mundo desnorteado, como é vista a sexualidade?
- ▶ Como ela enriquece ou empobrece a pessoa?
- ▶ O que me ajuda a que eu seja eu mesmo?

Escutar – O que o texto está dizendo?
- ▶ Canto de acolhida à Palavra

Ler 1Cor 6,12-13
- ▶ O que o texto está dizendo?
- ▶ O que o texto sugere a respeito da liberdade?
- ▶ O que o texto fala a respeito do corpo?

Meditar – O que o texto diz para mim?
- ▶ Vou considerar: "Todas as coisas me são lícitas, mas nem todas as coisas convêm; todas as coisas me são lícitas, mas eu não me deixarei dominar por nenhuma".

Rezar – O que o texto me faz dizer a Deus?
- ▶ Quero, na tranquilidade, fé e amor a Deus, que habita no centro do meu ser, respirar suavemente, acalmar-me na presença do Senhor, que me ama e me ampara.

Oração: Querido Deus, preciso de ti, para concretizar os planos e os projetos que trago no meu coração. Tu foste jovem como eu. Soubeste como ninguém viver os anos mais belos da tua vida. Conheces o meu coração e as minhas aspirações. Conheces também as minhas ansiedades e sabes como é difícil ser um jovem segundo os teus ensinamentos, hoje. Põe no meu coração o teu amparo. Quero, com a tua ajuda, testemunhar o Evangelho, para que o mundo se torne mais belo. Amém.

Contemplar – Olhar a vida como Deus olha
- ▶ Escolha uma palavra que o auxilie na contemplação – Jesus, pai, amor, paz, fé... e como um amigo falando com seu amigo, fale com Deus com confiança e permaneça diante da sua face.

Compromisso – O que a Palavra de Deus me leva a fazer?
▶ Elencar valores e conceitos que me auxiliam a viver bem minha sexualidade.
Se possível, postar no blogue essa produção.

O que eu penso agora?
Depois de todas as considerações construídas neste encontro, o que penso?
• A sexualidade é um dom de Deus. É uma das maiores riquezas do ser humano. Vivê-la com equilíbrio e maturidade é um grande desafio.
• A sexualidade torna-se fonte de comunhão com o próprio Deus e de realização e comunhão entre as pessoas.

Ser santo

Objetivo: Acolher ao chamado para ser santo.

Preparar: Bíblia, várias velas – se possível coloridas, aparelho para música ou *notebook*, flores, balões coloridos, tiras de papel, canetas, uma imagem do(a) santo(a) padroeiro(a) da comunidade e uma faixa com a frase: "Sede santos como vosso Pai é Santo" (Mt 5,48).

Ambiente: Dispor as cadeiras em círculo. Preparar no centro ou em um ângulo da sala um local para a Bíblia aberta, posta sobre uma mesa revestida com toalha branca ou panos coloridos – colocados de forma estética, velas coloridas, flores, imagem do(a) padroeiro(a) e a frase: "Sede santos como vosso Pai é Santo" (Mt 5,48). Receber os catequizandos com música e saudação de boas-vindas. Entregar a cada um um balão e uma tira de papel e convidá-los para nela escreverem uma virtude que ajude a sermos santos como Deus deseja. Depois de escrever a palavra ou frase, enrolar a tira de papel, colocá-la dentro de um balão e insuflá-lo. Ao som da música, brincar com os balões, jogando-os para cima, para evitar que caiam, sempre dizendo: "Não vamos deixar nossos ideais e sonhos caírem no chão". Diminuir a música e recolher os balões em um saco ou caixa, colocados no centro da sala. O catequista solicita que se apropriem de um balão – não o seu. Quando todos estiverem com o balão na mão, estourá-lo. Cada um lê para o grupo a frase e o que isso significa para sua vida. Todos aplaudem.

Para você, catequista: Converse sobre virtudes, qualidades, valores – bondade, mansidão, paciência, sinceridade, solidariedade, partilha, disponibilidade, gratuidade, ajuda a pessoas necessitadas e outras – vividos por aqueles que conhecemos, os quais fazem bem a quem os vivencia. Acrescente que o fato de tantos homens e mulheres, ao longo dos séculos, terem vivido intensamente o seguimento de Jesus é motivo de aplausos. A Igreja os reconheceu como testemunhas para os cristãos e os chama de "santos".

Quem são os santos e por que o são? São pessoas que viveram, nas diferentes épocas da história, uma vida dentro da normalidade como todas as pessoas vivem; experimentaram alegrias, passaram por sofrimentos, dúvidas, conflitos, muitos até por perseguições e morte. Realizaram muitas boas ações, cultivaram virtudes e valores e também lutaram contra suas limitações, fraquezas e pecados. Não eram perfeitos, mas tentaram sempre ser bons e viver o bem, a justiça e a verdade. Nessa dinâmica da vida, tiveram um encontro tão forte com Jesus Cristo, que tomaram a decisão de segui-lo, fazendo disso o seu "projeto de vida", e por essa decisão de fé, animados pelo Espírito Santo, levaram esse projeto de vida, até o fim.

Ser santo é um convite de Jesus a todos: "Sede perfeitos como vosso Pai celeste é perfeito" (Mt 5,48); "Sejam santos porque Eu sou santo" (1Pd 1,16). A santidade está ao alcance de todos, pois, pelo Mistério da Morte e Ressurreição de Jesus, todos podem alcançar a salvação e entrar no processo de santidade. Quem verdadeiramente ama a Deus e se propõe a seguir Jesus Cristo está no caminho da santidade. A semente da santidade está dentro de nós. Pelo batismo e pela confirmação, os dons do Espírito Santo dinamizam essa semente. A vivência dos sacramentos, a vida comunitária, a oração e a Leitura Orante da Palavra de Deus são meios que Deus nos dá para alcançarmos a santidade, que não é fruto de um mero esforço pessoal.

Na profissão de nossa fé, o Credo, rezamos: "Creio na comunhão dos santos". Todos os que pertencem à Igreja estão em comunhão de fé e de amor em Cristo, onde, pelo Espírito Santo, o amor de Deus é derramado em seus corações.

Muitos jovens, na sinceridade e verdade, são autênticos e lutam contra o mal, com amor dedicam-se ao bem. Para ter essa força, é preciso estar ligado a Deus, pela oração, pela escuta da Palavra de Deus e engajamento na comunidade eclesial, em grupos de jovens católicos, dispostos a seguir Jesus na sua vida e sua prática, como discípulos. Quem segue esse caminho santifica-se. Seguir por esse caminho é ser feliz.

Recordar – O que nossa vida está dizendo?
▶ Você conhece a vida do(a) padroeiro(a) da sua comunidade?
▶ O que o(a) padroeiro(a) nos ensina sobre a santidade?
▶ Para você, o que significa "ser santo"?

Escutar – O que o texto está dizendo?
Canto para acolher a Palavra
Ler 1Pd 1,13-16
▶ Sugere-se que, ao final da leitura do texto, a Bíblia, que se encontra aberta sobre a mesa, seja beijada por todos, a começar pelo catequista. Opcionalmente pode-se fazer outro gesto, como inclinação, colocar a mão sobre o texto etc. *(Importante é fazer um gesto que valorize a Palavra).*
▶ Que atitudes Pedro sugere perante a vida?

Meditar – O que o texto diz para mim?
▶ Vou meditar no coração: "Sede perfeitos como vosso Pai celeste é perfeito" (Mt 5,48).

> **Perceba!**
> - Ser santo é ter Deus diante dos olhos e no coração. É ser feliz por estar nas mãos amorosas do Pai. É desejar fazer o bem e viver de acordo com esse desejo. É perceber que no serviço a Deus está a chave da felicidade.
> - Para ser santo, basta "servir" Jesus, escutá-lo e segui-lo sem esmorecimento perante as dificuldades.

> "Precisamos de santos sem véu ou batina.
> Precisamos de santos de calças jeans e tênis.
> Precisamos de santos que vão ao cinema, ouvem música e passeiam com os amigos.
> Precisamos de santos que coloquem Deus em primeiro lugar, mas que se "lascam" na faculdade.
> Precisamos de santos que tenham tempo todo dia para rezar e que saibam namorar na pureza e castidade, ou que consagrem sua castidade.
> Precisamos de santos modernos, santos do século XXI, com uma espiritualidade inserida em nosso tempo.
> Precisamos de santos comprometidos com os pobres e as necessárias mudanças sociais.
> Precisamos de santos que vivam no mundo, se santifiquem no mundo, que não tenham medo de viver no mundo.
> Precisamos de santos que bebam coca-cola e comam *hot dog*, que usem *jeans*, que sejam internautas, que escutem *discman*.
> Precisamos de santos que amem a eucaristia e que não tenham vergonha de tomar um *refri* ou comer *pizza* no fim de semana com os amigos.
> Precisamos de santos que gostem de cinema, de teatro, de música, de dança, de esporte.
> Precisamos de santos sociáveis, abertos, normais, amigos, alegres, companheiros.
> Precisamos de santos que estejam no mundo; e saibam saborear as coisas puras e boas do mundo, mas que não sejam mundanos".
> (Papa João Paulo II)

Rezar – O que o texto me faz dizer a Deus?

▶ Em silêncio, vou ouvir novamente: "Sede perfeitos como vosso Pai celeste é perfeito" (Mt 5,48) e perceber isso como um convite que Deus continua fazendo. Por isso, vou agradecer e louvar a Deus pelo convite. Vou também suplicar que o Espírito Santo fortaleça meu coração e minha decisão de seguir Jesus, no desejo constante de ser santo.

Contemplar – Olhar a vida como Deus olha

▶ Vou colocar-me nas mãos de Deus e considerar como responder a este convite: "Sede santos como vosso Pai é Santo".

▶ Vou contemplar o sentido das frases: "Vós sois Santo, ó Deus do universo, e tudo o que criaste proclama o vosso louvor, porque, por Jesus Cristo, vosso Filho e Senhor nosso, e pela força do Espírito Santo, dais vida e santidade a todas as coisas" (Oração Eucarística III).

Compromisso – O que a Palavra de Deus me leva a fazer?
▶ Durante a semana, vou pesquisar nos *sites* da CNBB, do Vaticano, da Igreja católica e das Dioceses a vida dos santos em filmes, clipes, música e textos.
▶ Você consegue relacionar o conteúdo de uma música, filme, clipe, com o que discutimos neste encontro e postar o conteúdo no blogue da turma?
▶ Vou registrar no meu coração e na minha mente ao menos duas virtudes que desejo alcançar nos próximos dois anos, para minha vida de santidade.

O que eu penso agora?
Depois de todas as considerações construídas neste encontro, o que penso?
• A vida dos santos me convoca a dar passos com generosidade na vida cristã e a levar adiante, com coragem, o seguimento de Jesus Cristo.

Sugestões para retiro com os catequizandos

Observações: O retiro tem por objetivo proporcionar aos catequizandos um encontro pessoal com Jesus Cristo, mediante a oração, o silêncio, a escuta da Palavra de Deus e o convívio fraterno.

Preparar para o retiro:
- Preparar todo o material a ser utilizado, tendo presente a duração, as dinâmicas utilizadas, as vivências e as celebrações programadas. Possível material a ser utilizado:
- folha com os cantos para a animação e para a celebração;
- folhas de papel sulfite em branco (meia folha) e canetas;
- caixa forrada ou cesta para colocar os papéis escritos;
- folhas com os textos bíblicos possíveis de serem utilizados para Leitura Orante em grupo ou para reflexão individual, com espaço para fazer anotações;
- um pão grande suficiente para ser partilhado com todos, no envio;
- Bíblia para todos;
- sete velas, com os dons do Espírito Santo: Sabedoria, Entendimento, Ciência, Fortaleza, Conselho, Piedade, Temor de Deus, escritos em papel e colados nas velas;
- crucifixo ou uma cruz;
- círio ou vela grande;
- aparelho para música;
- mesa com toalha branca;
- cartaz ou *banner* de "Boas-vindas";
- crachás (no crachá, além do nome, colocar outros dados como: comunidade, grupo ou turma...).

Considerações:
É necessário preparar o retiro com todas as pessoas envolvidas. A coordenação de catequese distribui as diversas tarefas necessárias para todos os momentos do retiro.
Prever a pessoa que vai conduzir os momentos da meditação e a Leitura Orante.
Quanto possível, é bom realizar o retiro em um lugar diferente daquele costumeiro para os encontros, que ofereça espaço para meditação, contato com a natureza, momentos de oração pessoal e local para oração junto ao Santíssimo.
Combinar a programação com os pais e responsáveis, definir o tempo de duração, os horários, os gastos com alimentação, material e o transporte, se for o caso. Os pais poderão ser convidados tanto para participar como para ajudar na organização e realização do retiro.
Com antecedência, motivar e animar os catequizandos para uma efetiva participação. Preparar o local do encontro, ornamentando-o com flores do próprio local da comunidade.

Propostas para retiro

A - Deus nos ama e nos chama

1- Acolhida

2- Canto

3- Motivação: Hoje somos convidados a ouvir Deus, que nos chama. É sempre Deus que toma a iniciativa a cada instante, a cada dia, a cada hora. O chamado de Deus nem sempre é claro. É importante adquirir o conhecimento e, sobretudo, o preparo espiritual para discernir; para aderir ao chamado, é preciso ter clareza de resposta. Somos convocados a aderir ao chamado que o próprio Deus nos faz. Sabemos que a vocação se concretiza no diálogo e no encontro de duas liberdades: a de Deus que chama e a da pessoa que responde. Este encontro acontece em níveis diferentes. Vejamos: Primeiramente somos chamados à vida, a ser gente, Deus quer que todos sejamos pessoas felizes e realizadas. Depois, num segundo momento, somos chamados a seguir Jesus. O batismo é o momento inicial e marcante desse chamado. Como membros de uma comunidade, começamos a viver uma vida conforme a Sagrada Escritura e os ensinamentos da Igreja. Dentro da comunidade cristã, somos ainda chamados a viver um serviço específico: leigo casado ou consagrado, diácono, padre, irmã, missionário...

> **Chamados para que?**
> Arthur era um jovem inteligente e determinado em suas convicções. Certo dia, já estava na porta da casa quando a mãe o chamou: "Meu filho, aonde você vai?" Arthur explicou que ia visitar seu colega Igor, amigo desde a infância. Igor estava precisando conversar sobre uma decisão importante. Arthur ouviu o chamado e foi ajudar.
> Igor era músico, tocava guitarra e já fazia algum sucesso porque tinha dom para isso. Recebeu um convite para fazer parte do time de vôlei da faculdade. Ele não era muito bom em esporte, mas essa seria uma oportunidade de ganhar uma bolsa de estudo.
> Igor estava indeciso porque se resolvesse dedicar-se ao vôlei, talvez não pudesse mais tocar guitarra, perderia a sensibilidade, a suavidade e agilidade das mãos. Queria o conselho do amigo para tomar a decisão.

- O que você pensa sobre o comportamento de Igor?
- Se você estivesse no lugar de Igor, como responderia ao chamado?
- Como você responde ao chamado de alguém que lhe quer bem?

Canto

4 - Ler ou encenar: 1Sm 3,1-10
- É possível estabelecer uma semelhança entre as pessoas da história que ouvimos, de Arthur e Igor, e o texto bíblico que acabamos de refletir?
- Quanto ao texto bíblico, é importante perceber que não foi de imediato que Samuel percebeu o chamado de Deus, porém ele estava atento e pronto a dar reposta ao chamado. Ele percebeu o chamado com a ajuda de Eli.

Meditar – O que o texto diz para mim?
- Olhe agora para sua vida e perceba os chamados que Deus lhe faz e por que o faz?

Rezar – O que o texto me faz dizer a Deus?
- Inicie agora uma conversa entre você e Deus. Ou seja, todo o sentido que você observou e assimilou em sua vida por meio do texto bíblico e da história transformada em oração.
- Rezar juntos o Salmo 86 (85)

Refrão: O vosso ouvido, Senhor, inclinai e escutai-me; salvai vosso servo que em vós confia.
1 – Senhor, escuta-me e responde, sou fraco e necessitado,
Salva-me, sou teu amigo, teu servo em ti confiado.
2 – Tu és meu Deus, tem piedade, o dia todo te invoco,
Alegra o meu coração, para ti, Senhor, eu me volto.
1 – Na angústia clamo por ti, pois tu respondes, Senhor!
Que deus faria o que fazes? Ninguém te iguala em amor.
2 – Ensina-me o caminho certo, para andar em tua verdade.
Anima o meu coração, para que siga tua vontade.
1 – De coração agradeço tão grande amor que tens por mim.
Tiraste-me do abismo, assim te louvo, sem fim.
2 – Dá-me tua força, Senhor, teu servo vem libertar.
Contigo eu nada temo, pois tu vais sempre me salvar.

- (*Conduzir a reflexão do salmo, repetir palavras que chamaram atenção*).
- O que eu quero dizer a Deus diante do que ele me fala no texto bíblico?

Oração: Querido Deus Pai! Sei que tu me amas, me conheces e me chamas a cada instante.
Aquece meu coração e abre meus ouvidos para sempre ouvir-te.
Se às vezes não te ouço, continua a me chamar, para que eu possa ouvir-te.
Se não respondo na primeira vez, nem na segunda, não desistas de mim!
Abre meu coração e meus ouvidos para escutar a tua Palavra e para colocar em prática os teus ensinamentos. Isso eu te peço, por Jesus, teu Filho e nosso Senhor. Amém!

Contemplar – Olhar a vida como Deus olha
- O catequista orienta para que todos fiquem de olhos fechados, imaginando Samuel atento ao chamado de Deus. Escutar Deus dizendo: "Eu quero muito bem a você, estou sempre perto. Sempre que você sente vontade de fazer o bem, sou Eu que o chamo e quero falar-lhe".

Canto com mensagem de chamado

- Em equipes, preparar para apresentar algo referente ao chamado: um canto, poesia, dublagem jogral... que revele chamado e uma resposta, para em seguida fazer a apresentação no grande grupo.
- Samuel ouviu o chamado do Senhor e se dispôs a responder ao chamado: "Aqui estou". Isto é ouvir a voz de Deus. Isto me incentiva a postar no blogue motivos que renovam a confiança e a capacidade do jovem de responder o chamado de Deus.

B - Um caminho a seguir

1 - Acolhida

2 - Canto

3 - Motivação: *O encontro de Paulo com Jesus*
A manifestação de Jesus a Paulo no caminho de Damasco, foi o primeiro passo de um longo caminho que Paulo fez, motivado pela pergunta: "Quem és tu, Senhor"? e a resposta: "Eu sou Jesus a quem tu persegues"(At 9,5). A pergunta de Paulo e a resposta que obteve suscitou em seu coração a desconstrução da imagem que ele tinha de Deus dentro de si. Ele compreendeu que Deus estava lhe fazendo um chamado, abandonou o caminho do mal e aderiu ao Evangelho com ousadia e coragem.

▶ Você conhece a história de São Paulo?
▶ A conversão de São Paulo pode ser exemplo para a conversão de outros jovens?

> **A história do jovem Paulo:**
> Paulo era um jovem zeloso no cumprimento da lei de Deus e determinado em suas convicções. Em sua época, a Igreja estava nascendo e os apóstolos enfrentavam muitos desafios para divulgarem a mensagem de Jesus. Paulo, em nome de seu zelo, perseguia a Igreja nascente. Um dia estava à caminho de Damasco para prender os cristãos, quando teve um encontro pessoal com Jesus, que lhe perguntou: "Paulo, por que me persegues?" – Paulo perguntou: "Quem és tu?" "Sou Jesus, a quem tu persegues". Depois desse encontro ele se tornou um apóstolo entusiasmado de Jesus ressuscitado. Fez muitas viagens, escreveu cartas para inúmeras comunidades, sendo considerado, junto com São Pedro, uma das colunas da Igreja.

Canto de aclamação
6 - Ler Mateus 13,44-45
7 - Na modernidade, há pessoas que se apegam a bens materiais e vícios e fazem deles verdadeiros tesouros para si. Você acredita que a voz de Deus, quando ouvida, pode mudar o coração e as atitudes das pessoas?

Meditar: O que o texto diz para mim?
▶ O Reino dos céus é como um tesouro escondido no campo. Vou colocar-me nas mãos de Deus e perceber que encontrar Jesus em minha vida é encontrar o maior tesouro – a pérola preciosa de que fala o texto.
▶ Salmo 139 - Alguém pode declamar as estrofes e todos rezam o refrão.

Rezar: O que o texto me faz dizer a Deus?
Cantar bem suave : Tua Palavra é lâmpada para os meus pés, Senhor!
Salmo 139 - Alguém pode declamar as estrofes e todos rezam o refrão.

Tu és a luz, Senhor, do meu andar,
Do meu lutar, força no meu sofrer.
Em tuas mãos, Senhor, quero viver.

Meu coração penetras e vês meus pensamentos;
Se sento ou se levanto, tu vês meus movimentos.
De todas as minhas palavras tu tens conhecimento.

Sabes muito bem quando trabalho e quando descanso;
Todos os meus caminhos te são bem conhecidos
Antes mesmo que a palavra me chegue à língua, tu já a conheces inteiramente.

Sonda-me, ó Deus, e conhece o meu coração;
Dirige-me pelo caminho eterno.
Eu me refugio em ti, não me deixes indefeso.

Contemplar: Olhar a vida como Deus olha

▶ Com os olhos fechados, vou fazer circular na minha mente a frase : O Reino dos céus é como um tesouro escondido, é como uma pedra preciosa. Quais os valores escondidos que eu preciso cultivar em minha vida?
▶ Em equipes, preparar para apresentar no grande grupo um número (canto, encenação, diálogo, frases) com mensagem referente a tesouro escondido, pedra preciosa, Reino, valores...
▶ Destacar os pontos relevantes das apresentações.

▶ **Bênção**: Abençoe-nos Deus, Pai e Filho e Espírito Santo. Amém.

C - Retomar o caminho

1 - *Preparar: Cadeiras em círculo, no centro uma mesa baixa com toalha branca e um pano vermelho, crucifixo, velas, Bíblia, recipiente com água, toalha, pedras e galhos secos e a frase: "Na cruz Jesus revela seu grande amor à humanidade".*

2 - Canto de acolhida

3 - Motivação: Acolher a misericórdia de Deus exige compromisso. Jesus sempre perdoou a quem pecou e se arrependeu. Não quer o pecado. Sua atitude foi sempre de misericórdia, compreensão, acolhida e convite para que as pessoas deixem as ações más e pratiquem as boas. O amor misericordioso de Deus nos acolhe sempre de novo quando nos dispomos a corrigir nossas atitudes e a buscar a força do perdão de Deus e a retomar o caminho de Jesus. Este movimento interior e pessoal de arrependimento e de mudança de vida, chamamos de conversão, nos leva a assumir o bem e a dar resposta à proposta de Jesus. Na parábola do filho pródigo Ele quer revelar que Deus está sempre pronto a nos perdoar.

▶ Rezar juntos o Salmo 31 (Ofício Divino das Comunidades)

Eu me entrego, Senhor, em tuas mão e espero pela tua salvação!
1- Junto de ti, ó Senhor, eu me abrigo, não tenha eu de que me envergonhar;
Por tua justiça, me salva, e teu ouvido ouça meu grito: vem logo libertar!
2- Sê para mim um rochedo firme e forte, uma muralha que sempre me proteja;
Por tua honra, Senhor, vem conduzir-me, vem desatar-me, és minha fortaleza!
3- Em tuas mãos eu entrego meu espírito, ó Senhor Deus, és tu quem me vai salvar.
Tu não suportas quem serve a falsos deuses, somente a ti, ó Senhor, vou confiar!
4- De minha parte, Senhor, em ti confio, tu és meu Deus, meu destino está em tuas mãos.
Vem libertar-me de quantos me perseguem, por teu amor, faz brilhar a salvação.
5- Glória a Deus Pai, porque tanto nos amou, glória a Jesus, que se deu por nosso bem,
Glória ao Divino, que é fonte deste amor, nós damos glória agora e sempre. Amém.

Canto de aclamação

Durante o canto pode ser realizada uma entrada solene da Bíblia, acompanhada por velas.

4 - Lucas 15,11-32 (o texto pode ser lido ou encenado).
Interagir com o grupo:
▶ Você já leu, ouviu ou conhece algum fato semelhante à parábola que ouvimos?
▶ O que mais lhe chamou atenção na parábola que Jesus contou ?
▶ Individualmente analisar: Na volta do filho mais novo (filho pródigo), que ensinamento ele revela?

Oração: Querido Deus, eu te amo de todo meu coração, com a tua graça não quero mais te ofender, porque és um Pai bom e misericordioso. Amém

▶ Em pequenas equipes considerar: Quais as atitudes de um jovem que o assemelha ao filho mais velho ou ao filho mais novo?

(Apresentar ao grande grupo o resultado em forma de diálogo, desenho em papel pardo, encenação, canto, poesia...)

Canto com mensagem de perdão

Oração
Eu creio que Deus é um bom Pai e deseja sempre perdoar.
Seu coração sempre perdoa!
Eu creio que o pecado é tudo o que não é amor.
Creio que o amor é mais forte do que qualquer pecado.
Tu sabes, Deus, que o pecado escraviza. Deste-nos de presente o sacramento do perdão.
Com o sacramento do perdão, tu te aproximas de nós e nos libertas.
Creio em ti, Deus misericordioso, amigo dos pecadores, amigo meu!

▶ Depois de um breve silêncio, convidar dois catequizandos a rezar as invocações e todos respondem: **Senhor, atendei nossa prece.**
1. Para que saibamos manifestar ao Senhor Jesus nossa gratidão e nossa fé, roguemos ao Senhor.
2. Para que procuremos sinceramente descobrir nossas fraquezas e pecados, roguemos ao Senhor.
1. Para que manifestemos diante do Senhor Jesus a dor que sentimos por causa de nossos pecados, roguemos ao Senhor.
2. Para que a misericórdia de Deus nos preserve dos males presentes e futuros, roguemos ao Senhor.

Rezar juntos o Pai-nosso
Catequista: Ó Deus, que quiseste socorrer a nossa fraqueza, concedei-nos receber com alegria o perdão que trazeis a cada um de nós. Por Cristo Nosso Senhor.

Todos: Amém.

5 - Gesto de purificação:
▶ Cada participante põe a mão na água e diz: "Deus Pai, lava-me de todas as minhas culpas. Não quero mais pecar. Amém".
Durante este gesto pode-se cantar: "Eu te peço desta água que tu tens" ou "A tua ternura, Senhor, vem me abraçar".

6 - **Rito conclusivo:**

Catequista: Vamos em paz porque a nossa vida está sob o olhar de Deus.
Todos: Amém.
Abençoe-vos Deus todo-poderoso, Pai e Filho e Espírito Santo.
Todos: Amém.
Canto: Dou graças, Senhor, por teu grande amor.

D - Envio com a partilha do pão

No final do retiro é oportuno fazer o envio. Entregar algum símbolo ou lembrança com mensagem. Segue-se uma sugestão de envio com a partilha do pão.

Preparar: No centro do local do encontro, uma mesa com toalha branca. Sobre ela colocar a Bíblia, vela acesa e o pão. Todos ao redor da mesa cantam um canto alegre de chamado ou de envio.

Animador: Queridos catequizandos, pelo batismo fazemos parte da Igreja, que tem a missão de evangelizar. A unção do Espírito Santo recebida na crisma nos habilita a sermos anunciadores da Boa-nova de Jesus para a sociedade.

Todos: Senhor, eis-nos aqui, envia-nos!

Animador: O encontro que realizamos hoje criou em nós entusiasmo e convicção de nossa missão no mundo, como cristãos iniciados. Não desanimemos! O Senhor Deus é nosso auxílio. Ele está sempre conosco, conforme prometeu: "Eu estarei convosco todos os dias, até o fim do mundo" (Mt 28,20).

Todos: Senhor, eis-nos aqui, envia-nos!

Animador: Que levemos conosco a força do amor, a luz do Espírito Santo e a coragem de, em todo o lugar, anunciar Jesus Cristo pela palavra e pelo testemunho!

Todos: Eis-nos aqui, envia-nos!

Animador: Que tenhamos a ousadia para fazer de nossa vida caminho para o discipulado no seguimento de Jesus!

Todos: Eis-nos aqui, envia-nos!

Animador: Deus é nosso alimento e força na caminhada. Essa força e esse alimento são simbolizados neste pão que temos sobre a mesa. A união, a partilha, a ajuda são o pão diário para a nossa vida cristã. Vamos fazer a partilha do pão para lembrar-nos sempre de que precisamos nos alimentar do pão da oração, da união, da partilha, para fortalecer nossa missão.

Bênção sobre o pão
Senhor Deus, vosso Filho Jesus, para nos alimentar e fortalecer, tornou-se pão, alimento. Abençoai este pão que será partilhado e fazei que ele nos lembre sempre de buscarmos o verdadeiro alimento para nossa vida: Jesus na eucaristia. Isto vos pedimos, por Jesus, na unidade do Espírito Santo.

Todos: Amém!

Com música suave, o pão será partilhado. Um oferece ao outro um pedaço de pão, dizendo uma mensagem.

Bênção final:
Que o Senhor nos abençoe e proteja,
O Senhor nos mostre sua face e tenha de nós misericórdia,
O Senhor volva para nós o seu rosto e nos dê a paz.
O Senhor nos abençoe: Em nome do Pai e do Filho e do Espírito Santo.

Todos: Amém!

Orações

Sinal-da-cruz
Pelo sinal da santa cruz, livrai-nos, Deus, Nosso Senhor, dos nossos inimigos. Em nome do Pai e do Filho e do Espírito Santo. Amém!

Pai-nosso
Pai nosso, que estais no céu, santificado seja o vosso nome; venha a nós o vosso Reino, seja feita a vossa vontade, assim na terra como no céu. O pão nosso de cada dia nos dai hoje; perdoai-nos as nossas ofensas, assim como nós perdoamos a quem nos tem ofendido; e não nos deixeis cair em tentação, mas livrai-nos do mal. Amém!

Ave-Maria
Ave, Maria, cheia de graça, o Senhor é convosco, bendita sois vós entre as mulheres, bendito é o fruto do vosso ventre, Jesus. Santa Maria, Mãe de Deus, rogai por nós, pecadores, agora e na hora da nossa morte. Amém!

Glória
Glória ao Pai e ao Filho e ao Espírito Santo, como era no princípio, agora e sempre. Amém!

Santo Anjo
Santo Anjo do Senhor, meu zeloso guardador, se a ti me confiou a piedade divina, sempre me rege, me guarde, me governe e me ilumine. Amém!

O Anjo do Senhor
O Anjo do Senhor anunciou a Maria.
E ela concebeu do Espírito Santo. Ave, Maria...
Eis aqui a serva do Senhor.
Faça-se em mim segundo a tua palavra. Ave, Maria...
E o Verbo de Deus se fez carne.
E habitou entre nós. Ave, Maria...
Rogai por nós, Santa Mãe de Deus.
Para que sejamos dignos das promessas de Cristo.
Oremos: Derramai, ó Deus, a vossa graça em nossos corações, para que, conhecendo, pela mensagem do Anjo, a encarnação do Cristo, vosso Filho, cheguemos, por sua paixão e morte de cruz, à glória da ressurreição, pela intercessão da Virgem Maria. Pelo mesmo Cristo, Senhor Nosso. Amém.

Creio

Creio em Deus Pai, todo-poderoso, criador do céu e da terra, e em Jesus Cristo, seu único Filho, nosso Senhor, que foi concebido peto poder do Espírito Santo; nasceu da Virgem Maria, padeceu sob Pôncio Pilatos, foi crucificado, morto e sepultado, desceu à mansão dos mortos; ressuscitou ao terceiro dia; subiu aos céus; está sentado à direita de Deus Pai todo-poderoso, donde há de vir a julgar os vivos e os mortos. Creio no Espírito Santo, na Santa Igreja católica, na comunhão dos santos, na remissão dos pecados, na ressurreição da carne, na vida eterna. Amém!

Espírito Santo

Vinde, Espírito Santo, enchei os corações dos vossos fiéis e acendei neles o fogo do vosso amor. Enviai, Senhor, o vosso Espírito, e tudo será criado. E renovareis a face da terra.
Oremos: Ó Deus, que iluminais os corações dos vossos fiéis com a luz do Espírito Santo, concedei-nos que, no Espírito Santo, saibamos o que é reto e gozemos sempre de suas divinas consolações. Por Cristo, Nosso Senhor. Amém!

Salve-Rainha

Salve, Rainha, Mãe de Misericórdia, vida, doçura, esperança nossa, salve! A vós bradamos, os degredados filhos de Eva. A vós suspiramos, gemendo e chorando neste vale de lágrimas. Eia, pois, advogada nossa, esses vossos olhos misericordiosos a nós volvei, e depois desse desterro, mostrai-nos Jesus, bendito fruto do vosso ventre, ó clemente, ó piedosa, ó doce, sempre Virgem, Maria.
Rogai por nós, Santa Mãe de Deus.
Para que sejamos dignos das promessas de Cristo.

Oração da manhã

Senhor, no silêncio deste dia que amanhece, venho pedir-te a paz, a sabedoria e a força. Quero olhar hoje o mundo com os olhos cheios de amor; ser paciente, compreensivo e justo, calmo e alegre; quero ver os teus filhos como tu os vês e ver somente o bem em cada um. Cerra os meus ouvidos a toda calúnia, Senhor, reveste-me interiormente de tua beleza. E que no decorrer deste dia eu revele a todos o teu amor. Amém!

Oração de São Francisco de Assis

Senhor, fazei de mim instrumento de vossa paz. Onde houver ódio, que eu leve o amor. Onde houver ofensa, que eu leve o perdão. Onde houver discórdia, que eu leve a união. Onde houver dúvida, que eu leve a fé. Onde houver erro, que eu leve a verdade. Onde houver desespero, que eu leve a esperança. Onde houver tristeza, que eu leve a alegria. Onde houver trevas, que eu leve a luz. Ó Mestre, fazei que eu procure mais consolar que ser consolado; compreender que ser compreendido; amar que ser amado. Pois é dando que se recebe, é perdoando que se é perdoado, e é morrendo que se vive para a vida eterna. Amém.

Consagração a Nossa Senhora
Ó minha Senhora, ó minha Mãe! Eu me ofereço todo a vós, e, em prova de minha devoção para convosco, eu vos consagro neste dia meus olhos, meus ouvidos, minha boca, meu coração e inteiramente todo o meu ser. E porque assim sou vosso, ó incomparável Mãe, guardai-me e defendei-me como coisa e propriedade vossa. Amém!

Oração do jovem
Senhor, eu queria, como querem todos os jovens, fazer um mundo novo;
Não um mundo onde domine o ódio, a mentira, o roubo,
Mas um mundo onde reine o amor e a união,
Onde se trabalhe pelo bem de todos.
Um mundo cuja lei seja o Evangelho;
Um mundo onde a pedra angular sejas tu.
Com teus sábios ensinamentos e os ditames de tua Igreja, tu estabeleceste, sólida e harmoniosa, a estrutura deste mundo.
Porém, Senhor, o que mais falta são os construtores, jovens principalmente, que se apaixonem por tua mensagem e que trabalhem, dia e noite, na construção do edifício.
Por isso, eu te suplico: faze de mim um verdadeiro cristão, um dos teus partidários mais zelosos, um desses que sempre estão na linha de frente...
Graças a ti, Senhor, eu tenho algo para dizer ao mundo: a Boa Notícia!
Nessa missão, eu me comprometo livremente, voluntariamente e com todo afinco a teu serviço.
Que tua doutrina e tua vida penetrem em todas as fibras de meu corpo, de minha alma e de minha vontade.
Quero, Senhor, ser-te fiel, zelosa e afetuosamente fiel.
Quero dizer-te sim, respondendo ao teu apelo e à minha vocação de cristão.

Coleção **Iniciação Cristã Catecumenal**

Autoria: Diocese de Joinville

- *Nossa vida com Jesus – Iniciação cristã de inspiração catecumenal – Eucaristia – Catequizando – Volume 1*
- *Nossa vida com Jesus – Iniciação cristã de inspiração catecumenal – Eucaristia – Catequizando – Volume 2*
- *Nossa vida com Jesus – Iniciação cristã de inspiração catecumenal – Eucaristia – Catequista*
- *Confirmados na fé – Iniciação cristã de inspiração catecumenal – Crisma – Catequista*
- *Confirmados na fé – Iniciação cristã de inspiração catecumenal – Crisma – Catequizando*
- *Nova vida que nasce da vida*
- *Caminhar para o sacramento do batismo*
- *A alegria de ver você crescer*
- *A vida que inicia*
- *Quaresma: convite à conversão*
- *Nos passos de Jesus: manual de iniciação cristã com adultos*